能に憑かれた権力者

秀吉能楽愛好記

天野文雄

本書は一九九七年一〇月、講談社より刊行された。

目次

第四章　能楽三昧の日々

第五章　豊公能の新作

能に憑かれた権力者——秀吉能楽愛好記

はじめに

京都市左京区の比叡山西麓、修学院離宮や曼殊院《まんしゅいん》のほどちかくにある日本キリスト教団の関西セミナーハウスの庭園に、すこし古びた能舞台が建っている。現在は三面の柱間にガラス戸が取り付けられ、床には絨毯《じゅうたん》が敷かれて会議室として使用されているから、それが能舞台だと気づく人は少ない。しかし、よく見ると会議室へ通じる廊下は橋掛りであり、それはまぎれもなく能舞台である。じつはこの能舞台は明治三十一年（一八九八）の四月十八日から二十日までの三日間、東山阿弥陀《あみだ》ガ峰《みね》の豊国廟《ほうこくびょう》で盛大にとり行われた太閤《たいこう》秀吉の三百年祭に際して、阿弥陀ガ峰中腹の太閤坦《たいこうだいら》に建てられた能舞台なのである。

この舞台では四月十九日から二十一日までの三日間、明治の三名人と呼ばれた宝生九郎《ほうしょうくろう》・梅若実《うめわかみのる》・桜間伴馬《さくらまばんま》をはじめ、喜多六平太《きたろっぺいた》・観世銕之丞《かんぜてつのじょう》・金春八郎《こんぱるはちろう》・金剛右京《こんごううきょう》・金剛謹之輔《こんごうきんのすけ》・片山九郎三郎《かたやまくろうさぶろう》といった東西の主要役者が妙技を競い、さらに四日目の二十二日には華族の前田利鬯《まえだとしか》や平瀬亀之助ら関西財界人による素人《しろうと》能や素人狂言が上演された。出演した役者は総勢二百名を越えるもので、この能は明治維新後の能楽復興を象徴する催しであった。秀吉の三百年祭にこのように大規模な能が催されたのは、生前の秀吉が熱烈に能を愛好したからで、その供養のために彼が好きだった能が奉納されたのである。

この舞台はその後、翌明治三十二年の平安神宮における大正天皇（当時皇太子）の台覧《たいらん》能《のう》で使用されたあと、解体されてしばらく豊国神社《ほうこくじんじゃ》に保管されていたが、明治三十六年に四条河原町下ルの現在の高島屋の裏手にあった狂言茂山《しげやま》家の京都能楽堂の舞台として使用されることになった。それが大正元年に四条通りの拡張のため撤去され、神戸の造船会社の経営者の所有となって、一時は伏見の酒蔵に保管されていたが、やがて修学院ちかくにあった同人の別荘地内に復元して再築された。これが昭和四十一年に関西セミナーハウスに寄贈されて、現在その庭園に建っている舞台なのである。この舞台は短期間で建てられたために北山丸太を削《けず》らずに用いたと伝えられている。柱が丸い能舞台というのはたいへんめずらしいが、その柱はいまも往時のままの円柱である。

このように、この能舞台は明治の能楽復興と秀吉の能楽愛好を現在に伝える記念碑なのだが、現在その由緒を知る人はまれである。場所も所有者も転々と変わったのだから、それも当然であろう。私などは昭和六十二年から同セミナーハウスを研究室の夏季合宿で何度か利用していて、そのつど能舞台を見学していながら、幾年ものあいだそれが秀吉三百年祭のおりの能舞台であることに気づかなかった。所有者のセミナーハウスもつい最近までその由緒を知らず、とくに案内板なども立てていなかったのである。この能舞台はいまはこうしてひっそりと比叡山西麓の庭園に建っているのだが、その能舞台をながめていると、明治の能楽復興や秀吉の熱烈な能楽愛好という能楽史をいろどった出来事が、埋もれかけた歴史のかなたからあらためて甦《よみがえ》ってくるように思われる。

私は本書では秀吉の能楽愛好について書こうとしているのだが、明治三十一年にその三百年祭が営まれた秀吉は、慶長三年(一五九八)に六十二歳で没している。軽輩から身を起こして関白・太閤にまで昇りつめたあとの、豊臣家や遺子秀頼《ひでより》の将来を案じつつの往生だったが、秀吉の熱烈な能楽愛好はその生涯を通じてのものではない。それは天正四年(一五七六)ころにはじまった茶の湯愛好よりだいぶおそく、秀吉五十七歳の文禄二年(一五九三)にはじまり、六十二歳で没するまでの、わずか六年たらずのあいだのことなのである。秀吉はそれ以前にも能には接していたが、熱中してからの六年たらずのあいだに、秀吉は、能の愛好者が能についてなしうるあらゆることを、まことに破天荒に、そして無邪気にしつくしている。そうした熱烈な愛好にかかわるエピソードのいくつか、たとえば、禁中で麾《き》下《か》の武将とともにみずから能を演じたこと、自身の事績を新作能として作らせたこと、などは比較的よく知られていることだろうが、その愛好の実態は、これまで一般に知られているよりも、じつははるかに多彩でエネルギッシュなのである。

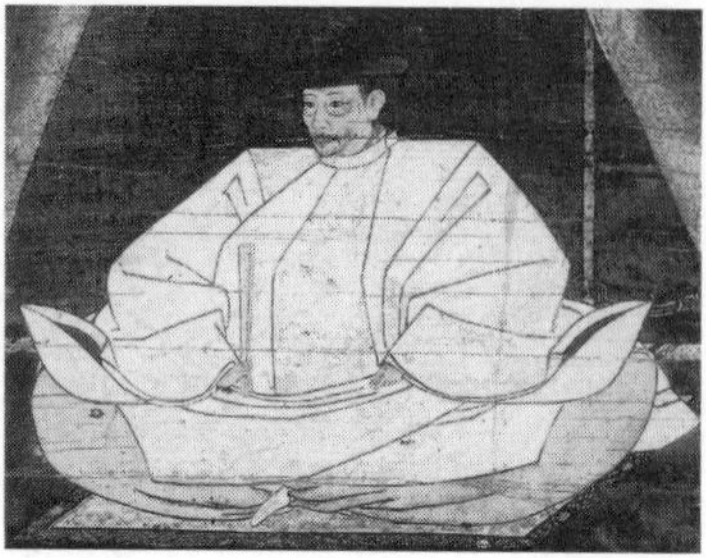

豊臣秀吉画像（佐賀県立名護屋城博物館蔵）

本書では、まず第一に、そのような秀吉の能楽愛好の実態を、確実な資料に即して、なるべく広く紹介してみたいと思う。それは、よく知られている茶の湯への傾倒ともあわせ、あらためて文化人としての秀吉、あるいは秀吉という権力者の人間像を考えるよい材料にもなるはずである。

もっとも、秀吉の一連の能楽愛好はそれ自体としてはたんなる権力者のわがままにすぎない、ともいえる。したがって、もしそれだけのことなら、このように一書を費やして紹介するまでもないことになろう。しかし、能楽研究のうえからは、秀吉の能楽愛好は能の歴史を語ろうとする場合や、能の魅力を考えようとする場合には、じつはまことに貴重な材料なのである。

秀吉が生きた安土桃山時代は能の歴史の上で大きな転換期にあたっている。それは能が現代劇であった時代を終えて古典劇としての道を歩みはじめた時代であり、その意味で現代の能の源流のような位置にある時代でもある。装束が豪華なものとなり、演技のテンポがおそくなって一曲の上演時間が世阿弥《ぜあみ》の時代よりも二、三割長くなり、能舞台も現在の形に近づきつつある時代であった。秀吉が能に夢中になったのはそうした時代なのである。つまり、秀吉の能楽愛好について語ることは、とりもなおさず安土桃山時代の能を語るということにほかならないのである。じっさい、本書の各章で秀吉の能楽愛好の事例に接した読者は、そこにおのずと現代とはことなる安土桃山時代の能の姿を感じ取るにちがいない。それは、教養ではなく純粋に娯楽として楽しまれている能であったり、現代のようなさまざまの約束事がまだ少ない自由闊達《かったつ》な能であったり、素人における能楽愛好の広がりであったりするであろう。そうした安土桃山時代の能の姿を、秀吉の愛好をとおして望見して、できるならば、その時代を七百年におよぶ能楽史のうえに位置づけてみたい、というのが本書のもうひとつのもくろみである。いささか欲張りすぎかもしれないが、本論に入る前に、秀吉にいたるまでの前史として、武将の能楽愛好の歴史について述べた序章を置いたのもそのためである。

さて、本書では秀吉の能楽愛好を、まだ能に熱中していなかった元亀二年（一五七一）、秀吉三十五歳の年から、なるべく順を追ってたどってゆくが、それが具体的にいかなるものであったかをあらかじめ理解してもらうために、ここで豊公能《ほうこうのう》のことをすこし紹介しておくことにしよう。

豊公能は、秀吉が自分の事績をもとに作らせた新作能のことである。秀吉と同じく強大な権力者で、秀吉にまさるとも劣らない能狂だった徳川幕府の五代将軍綱吉は、自身の能の相手をさせるために多くの能役者を士分《しぶん》に取り立てたり、ふつうに上演されている能では飽きたらず、廃絶した曲や上演がまれな曲を四十番ほども復活上演させたりしたが、それでも自身の事績を材料にした能を新作させることはしていない。それは綱吉だけでなく、能を愛好した足利義満も徳川家康もしていないことである。つまり、能の長い歴史においてそのような試みは他に例がないのであって、秀吉の能楽愛好のなかでもっとも特異なのがこの豊公能だということもできよう。

豊公能は秀吉が五十八歳だった文禄三年（一五九四）の初頭ころに作られたらしい。作られたのは十番だったようだが、今日にテキスト（謡本《うたいぼん》）が伝わっているのは、《吉野詣《よしのもうで》》《高野参詣《こうやさんけい》》《明智討《あけちうち》》《柴田《しばた》》《北条《ほうじょう》》の五番である。いずれも実際の秀吉の事績を題材にした能で、もちろん現在は上演されていない。《吉野詣》は吉野に参詣した秀吉の前に蔵王権現が現われて、秀吉の治世を賛美するという能。《高野参詣》は母大政所《おおまんどころ》の三回忌を弔《とむら》うために高野山に参詣した秀吉の前に成仏した大政所が現われて、秀吉の孝行をたたえるという能。また、《明智討》《柴田》《北条》はよく知られた秀吉の戦功に取材した能である。作者は秀吉の祐筆《ゆうひつ》を勤めていた大村由己《おおむらゆうこ》で、秀吉がもっとも気に入っていた金春大《こんぱるだ》夫安照《ゆうやすてる》が節をつけた。これらは禁裡《きんり》に献上されたらしい。

さらに驚くべきことに、秀吉はこれら五番のほぼすべてをみずから演じている。このうち《吉野詣》などは、文禄三年三月一日に吉野の蔵王堂で秀吉によって演じられている。花の吉野を舞台に自身が登場する能を、みずから吉野で演じたわけである。しかも、それは秀吉の治世を賛美する内容の能、というこりようだった。

これはほんの一例だが、このような秀吉の能楽愛好をたどってゆくと、おのずから能の魅力あるいは本質ということをも考えさせられる。秀吉をそれほど夢中にさせた能とはいかなるものであり、その魅力とはいったい何なのか。それは能という演劇が成立以来七百年もの長いあいだ、階層を問わず広く愛好され続け、いまでは国際的にも高い評価を獲得している、その秘密を考えることでもあろう。こんなことをいうのも、能という演劇の本質や魅力が現代日本においてはあまり正確に理解されているとはいいがたいと思われるからである。はやい話、《井筒《いづつ》》なら《井筒》について、われわれは世阿弥の意図したところをいまだ十分に把握しきれていないのである。ひょっとすると、現代は七百年におよぶ能の歴史のなかで、もっともその本質や魅力が理解されていない時代かもしれないのである。

本書はとくに能の本質や魅力を述べようとするものではないが、そうした問題についてのヒントは、なによりもこれから紹介する秀吉や周辺の武将たちの能楽愛好のなかに示されているのではないかと思う。そうした意味において、本書は現代を生きる演劇としての能ともつながっている、と現代の能の愛好者の一人でもある私は考えている。

序章　武将の能楽愛好——秀吉まで

武将と能

みずからさかんに能を演じ、自身の事績を新作能に作らせるという秀吉の能楽愛好は、それだけをみると秀吉ならではの常軌を逸した愛好と受け取られるかもしれない。しかし、いうまでもなく、物事にはたいがいそれが生まれてくる背景があるもので、秀吉の能楽愛好もその例外ではない。秀吉の能楽愛好の場合、その背景には南北朝以来の武将による能楽愛好の伝統があり、より直接的には秀吉自身がその一人であった戦国武将の能楽愛好の風《ふう》があった。同じことは秀吉の茶の湯愛好にもいえるだろうが、武将の能楽愛好という伝統からみれば、秀吉の能楽愛好はかならずしも特異な現象ではないのである。もっとも、秀吉の場合は、その強大な権力と、おそらくは物事に熱中しやすい性格のために、能への接しかたがいささか並はずれたものになってはいるが、それは基本的には武将による能楽愛好の事例のひとつと理解される。能は茶の湯や和歌・連歌《れんが》などとともに中世における武家文化を形成していたが、そうした武家の文化から生まれるべくして生まれたもの、それが秀吉の熱烈な能楽愛好なのである。

武将が能を愛好する風はかなり早くからのことで、それは南北朝時代の十四世紀の中ごろにはすでに顕著になっていた。「能」という歌舞劇が、滑稽中心の雑多な芸能だった「猿楽《さるがく》」から生まれたのは鎌倉時代の後期ころのことだから、武将による能楽愛好は能の歴史のごく初期からの現象ということになる。(1)能の役者たちは大和・近江・摂津・丹波といった京都周辺の地域に座をかまえ、当初はそれぞれの本拠地の寺社の祭礼を中心に活動していた。畿内各地にあった座は「大和猿楽」「近江猿楽」「丹波猿楽」などと国名を冠して呼ばれるが、大和猿楽としては結崎《ゆうざき》座・円満井《えんまんい》座・坂戸《さかど》座・外山《とび》座の四座が、近江猿楽としては山階《やましな》座・日吉(比叡)座・下坂《しもさか》座の「上三座《かみ》」と、敏満寺《みまじ》座・大森《おおもり》座・酒人《さかうど》座の「下三座《しも》」があった。これらの座はもとは祝禱芸《しゅくとう》である《翁《おきな》》(現在も能役者によって演じられている)を演じるための組織だったらしいが、娯楽芸としての能を演じる役者もその座衆だった。そうした演能を主とする座衆は、大和猿楽の場合は、次第に本来の座との関係が希薄になり、やがて観世《かんぜ》座・金春《こんぱる》座・金剛《こんごう》座・宝生《ほうしょう》座として自立してゆく。その観世座のスター役者が観阿弥《かんなみ》や世阿弥であった。武将が能を愛好するようになっていた南北朝時代というのは、このような畿内の猿楽座の役者たちが大和や近江から京都に進出して、さかんに活動していた時代である。

「ばさら大名」道誉と能

一方、猿楽とともに平安鎌倉時代を代表する芸能に田楽《でんがく》があった。田楽は田植の際に演じられた歌舞を起源として、群舞などに特色がある芸能だったが、この田楽も鎌倉末期ころには猿楽にならって能を演じるようになっていて、やはり京都で活動していた。京都は能を演じる猿楽や田楽の座にとっては大きな市場だったのである。そこには新興の演劇たる能に強い関心を持ち、能の有力なパトロンとなりはじめていた将軍やその麾下《きか》の武将たちがいたからである。

当時のそうした武将のひとりに京極《きょうごく》の道誉《どうよ》（佐《さ》々《さ》木《き》高氏《たかうじ》）がいる。道誉は鎌倉幕府の滅亡から南北朝にかけての内乱期に、おもに足利尊氏の配下として活躍し、応安六年（一三七三）に没した武将で、当時の時代精神の「ばさら」（遊宴などにおける華美の嗜好）の代表的人物としてもよく知られている人物である。彼はまた『菟玖波集《つくばしゅう》』に七十三句も入《にっ》集《しゅう》している有力な連歌作者でもあるが、この道誉が能の愛好者であったことは、たとえば世阿弥の芸談集たる『申楽談儀《さるがくだんぎ》』が伝えるところである。『申楽談儀』によれば、近江猿楽の日吉《ひえ》座の犬王《いぬおう》（道阿弥《どうあみ》）の謡《うたい》を、訛りが多くてきたない謡だが風情があるとして、道誉が「日本一」だとほめた、という。『申楽談儀』のその箇所には「いづれもきたなき音曲なれども、かかり面白くあれば、道誉も日本一とほめられしなり」とある。「かかり」は「風情」の意味だが、この記事は京極の道誉が能の音曲《おんぎょく》に一家言を有していて、その発言が専門の役者の指針にもなるような権威を持っていたことを物語っている。道誉の能楽愛好については、このほかにも、文和四年（一三五五）に京都の新熊野《いまくまの》神社の祭礼で、近

江守護の佐々木《ささき》氏頼《うじより》とともに猿楽（能のこと）を見物していることが知られている。(2)

海老名南阿弥の権威

また、『申楽談儀』には海老名南阿弥《えびなのなあみ》なる人物の発言が音曲関係の記事にしばしばみえる。この南阿弥も足利尊氏・直義《ただよし》や足利義満に仕えた武将である。もとは海老名六郎季直という武士だったらしいが、出家して南阿弥と名乗り、永徳元年（一三八一）に没している。義満には南阿弥となってから「遁世者《とんぜいしゃ》」として近侍《きんじ》していたようで、『申楽談儀』にみえるのはその南阿弥時代である。この南阿弥は『紫野千句《むらさきのせんく》』に多くの句が載るように連歌の作者でもある文化人だが、『申楽談儀』の記事を総合すると、能の音曲については道誉以上の権威を持っていたらしい。南北朝期は能だけでなく能役者が謡う謡物《うたいもの》も愛好されていた時代だが、当時評判になった『海道下《かいどうくだり》』『地獄の曲舞《くせまい》』という謡物も南阿弥の作曲である。ちなみに、『地獄の曲舞』は能《歌占《うたうら》》に取り込まれているから、南阿弥の音曲的才能には今でも接することができる。

南阿弥は応安七年（一三七四）か翌年の永和元年に、義満が京都の今熊野《いまぐまの》で観阿弥・世阿弥父子の能を見物した時にも近習として同道していた。これは義満のはじめての能見物で、義満が世阿弥を後援するきっかけになった出来事でもある。このときには、それまで座の長老役者が演じる習わしだった《翁》を、長年の慣習を破って座のスター役者だった観阿弥が演じているが、それは「演者は大夫《たゆう》（観阿弥）でなくては」という南阿弥の「一言」によって決まったと『申楽談儀』は伝えている。(3) これは観阿弥の芸を目当てにしていた義満の意を体しての発言だが、同時に南阿弥の能芸についての「権威」をうかがわせる逸話でもあろう。

このように、南北朝期には将軍や武将のあいだに能楽愛好の風が広まっていた。しかも、かれらはかなり洗練された鑑賞眼をそなえていて、そうした数寄者《すきしゃ》（風流人）が将軍を中心にした文化圏を形成していたのである。とりわけ、義満の周辺には連歌や謡などに通じた南阿弥のような武将出身の文化人が常に侍していて、遠隔地の寺社への参詣などにも同行していた。このあとにのべる義満の世阿弥後援なども、こうした文化的環境の所産なのである。

武将の教養

ところで、武将たちは能のいかなる点に惹かれたのであろうか。ひとつには、それがわが国の芸能史上はじめて生まれた演劇だということがあるだろう。能は音楽（謡）と舞踊（所作）とが一体となった歌舞劇《かぶげき》で、そうした総合的な芸能はかつてないものだったからである。さらに、もうひとつ理由をあげるとすれば、能の詞章が武家文化の中心的位置を占めていた和歌や連歌と同質の詩的な文章でつづられていることがあげられるだろう。たとえば、世阿弥の名作《井筒《いづつ》》のシテの登場の場面はつぎのような詞章になっている。

暁ごとの閼伽《あか》の水、暁ごとの閼伽の水、月も心や澄ますらん

これは在原寺《ありわらでら》（いまの天理市あたりにあった寺）を通りかかった旅の僧（ワキ）の前に業平《なりひら》の妻であった紀有常《きのありつね》の娘の亡霊（前ジテ）が水桶を手に里女の姿で現われる場面である。閼伽は仏に供える水のこと。その閼伽の水に映る月影のように澄みきった心境を吐露した主人公のセリフで、《井筒》の「恋慕」「懐旧」という主題を暗示する詞章でもある。「暁」と「閼伽」が韻をふみ、その閼伽の水に月が映じているとして、後半の「月も……」につなげた文章であり、これだけでもこの詞章が和歌連歌的な文章であることは理解されるだろうが、その点でとりわけ注目されるのは、後半の「月も心や澄ますらん」の「も」であろう。これは表面的には月が澄んでいることを叙しているが、同時に、「月も」の「も」によって、月だけでなくわが心の清澄なることをも述べている。まことにみごとに圧縮された表現だが、これも和歌や連歌では常套的《じょうとうてき》な手法なのである。また、この詞章では秋の

月下の古寺の叙景と主人公の諦観的な心境とが同時に述べられているが、これも和歌や連歌では普通の表現様式である。《井筒》では、右の詞章のあと、主人公の微妙な心境がさらに述べられるが、そこも叙景と心理描写が一体になった詞章でつづられている。

《井筒》は能のなかでもとりわけ文学的な達成度が高い世阿弥の作品であるが、程度の差はあっても、能の詞章はこうした和歌連歌的な性格を基本としている。和歌や連歌は当時の武将の必須の教養だったから、能の世界と武将たちの教養とはほとんど重なっていたのである。能の詞章は鎌倉末期ころにはすでに詩的な性格をそなえていたようだが、その傾向は将軍や武将たちの愛好によっていっそう強まったものと思われる。それが世阿弥の能のようなきわめて文学性の高い作品が生まれてくる背景だったのである。

こうして南北朝期に武将の心をとらえた能は、以後、武将に不可欠の文化として、徳川幕府の崩壊まで、およそ五百年ほどの時代を歩むことになる。その間、能は一般庶民のあいだでも貴族社会でも愛好されてきたが、能の歴史全体を鳥瞰《ちょうかん》すると、武将の愛好はしばしば能の発展や変化に直接大きな影響を及ぼしている。その点で、武将と能の関係は、能の歴史そのものという面も持っている。秀吉の能楽愛好はそうした武将の能楽愛好の、一つの、しかしまことに規模の大きい事例なのだが、それについて述べる前に、以下しばらく、秀吉登場までの南北朝期以来の武将と能とのかかわりについて述べることにしよう。

義満の能楽愛好

義満と能といえば、まず想起されるのは世阿弥への愛顧であろう。義満が世阿弥を後援するようになったのは、さきにもふれた応安七年（一三七四）か翌永和元年の今熊野での能がきっかけだったらしい。そのときの世阿弥は十二歳だったが、その後の義満の少年世阿弥に対する愛顧の様子は、押小路公忠《おしこうじきんただ》の日記『後愚昧記《のちのぐまいき》』や『申楽談儀』に生き生きと記されている。

このうち、『後愚昧記』の記事は能を「乞食《こつじき》の所行」と評したくだりがあることで、能の歴史や世阿弥について語られるときにはよく引かれるものだが、そこには永和四年（一三七八）の祇園会の折に、義満が少年の世阿弥（十五歳か十六歳）を祇園祭の鉾《ほこ》見物の桟敷《さじき》に同座させて、みずから盃を与えたりしたことが、いささかいまいましげな調子で記されている。(4)

また、『申楽談儀』のほうには義満のことが十四ヵ所もの多きにわたってみえる。これは同書にみえる人名としては観阿弥につぐ頻度で、そのこと自体が義満の世阿弥愛顧の反映であるが、そのなかでも義満が観阿弥の《自然居士《じねんこじ》》を見物していたときの逸話などは、義満の愛顧を具体的に伝えるものとしてとりわけ興味ふかい。《自然居士》は芸能者でもある少年僧が人買いに身を売った少女を取り返すという内容の能だが、ある時、その少年僧を観阿弥が演じたのを見ていた義満がかたわらの世阿弥に、「児《ちご》は小股をかかうと思ふともここはかなふまじき」と「ご利口」（冗談）をとばした、というのである。「児」は少年の世阿弥のことであり、「小股をかく」は「奇策を弄する」というほどの意味である。観阿弥は大男だったと伝えられているが、その観阿弥による少年僧の演技が絶妙だったのだろう。義満が「利口」を好んだことは『教言卿記《のりとききょうき》』などにも何度か記されているが、この場合は大男だった観阿弥と少年の世阿弥を対比させたところが「利口」のポイントらしい。ここにうかがえる義満はいかにもくつろいだ様子であり、こうした雰囲気にも世阿弥にたいする愛顧がよく示されていると思う。

義満の周辺

こうして、義満の能楽愛好は少年世阿弥への愛顧というかたちではじまったようだが、もちろんそれが義満の能楽愛好のすべてではなかった。そもそも、義満が今熊野での観阿弥の能を見物に出向いたのは観阿弥の芸が目当てだったものと思われる。右の《自然居士》の逸話などは、義満が観阿弥の芸を高く評価していたことをよく示している。観阿弥にたいする義満の後援を伝える資料はあまり残っていないが、義満が観阿弥を後援していたことはまず確実であろう。さらに、義満が後援した役者は観阿弥・世阿弥だけではなかった。観阿弥・世阿弥のほかに義満の愛顧を得た役者、あるいは愛顧を得たと考えられる役者には、近江猿楽の日吉座の犬王《いぬおう》、田楽の新座《しんざ》（座の所在地は奈良だったらしい）の役者だった喜阿弥《きあみ》と増阿弥《ぞうあみ》、素性がよくわからない井阿弥《せいあみ》、観世座の槌《つち》という狂言役者などがいる。このうち、もっとも義満の深い愛顧を得ていたのは犬王である。[5]

犬王は世代的には観阿弥と世阿弥の中間に位置する役者で、応永二十年（一四一三）の没。近江猿楽の特色でもあった「かかり」（風情）を重視した優美な芸風の持ち主で、『申楽談儀』には世阿弥が犬王演じる《葵上《あおいのうえ》》に接したときの、「えもいはぬ風体なり」という感嘆が記されている。義満はその犬王の芸を高く評価していた。そのことは、なによりも「道阿弥」という犬王の出家号が義満の法号の「道義《どうぎ》」の一字を与えられたものであるという事実（『申楽談儀』）が如実《にょじつ》に物語っている。義満の犬王愛顧は犬王を厳島《いつくしま》参詣に同道した康応元年（一三八九）以前からであり、応永十五年（一四〇八）に北山第《きたやまだい》に後小松天皇を招いたときにも、饗応のために呼ばれた役者は犬王だった（義満はこの直後に没）。生涯をとおしてみると、犬王にたいする義満の愛顧は世阿弥へのそれを上回っているとみてよさそうである。

義満が後援した役者はおおよそ以上のとおりであるが、その後援のしかたは、どうやら恒常的に身辺近くにこれらの役者を置いておくというものだったように思われる。役者からいえば「近侍」ということになるが、そのことは右に紹介した観阿弥の《自然居士》をめぐる逸話からも窺えよう。これは観阿弥や世阿弥が義満に近侍している状況のなかで生まれた逸話という印象が強いのである。そうした視点で『中楽談儀』の義満関係の記事をみてゆくと、そのほとんどは役者の「近侍」をうかがわせる記事なのである。『中楽談儀』では世阿弥とは系統がちがう近江猿楽の座や田楽の座の役者のことが頻繁に言及され、そうした役者の芸風や演技が数多く紹介されたり、批判されたりしている。世阿弥や犬王の座がそれぞれ大和と近江で別個に活動しているという状況からは、このような交流は決して生まれまい。さきに紹介した犬王の《葵上》にしても、犬王がどこかで演じた《葵上》を世阿弥が見物に行ったというのではなく、義満の御前での能だったから世阿弥も見物していたと考えるのが正しかろう。

義満の能楽愛好は、このように近江猿楽・大和猿楽・田楽という本来は系統を異にする役者たちを恒常的に身辺に近侍させて、随時能を演じさせ、寺社参詣などにも同行させる、といったかたちだったと考えられる。換言すれば、そこにはおのずから義満を中心とする「能界《のうかい》」とでもいうべき場が形成されていたということになる。

しかし、これはあくまでも義満の場合であって、その後の室町将軍がすべてこうしたかたちで能を愛好したわけではない。また、役者の「近侍」というかたちが義満の時代に制度化されていたわけでもなく、これはたんに義満の私的な愛顧の結果であることも注意しておきたい。

義満のあとの義持《よしもち》の時代は、将軍愛顧の役者は増阿弥であり、応永二十年代(一四一三〜二二)には毎年、増阿弥は京都で将軍後援の勧進能《かんじんのう》(公開の有料公演)を催しているが、世阿弥も依然として将軍に近侍の役者であったと思われるから、義持時代にはまだ多数の役者を近侍させていた義満時代の名残が残っていたわけである。それが義教《よしのり》の時代になると、将軍愛顧の役者は世阿弥の甥の元重《もとしげ》(音阿弥《おんなみ》)によって独占されるようになる。世阿弥が佐渡に流されたのも義教の時代である。それ以後、室町将軍の愛顧の役者は観世大夫《かんぜだゆう》に固定して、幕府の諸行事には観世大夫の能が優先的に演じられるようになる。ここに役者への私的な愛顧が幕府のお抱えというかたちで制度化されることになったのである。

室町将軍と能

義満のあとの義持・義教も能を愛好し、それぞれ能をめぐる逸話が伝わっている。このうち義持は能にはとくに透徹した高い鑑賞眼を持っていた将軍だったらしい。世阿弥は義持時代に書いた能楽論書の『至花道《しかどう》』のなかで、義満時代はよいところだけがほめられたが、当世(義持時代)は貴人《きにん》方の目が肥えて、ちょっとした欠点もあげつらわれるので、

「玉を磨き、花を摘める幽曲」でなくては、貴人方の意に沿わない、と述べている。こうしたきびしい鑑賞眼を持った「当世」の貴人の中心が義持だったことはいうまでもない。義持愛顧の増阿弥《ぞうあみ》は世阿弥が『申楽談儀』で「冷えに冷えたり」と評価しているように、滋味あふれる高尚な芸風の持ち主だったようだが、義持の透徹した鑑賞眼はこうした増阿弥の芸風と一体の関係で形成されたのだろう。世阿弥の後半生の芸がそうした環境のなかで成長したことも、右の『至花道』の世阿弥自身の言にうかがえる。

義教については世阿弥の甥にあたる元重（音阿弥）への絶大な愛顧と、それと表裏一体の関係にある世阿弥・元雅《もとまさ》親子にたいする冷淡な仕打ちがよく知られている。義教は将軍に就任以前は青蓮院門跡《しょうれんいんもんぜき》の地位にあったが、そのころから音阿弥に愛顧を加えていて、将軍就任後も引き続き音阿弥を強力に後援した。その結果、近江猿楽や田楽などの多くの有力役者を近侍させていた義満時代のようなかたちでの愛好は終わり、ここに室町幕府御用猿楽としての観世座の独占的な地位がほぼ定まったのである。

音阿弥を後援した義教は、嘉吉元年（一四四一）に赤松満祐《あかまつみつすけ》邸で暗殺されて四十八年の生涯を終えたが、『嘉吉記《かきつき》』によると、事件は愛顧の音阿弥が演じる《鵜羽《うのは》》を見物中、その中入《なかい》り（前場《まえば》と後場《のちば》の間の場面）のあいだに起きている。《鵜羽》は彦火々出見尊《ひこほほでみのみこと》（山幸彦）と龍女豊玉姫《とよたまひめ》との古代物語を材料にした世阿弥作の祝言能《しゅうげんのう》であるが、これなどは権力者と愛顧の役者の奇《く》しき因縁というべきであろう(6)。

また、義教の音阿弥愛顧のひとつの結果として、永享六年（一四三四）の世阿弥の佐渡配流という有名な事件が起きているが、これは武将の能楽愛好のうらにひそむきびしい現実を示す象徴的な出来事である。義教は世阿弥父子だけでなく、ひいきの音阿弥にも譴責《けんせき》を加えたことがあったが、こうしたことは武将の庇護《ひご》のもとに歩んだ能の歴史にはそう珍しいことではなかった。あとでふれることになるが、同じようなことは秀吉の場合にも家康の場合にも起きているのである（→二二一頁）。

これ以後の室町将軍も能を愛好したが、義教よりあとの将軍はこれという能をめぐるエピソードにめぐまれていない。あえてあげるとすれば、義政《よしまさ》による寛正五年（一四六四）の観世大夫又三郎（音阿弥の嗣子）の糺河原《ただすがわら》での勧進猿楽の後援とか、義澄《よしずみ》時代の永正（一五〇四～一〇）初年ころに「廿日《はつか》猿楽」と呼ばれて、将軍の御所で毎月二十日に能が行われる慣習があったことなどが、めぼしいエピソードであろうか。義政以後は応仁・文明の乱から戦国時代という動乱の時代であり、このころには能も頂点というべき世阿弥や音阿弥の時代を過ぎて、ようやく古典劇としての側面をみせてきた時代である。義満時代のような熱狂的な愛顧、あるいはそれにともなう印象的なエピソードは、もはや生まれにくい状況になっていたのである。そこで以下では、義政以後の室町将軍と能とのかかわりをみるかわりに、室町幕府の諸行事のなかに能がどのように組み込まれていたのかをみておくことにしよう。

式楽としての能

室町幕府の諸行事の故実について記したものに『長禄二年以来申次記《もうしつぎき》』『大内問答《おおうちもんどう》』『宗五大草紙《そうごおおぞうし》』といった武家故実書と呼ばれるものがある。そこに記された故実はだいたい義政時代には行われていたものらしいが、それをみると、幕府の諸行事のなかで能がどのような位置をしめていたかがよくわかる。

たとえば、行事の数がもっとも多い正月の場合をみると、まず四日には年賀のために観世大夫と弟の四郎が対面所の庭上から将軍に拝謁する。将軍への年賀は元日からはじまっているが、四日にはじめて拝謁が許されるのは観世大夫のほかには医師・陰陽師《おんみょうじ》・同朋衆《どうぼうしゅう》・通詞《つうじ》などである。観世同様、幕府お抱えの芸能者だった田楽《でんがく》の役者の拝謁は七日であり、近江猿楽の日吉大夫の拝謁は十三日だった。この日、観世大夫は四郎とともに御会所での一献初めの儀にも出座し、そこで謡《うたい》を歌い、将軍から御服をたまわる。いわゆる謡初《うたいぞめ》がこれである。謡初という年頭の儀式は室町時代から近世にかけて、武家や寺院などでひろく行われたが、その濫觴《らんしょう》はこの室町幕府の謡初らしい。謡初は秀吉も行っており、徳川幕府にも継承されている。

ついで十四日には松囃子《まつばやし》（正月の祝言の歌舞）が将軍御所の庭で行われたが、これも観世大夫が演じた。松囃子のあとには、やはり観世によって能が演じられている。これには田楽と近江猿楽の日吉座の役者が二、三人ずつ観世の能の「ほめ役」として伺候《しこう》した。田楽と日吉座の役者が「ほめ役」を勤めるのは松囃子のときだけでなく、将軍御所で能が演じられる場合の定例だった。松囃子の折には観世には準備に一万疋《びき》、当日に一万疋という莫大な褒美が与えられた。ちなみに、「ほめ役」の田楽と近江猿楽への褒美は千疋ずつだった。

一月にはこれ以外にも、将軍は五日に畠山邸、十二日に一色《いっしき》邸、二十二日に山名邸、二十三日に細川《ほそかわ》邸、二十六日に京極邸にそれぞれ御成《おな》りをする慣習だったが、その折にも必ず観世大夫の能が演じられている。

以上が室町幕府の一月の行事における能および能役者の役割である。これらの行事に観世大夫とともに田楽や近江猿楽の役者が勤仕しているのは、義満時代から義持時代にかけて田楽や近江猿楽の役者が将軍に近侍していたことのなごりであろう。その余慶でかれらもいちおうは幕府お抱えの地位にあったのだが、しかし、実際には幕府の能はほとんど観世の独占だったことは以上の説明に明らかだろう。

ともあれ、義満の個人的な愛好にはじまった将軍と能とのかかわりは、このような式楽《しきがく》（儀礼用の楽）としての能を生み出すにいたったのである。もちろん、この時期にあっても、能は将軍の個人的な愛好の対象でもあったのだが、それは能の式楽化とともに、義満や義教の愛顧のような個性を失い、これという逸話を生むこともなくなってしまった。

しかし、その一方で、この時期には多くの戦国武将たちがかつての義満のように熱烈に能を愛好しはじめていたのである。

激増した地方下向

戦国武将の能楽愛好は、しばしば能役者の地方下向という形で現われる。能役者が庇護者たる武将を頼って、その領国に下向したからである。もっとも、能役者の地方下向は戦国時代だけのことではない。世阿弥の父観阿弥が駿河で没しているように、能役者の地方下向は早くから珍しいことではなかった。しかし、応仁・文明の乱以後はそれが激増したようである。室町幕府御用猿楽の地位にあった観世座の大夫《たゆう》宗節《そうせつ》が元亀二年（一五七二）以降、徳川氏をたよって駿河に下向していたことなどはそれを象徴する出来事だろう。それは能の庇護者層の小さからぬ変動を意味してもいた。この時代における能役者の地方下向、つまり戦国武将の能楽愛好の実態はそう詳細にわかっているわけではないが、おもなものとしては、徳川氏の観世後援のほかに、周防《すおう》大内氏と金春禅竹《こんぱるぜんちく》、播磨《はりま》赤松氏と金剛大夫、河内《かわち》畠山氏と金春宗筠《そういん》・同禅鳳《ぜんぽう》、甲斐《かい》武田氏と金春座の傍系の大蔵大《おおくらだ》夫、小田原《おだわら》北条氏と宝生大夫などの関係が知られている。ここでは、このうち織田信長・徳川家康・細川《ほそかわ》幽斎《ゆうさい》といった著名な戦国武将の能楽愛好について紹介しておくことにしよう。

節度ある信長の愛好

秀吉の旧主で、天正十年（一五八二）六月に本能寺で四十九年の生涯を終えた織田信長は、その戦乱に明け暮れた生活のなかでも幸若舞《こうわかまい》や能に親しんでいたようである。

幸若舞は語り物的な性格の強い舞で、とくに武士が好んだ芸能であるが、信長は幸若舞では、『敦盛《あつもり》』の「人間五十年下天《げてん》のうちをくらぶれば夢幻のごとくなり、一度生《ひとたび》をうけ滅せぬもののあるべきか」の一節を好み、永禄三年（一五六〇）の桶狭間《おけはざま》の戦ではこの一節を舞って出陣したと伝えられる（『老人雑話』）。

しかし、能については自身鼓《つづみ》をたしなみ、幾人かの役者を後援してはいたが、秀吉のようにみずから能を演じることはなかったようで、伝存する資料や逸話からは、ともすれば人を耽溺《たんでき》させることがある能にたいして、信長は節度をもって接していたという印象を受ける。

永禄十一年（一五六八）十月、信長の助力によって入洛をはたした十五代将軍足利義昭《よしあき》は細川藤孝《ふじたか》（幽斎）の邸で信長の功労に報いるために観世大夫（八世元尚《もとひさ》）の能を催した。『信長公記』によれば、このときの能は最初は十三番の予定で、脇能《わきのう》（最初に演じられる祝言能）は石清水《いわしみず》八幡宮を舞台に摂社《せっしゃ》の武内の神《しん》が袋に収めた弓（天下泰平の象徴）を持って登場する《弓八幡《ゆみやわた》》だったが、信長はいまだ干戈《かんか》は収まっていないという理由で、《弓八幡》を《高砂《たかさご》》に替え、番数も五番に削減させ、結局、観世大夫の能は《高砂》《八島《やしま》》《定家《ていか》》《道成寺《どうじょうじ》》《呉服《くれは》》の五番が演じられた。こうしたところにも信長の能にたいする姿勢が示されているように思う。

また、この席で信長は義昭から鼓を所望されたが、これを断っている。これも番数を十三番から五番に減らしたのと同じ理由かと思われ、能にたいする信長の節度ある姿勢をうかがわせる。なお、この逸話は、このときの信長にすでに鼓のたしなみがあったことを伝えてもいるが、この時、義昭が信長に所望したのは、単独の鼓の演奏ではなく、どうも四番目の《道成寺》の鼓だったらしい(7)。

《道成寺》には、特殊な舞事《まいごと》で、当時も小鼓方の重い習い事になっていた〔乱拍子《らんびょうし》〕があるが、義昭はその〔乱拍子〕の演奏を信長に求めたのである。《道成寺》の小鼓を素人が演奏することなどは現代ではおよそ考えられないことだが、信長が義昭の所望を拒否したのは、そういうこととも関係があるのかもしれない。その一方でこの逸話は、素人が〔乱拍子〕(8)を演奏することがさほど特異ではないという、当時の能をめぐる状況をも伝えていよう。

信長の子供たち

信長には信忠《のぶただ》・信雄《のぶかつ》・信孝《のぶたか》という三人の男子があったが、いずれも能が好きで、それぞれ自身で能を演じて楽しんでいる。これについては『当代記《とうだいき》』につぎのような面白い記事がある。天正九年(一五八一)のこと、信長は長男の信忠の能の演技がみごとだという評判を聞いて機嫌を悪くして、武将たる者が能などにそう熱中するものではないと、信忠の能道具を梅若《うめわか》大夫に与えてしまった。しかし、信長は次男信雄と三男信孝までもが好んで能を演じていることには気づかなかった、というのである(9)。このころ、岐阜城を預かっていた信忠は大鼓《おおつづみ》の大蔵二介《にすけ》や狂言の大蔵弥右衛門虎政《とらまさ》などを呼び寄せて能に夢中になっていたことを伝える資料が宮城県図書館の伊達文庫に蔵されているから、これは事実なのだろう。この逸話などは、みずから能を演じて楽しむ風が戦国武将の間に広まっていたことをよく物語っている。

信長の三人の子のうち、長男信忠は天正十年の本能寺の変で没し、三男信孝も若くして没したが、秀吉や家康に仕えて寛永七年（一六三〇）に京都で没した次男の信雄《のぶかつ》（常真《じょうしん》）は、近世初期には有数の能の数寄者として活動していたようである。近世初期に京都の素人役者が編んだ『観世流仕舞付《しまいづけ》』によると、信雄の演技や能についての発言が専門の能役者や能の愛好者の貴重な指針になっていたことが知られる(10)。

薪能の復活

信長が後援した役者は丹波猿楽の梅若座の梅若大夫である。妙音《みょうおん》大夫と呼ばれるほどの美声だったが、その代わり優雅な歌舞能《かぶのう》は苦手で、牢破りの場面が見せ所になっている《治親《はるちか》》のような活劇風の能をうまくこなした役者だったらしい。この梅若は天正十年（一五八二）五月二十日に安土の総見寺で催された徳川家康や近衛前久《このえさきひさ》（龍山）らの接待能の出来が悪く、信長から叱責されたりしている（『信長公記』など）。信長はこの梅若のほかにも、大鼓《おおつづみ》の大蔵二《に》介虎家《すけとらや》（道知）、太鼓の観世与左衛門《よざえもん》国広《くにひろ》、狂言の大蔵弥右衛門虎政（道春）などの役者を後援していたことが諸資料から知られる。

なお、信長と能ということでは、天正四年（一五七六）に薪能《たきぎのう》を一時的に復活させたことも忘れてはなるまい。薪能（薪猿楽）は春日若宮《かすがわかみや》祭能とともに、鎌倉時代から、金春・金剛・観世・宝生の大和猿楽四座《よざ》が参勤していた伝統ある催しであるが、室町時代後期には四座そろっての参勤がほとんどなくなっていた。それを信長がテコ入れをして、天正四年の薪能は久しぶりに四座がそろって参勤したのである。もっとも、南都両神事能《りょうしんじのう》では、その後、ふたたび参勤する座がそろわなくなる。それを文禄二年（一五九三）から三年にかけて復興したのが秀吉なのである。信長による天正四年の薪能復興は、当然、文禄の復興時の秀吉の念頭にあったはずである。

生涯にわたる家康の愛好

徳川幕府を開いた家康もかなりの能好きだった。家康は幼時から十九歳の永禄三年（一五六〇）まで駿河の今川氏のもとで人質生活を送っているが、その間に上方《かみがた》から下向していた今川氏の庇護を受けていた観世十郎大夫（七世観世大夫宗節《そうせつ》の兄）から謡などの稽古を受けていたようである。

こうして、幼時から能や謡になじんでいた家康は、以後、戦国大名から秀吉政権下の有力武将を経て征夷大将軍となり、さらに大御所《おおごしょ》となって元和二年（一六一六）に没するまで、みずから演じることも含めて生涯にわたって能を愛好しつづけた。ひいきの役者は観世宗節・元尚《もとひさ》・身愛《ただちか》（黒雪《こくせつ》）という三代の観世大夫だったが、晩年には秀吉の愛顧を受けた金春大夫安照《やすてる》もお気に入りの役者だった。

また、二代将軍の秀忠はじめ家康の子供たちもみな能好きで、歴代将軍がみなみずから能を演じ、徳川幕府が四座（のち喜多が加わり五座）の役者を召し抱えて公私にわたって催能の機会を多く持つことになったのも、もとは家康が幼時から能に親しんでいたことによるといってよい。ここでは、そのような家康の戦国武将時代から秀吉麾《き》下《か》の武将時代までの能楽愛好のさまを述べておこう。

観世との縁

戦国武将としての家康の能楽愛好をよく伝えているものに『当代記《とうだいき》』があるが、そこには元亀二年（一五七一）の八月二十六日条のこととして、

於二遠州浜松一、観世宗雪入道、同《おなじく》左近大夫能仕《のうつかまつる》。家康公も同能し給。

という記事がみえる。「観世宗雪入道」は七世観世大夫元忠《もとただ》（宗節）であり、「同左近大夫」はその養子ですでに八世観世大夫を継承していた元尚《もとひさ》である。これは観世と徳川氏との縁がこの頃から始まっていることを伝える記事として知られているが、この記事によれば、家康の居城である浜松城で能が催されたとき、観世宗節父子とともに家康も能を演じ

たというのである。このときの能は九番であった。その二日後の八月二十八日には、この顔ぶれに家康の長男で岡崎城主だった信康が加わって、あわせて十五番の能が演じられている。信長父子の場合と同じく、戦国武将の多くがみずから能を演じるのがふつうになっていたことがうかがえよう。

翌元亀三年の八月十二日と十六日にも、やはり浜松城で観世宗節と十郎大夫兄弟の能があった。このときも十二日が九番、十六日が十五番だったが、十六日の催しでは家康はみずから《鉢木《はちのき》》を演じている。《鉢木》は鎌倉武士の気概を描いた能で、回国の途次、上野《こうずけ》の佐野《さの》（高崎市）で雪路になやむ最明寺《さいみょうじ》入道（北条時頼）を落魄《らくはく》した鎌倉武士佐野《さの》源左衛門常世《つねよ》が丹精をこめた鉢植を焚いてもてなす。その心意気に感じた最明寺入道が、恩賞を与えんと鎌倉から諸国に「いざ鎌倉」の招集をかけると、常世がやせ馬に乗って参上する、という筋の能である。家康は鎌倉武士の気概を主題としたこの能が好きだったらしく、これ以前にもみずから演じたことがあったようである。また、『当代記』にはこれ以外にも、天正十七年（一五八九）七月に家康が駿府でみずから能を演じたことがみえている。この時の大鼓はかつて信長がひいきにしていた大蔵二介が打っている。

以後、秀吉麾下の武将として京都に滞在することが多かった家康は、しばしば秀吉周辺の催しでみずから能を演じている。そのおもなものを紹介すると、文禄二年（一五九三）

九月十七日と十八日の大坂城西の丸の能では《野守《のもり》》《芭蕉《ばしょう》》を演じ、のちに詳しく述べる文禄二年十月の禁中能では《野宮《ののみや》》《雲林院》と狂言《耳引《みみひき》》を演じ、文禄三年四月十五日には関白秀次の聚楽第で《松風《まつかぜ》》を演じ、文禄四年四月頃には聚楽第で《三輪《みわ》》《熊野《ゆや》》を、伏見城で《東北《とうぼく》》《仏原《ほとけのはら》》を演じ、慶長元年（一五九六）五月には秀頼の叙爵のため参内して仕舞や能を舞っている（→一九九頁）。

これはいずれも秀吉が能に夢中になっていた時期のものであるが、家康もかなりの能好きだったことがここからも知られよう。

家康の演技

ところで、家康が演じたこれらの能の多くは、世阿弥や禅竹《ぜんちく》の作になる歌舞を主体とした閑寂な遊舞能《ゆうぶのう》である。現在では「能らしい能」として人気も高く、演者のほうでも重い演目として扱っている曲がほとんどである。そのような能を素人の家康が数多く演じているのは、現代の能を基準にすると信じがたいものがあるが、これは秀吉にも認められる傾向で、当時としてはそう珍しい現象ではない。ただ、家康の場合はそれなりの技術と経験があったもので、こわいもの知らずで名曲に挑んだ秀吉とは事情がちがっていた。

家康の演技については、事実かどうか疑問だが、家康が聚楽第で秀吉の御前で演じた

《船弁慶《ふなべんけい》》の義経についての逸話が『武辺《ぶへん》雑談』に載っている。このとき、太った老人の家康はとても義経にはみえず、後ジテ平知盛の亡霊との切り合いも無調法でおかしかったという。これによれば演者としての家康はあまり魅力的ではなかったようだが、この逸話は、じつは老獪《ろうかい》な家康が秀吉をなぶるためにわざと不格好に演じたのだ、というかたちで結ばれているので、これはむしろ家康が能に堪能だったという資料になろう。[11] 家康が幼時から能に親しんでいたことを考えあわせるならば、家康にはさきに掲げた閑寂な遊舞能を演じるだけの技術と経験があったと考えるのが正しかろう。事実、それを裏付けるような逸話が、文禄二年の禁中能で家康が演じた《野宮》をめぐって伝わっているが、それについては秀吉の禁中能をめぐる話題のなかで述べることにする（↓一八三頁）。

また、このような能楽愛好と一体のことだが、家康は『風姿花伝《ふうしかでん》』をはじめとする世阿弥の能楽論書に接していたようである。現在、観世文庫（観世宗家に伝来した能楽資料の文庫）に伝わっている『風姿花伝』の第七「別紙口伝《べっしくでん》」は、観世十郎大夫（観世宗節の兄）から家康に献上された本を天正六年（一五七八）の十月に観世宗節が遠州浜松で書写した本である。こうした事実から、家康は「別紙口伝」以外にも、十郎大夫や観世宗節を介して世阿弥の能楽論書に接していたと推定される。また、家康は世阿弥の芸談である『申楽談儀《さるがくだんぎ》』も所持していたが、それを文禄四年（一五九五）に同じく秀吉の配下にあった細川幽斎に貸している（同書奥書）。細川幽斎もまた次項に述べるように大の能好きだったからである。

玄人をしのぐ幽斎の太鼓

室町幕府の幕臣から転じて、信長・秀吉・家康の三者につかえ、慶長十五年（一六一〇）に七十七歳で没した細川幽斎《ゆうさい》は、和歌・連歌・有職《ゆうそく》故実・儒学・鞠《まり》・茶の湯・書・料理などの諸道に通暁《つうぎょう》した、室町末期～近世初期を代表する知識人として知られる武将である。この幽斎の生涯もまた能とともにあったといえるだろう。

能のなかでも、とりわけ幽斎が好んだのは太鼓で、その師は信長の愛顧を受けていた名手の観世与左衛門国広《よざえもんくにひろ》である。幽斎の太鼓はたんなる武将の素人芸ではなく、数多い武将の能楽愛好のなかでも、そのレベルの高さにおいて突出しており、玄人《くろうと》役者からも高く評価されていた。そうした幽斎の太鼓の技量を具体的に伝えてくれるのが松永貞徳《まつながていとく》の『戴恩記《たいおんき》』にみえる逸話である。これは貞徳が関白秀次の生前、つまり文禄四年（一五九五）七月以前に実際に目撃したことである。

あるとき、関白秀次の聚楽第における能で《朝長《ともなが》》があった。《朝長》は平治の乱の折、美濃の青墓《おうはか》で最期をとげた朝長（源義朝の次男）を主人公にした能で、その朝長の亡霊が後場《のちば》に登場するときに〔懺法《せんぼう》〕と呼ばれる特殊な太鼓の演奏がある能である。そのときの太鼓は当時上手と評価されていた金春又右衛門だった。その折には幽斎もその能を見ていたが、又右衛門は能が終わってから幽斎の屋形に参上して、「今日は公がご見物ゆえ、胸おどり手ふるい、前後を忘れてしまいましたが、いかがでしたでしょうか」と、恐る恐る尋ねた。太鼓の重い習事《ならいごと》だった《朝長》の〔懺法〕だけに、又右衛門としては幽斎がどう聞いたかが気がかりだったのだが、幽斎からは、結構だったという返事があり、又右衛門は安堵《あんど》する。そのあと酒宴になり、幽斎の小鼓などで《杜若《かきつばた》》の囃子が演奏されたあと、又右衛門が今生《こんじょう》の思い出に幽斎の太鼓を一番聴聞《ちょうもん》したいと願い出ると、幽斎も承引し、《遊行柳《ゆぎょうやなぎ》》が演奏されることになった。《遊行柳》は白河の関ちかくの柳の老木の精が遊行上人の回向《えこう》によって成仏し、報謝の舞をみせるという内容の能。その後半が謡《うたい》と幽斎の太鼓で演奏された。幽斎の演奏は、太鼓に向かった姿から掛け声・桴音《ばちおと》にいたるまで凡夫《ぼんぷ》のわざとも思われず、屋形中が神妙になって息をつめていたが、貞徳がふと又右衛門をみると、いつになく額《ひたい》を畳におしあてている。幽斎の太鼓が終わって、ようやく上げた又右衛門の顔をみると、両眼より感涙が雨のように流れていた、という話である(12)。

貞徳はこの話を、「物の上手と名人と替りめはあるものなりと心に思ひ知り侍りき」という感想で結んでいる。もちろん、金春又右衛門が「上手」、幽斎が「名人」ということである。『四座《よざ》役者目録』によると、又右衛門の〔懺法〕は観世与左衛門から伝授されたものだというから、又右衛門は幽斎とは相弟子という関係になるのだが、この話は幽斎が玄人の太鼓役者からも畏敬の念を持たれるような存在だったことをよく物語っている。また、幽斎は太鼓の名手というだけでなく、能の故実全般にも通じていて、そうした点でも役者や能の愛好者の尊敬を集めていたことが、『戴恩記』や幽斎の家臣の編になる『能口《のうく》伝之《でんの》聞書《ききがき》』などから知られる。(13)

一族あげての愛好

もう一つ、幽斎が太鼓の名手として能界に重きをなしていたことを伝える逸話を紹介しておこう。これは『四座役者目録』にみえる話で、やはり《朝長》の〔懺法〕をめぐる話である。すなわちそれは、金春座の太鼓役者の金春惣《そう》右《え》衛門《もん》がいまだ〔懺法〕の伝授を受けていなかったので、幽斎がわざわざ居城の丹後田辺城に惣右衛門を連れて下り、そこで〔懺法〕を伝授した、という逸話である。(14)

これは幽斎が田辺城にいた慶長五年（一六〇〇）以前のことだから、惣右衛門が十代のころのことである。十代の若年とはいえ、金春惣右衛門は玄人の役者で、若いときから上手といわれていた役者である。その惣右衛門に素人である幽斎が〔懺法〕という習事を伝授しているのである。これは玄人以上の芸力を持った素人が少なくなかった安土桃山時代にあっても、希有といってよい出来事であるだろう。

また、幽斎の能楽愛好は幽斎ひとりだけのものではなく、一族や家臣の愛好と一体のものであった。もっとも、武将の能楽愛好にはそれが普通のことだったと思われるし、現に家康などはそうであったのだが、この時代の武将で幽斎ほどその一族や家臣の能楽愛好のようすが具体的に知られる場合も珍しいのである。たとえば、細川家の永青《えいせい》文庫に伝わる『丹後細川能番組』などは、そうした一族郎党による能楽愛好の実態をいまに生き生きと伝えてくれる資料だろう。これは丹後の田辺城（幽斎の居城）や宮津城（忠興《ただおき》の居城）で催された天正十一年（一五八三）から慶長四年（一五九九）までの能の番組だが、それによれば、その間、観世大夫身愛《ただちか》をはじめとする観世座の役者や手《て》猿楽《さるがく》（出身が武士や商人などの専業能役者）

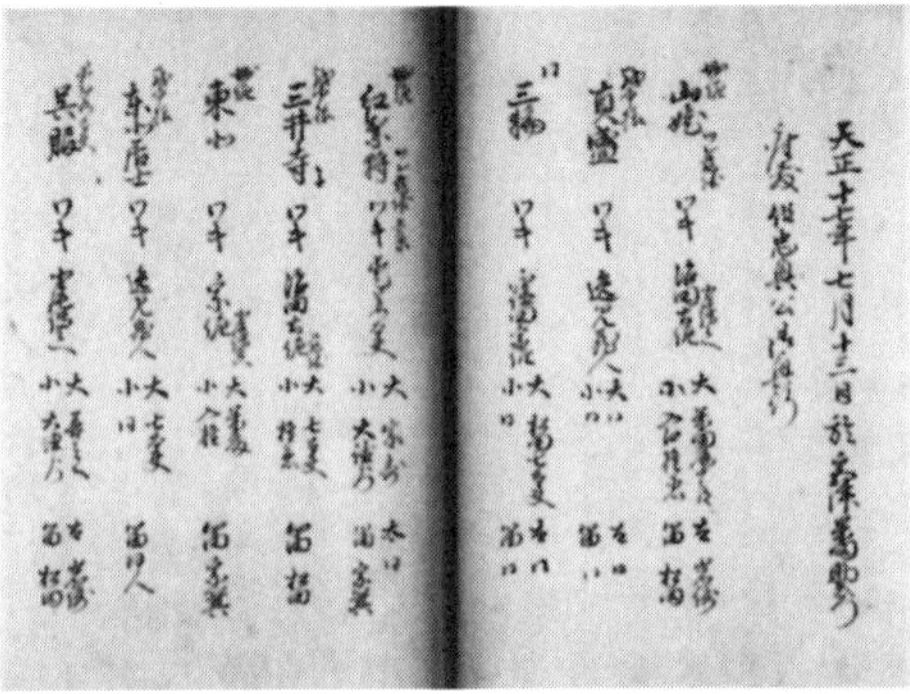

『丹後細川能番組』（永青文庫蔵）

の虎屋《とらや》など多くの役者が丹後に招かれ、それに幽斎以下の一族や家臣がうち交じって頻繁に能を楽しんでいることが知られる(15)。十七年におよぶその能楽愛好の一端を紹介すれば、幽斎はおもに太鼓を演奏していてその出演回数は二十五回を数え、長男忠興(三斎)は八十三番もの能のシテを演じ、五男の孝之は八歳から十五歳の間に七十番の能のシテを演じている、といった具合である。病弱だったため、この番組にはみえないが、三男の幸隆《ゆきたか》も世阿弥の能楽伝書や三百一番もの謡本を所持していた能の愛好者だった。忠興は利休七哲のひとりとして知られる茶人だが、能の数寄者としても当時を代表する存在だった。忠興の子では、長男忠隆(休無《きゅうむ》)が若くして京都に隠棲して京都能界の長老的存在になっていたし、三男忠利《ただとし》(肥後細川藩初代)や四男立孝《たつたか》の愛好もある程度明らかになっている(16)。

こうした幽斎以来の能楽愛好の気風は江戸時代を通じて保持された。維新後の能楽復興を目的に明治十四年に設立された能楽社《のうがくしゃ》に当時の当主細川護久《もりひさ》が参画したことや、細川家のお抱えのような位置にあって、維新後に熊本から上京して大活躍をした金春流の桜間伴《ばん》馬《ま》や嗣子金太郎(弓川《きゅうせん》)を細川家が後援して、近代の能の発展に貢献したことも、幽斎以来の能楽愛好の結果といえよう。

第一章　名護屋以前

1　周辺の能役者

観世小次郎元頼

最初に述べたように、秀吉がみずから能を演じて熱中するようになるのは五十七歳の文禄二年（一五九三）の正月からである。このときの秀吉は朝鮮半島から明《みん》をうかがうべく、新たに築いた肥前名護屋《なごや》城に滞在していた。名護屋は半島攻略の拠点としては絶好の場所だったが、それ以前は小さな山城があるだけの僻地だったから、その地での無聊《ぶりよう》が秀吉に能への関心を呼び起こしたものらしい。能に熱中した時期や経緯がこのように明確にわかるのは、それが文禄の役という状況のなかでの出来事だったことにもよるのである。もちろんそれ以前の秀吉が能とまったく無縁だったわけではない。文禄二年正月以降とは比較にならないものの、それ以前にも秀吉の周辺では能が演じられ、能役者との交流もあった。それを伝える資料はそう豊富ではないが、そうしたことも文禄二年正月以降の熱中の前史として、いちおうたどっておく必要があろう。

秀吉と能との関係を示すもっとも早い例は能役者との交流である。まだ信長のもとで木下藤吉郎と名乗っていた時代から、秀吉は当時観世座のワキ役者として活躍していた観世小次郎元頼《もとより》と交流があった。観世小次郎元頼はかの音阿弥《おんなみ》の曾孫にあたり、《正尊《しょうぞん》》《輪《りん》蔵《ぞう》》などの作者である観世弥次郎長俊《ながとし》の子、天正二年（一五七四）に五十六歳で没した役者である。橋掛りを出る際の姿があまりに見事だったので、永禄七年（一五六四）に観世大夫元忠《もとただ》（宗節）が相国寺《しょうこくじ》の石橋八幡で催した勧進能《かんじんのう》では、将軍義輝《よしてる》がそれまで十一間だった橋掛りを十三間に伸ばしたと伝えられるほどの名手である（『四座役者目録』）。その観世小次郎元頼と藤吉郎時代の秀吉との交流をいまに伝える秀吉の手紙が残っている。法政大学能楽研究所の観世新九郎家文庫に蔵されている秀吉の元頼あての手紙がそれである（1）。

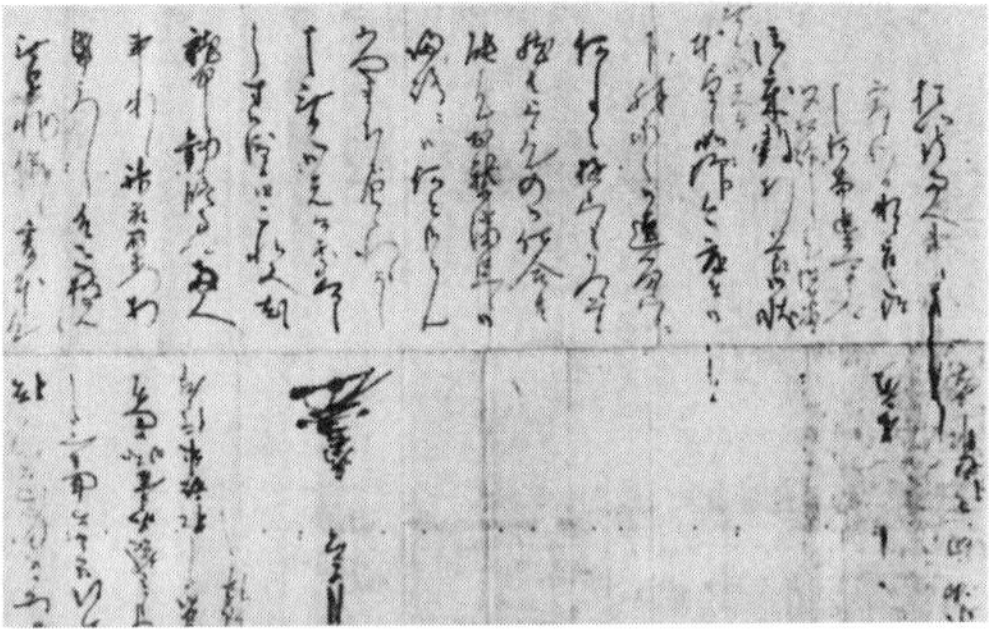

観世小次郎元頼宛て木下藤吉郎書状（法政大学能楽研究所蔵）

　手紙は七月十三日付で、このとき秀吉は信長の居城があった岐阜にいたらしい。その文面によると、秀吉は、そのすこし前まで岐阜に長期逗留《とうりゅう》していて京都にもどった元頼から所領問題で相談を受けていた。秀吉の手紙はそれにたいする返事で、そのなかで秀吉は、長い逗留期間中に「遊山《ゆさん》」もなかったことを詫び、元頼が上洛してからの「仕合《しあわせ》」（巡り合わせ・幸運）を喜び、上洛途中のトラブルが無事処理されたことに安堵したことを記したあと、所領の問題については力強く処理を約束して、さいごに元頼から「すき（数寄?）袋」を送られたことにたいして礼を述べている。

この手紙は元亀二年（一五七一）の七月十三日のものと推定されている。手紙にみえる京都での「仕合」というのが具体的に何をさしているのかは不明であるが、元亀二年といえば、秀吉は三十五歳、永禄十一年（一五六八）に信長に従って上洛して三年という時期である。そうした時期に、秀吉は当時の有力役者である観世小次郎元頼とこのように親しい交流を持っていたのである。

藤吉郎時代の交流

しかし、これはただちに秀吉の能楽愛好がこのころに始まっていたことを示すものではない。というのは、元頼が岐阜に下って長期逗留をすることがあったのは、秀吉との縁というより、信長との縁とみるべきだと思うからである。信長が元頼を後援していたことは、元頼が秀吉に相談した所領問題が元亀三年に信長によって元頼の望み通りに決着したらしいことからもうかがえる。信長が太鼓の観世与左衛門国広や大鼓の大蔵二介《にすけ》などを後援していたことはすでに述べたが、元頼もまたそのひとりだったのであろう。つまり、秀吉は信長配下の侍として、信長が後援していた元頼と接触するようになって親しくなったもので、これをもってただちに秀吉の能楽愛好の事例とすることはできないのである。この手紙も、そうした信長配下の侍としての職務の一端とみなすのが正しいのではないだろうか。

そもそも、秀吉が能よりさきに熱中した茶の湯をたしなむようになるのは、天正元年（一五七三）に朝倉・浅井の両氏を亡ぼした功によって十二万石の大名となり、姓を羽柴と改めたあと、もうすこし正確に言えば、天正四年（一五七六）ころからのことである。(2)能役者との交流はあったものの、木下藤吉郎時代の秀吉はいまだ能楽愛好とはほとんど無縁だったと考えてよいであろう。

観世宗拶父子と樋口石見

このあと、秀吉と能とのかかわりを伝える記録には丸十年の空白がある。元亀二年（一五七一）から十年後の天正九年には、秀吉は清水寺での酒宴のおりに手猿楽《てさるがく》の舞を見物して小袖を与えたりしているが、天正十年代（一五八二〜九一）に入ると、秀吉の周囲にいた愛顧の役者との交流や周辺での能の催しが知られるようになる。ここではそのうちの役者との交流について紹介しておこう。秀吉愛顧の役者とは、観世彦右衛門宗拶《そうさつ》・観世又次郎父子と樋口石見《ひのくちいわみ》の三人である。

観世彦右衛門宗拶は天正十三年（一五八五）に六十一歳で没した観世座の小鼓役者で、永禄七年（一五六四）に観世大夫元忠（宗節）が相国寺《しょうこくじ》で催した勧進能では、将軍義輝から浅葱《あさぎ》の調子緒《しらべ》を免《ゆる》されている。鼓の調子緒の色は橙《だいだい》が普通だが、室町時代には名手に浅葱の調子緒を付けることが幕府から免される慣習があった。これは徳川幕府にも継承された慣習だが、宗拶は相国寺での勧進能の二日目の《翁》の前に、当時は幕臣だった細川藤孝（幽斎）から浅葱の調子緒を賜っている。また、宗拶は本業の鼓だけでなく、茶の湯や俳諧もたしなみ、禅をも学んだ文化人だった。茶の湯は利休に学び、『天王寺屋会記』には天正九年〜十二年の茶会にその名がみえている。俳諧は寛永十五年（一六三八）成立の『鷹筑波集《たかつくばしゅう》』に二句の発句《ほっく》が入集している。(3)

秀吉はこの宗拶に天正十年（一五八二）三月に播磨の百石の知行《ちぎょう》（領地）を与えている（観世新九郎家文庫文書）。これはもちろん秀吉の宗拶後援を物語るものだが、この場合も、これをもってただちに秀吉の能楽愛好の事例とするわけにはゆかないように思われる。というのは、このころの秀吉はもっぱら茶の湯に熱中していた時期であり、秀吉の宗拶後援は、能役者としての宗拶にたいする後援というより、茶人としての宗拶にたいする後援という側面が強いように思われるからである。たとえば、『四座役者目録』にみえるつぎの

逸話などは、そうした事情をよく伝えるものだろう。(4)

あるとき、茶の湯に熱中していた秀吉が宗拶に、「お前は鼓の名人だが、茶の湯も利休の弟子ですぐれている。どんな道具でも与えよう。壺などはどうだ」といった。宗拶は希望はあったのだが、遠慮していると、「利休にいって、欲しいものを求めよ」とのこと。たまたま、利休が尾藤壺を手放そうとしていたので、それを秀吉が高直《こうじき》で買い上げ、宗拶に与えた。その時、利休は宗拶に壺の口覆の扱いや緒の結び方を指南した。この壺はいまも小鼓観世家に伝わっている。また、秀吉は宗拶の屋敷にお成りになったこともあり、そのときに秀吉が使った道具も小鼓観世家に伝わっている。

あらためてことわっておくと、これは茶の湯関係の資料ではなく、『四座《よざ》役者目録』という能楽資料のなかの記事である。そこにこのように茶の湯をめぐる秀吉と宗拶の交流のさまが詳しく記されているのである。それほどに両者の交流は茶の湯を中心にしていたのであろう。

宗拶は秀吉が天正十二年十月十五日に催した茶会に招かれたりしている（『天王寺屋会記』）が、秀吉の宗拶愛顧は、天正十年代初頭というその時期から考えても、どうも能より茶の湯によるものだったのではないかと思われる。

異国ノ者ニモ見セヨ

その宗拶の子が観世又次郎（道叱《どうしつ》）である。父宗拶が没した天正十三年には二十八歳だった。鼓は父にまさるとも劣らぬ名手で、やはり茶人だった。秀吉は肥前名護屋に出陣した文禄元年（一五九二）に室町幕府の先例にならい、父宗拶のときと同じく細川藤孝をもって又次郎に浅葱の調子緒《しらべ》を免している（『四座役者目録』）が、このとき、秀吉は「異国ノ者ニモ見セヨ」といったという。このほかにも『四座役者目録』には、秀吉が禁中で能を催したときに、又次郎に調子緒をよく人に見せよといったことや、また、あるとき又次郎に、「世間では当代の鼓の名手は又次郎か幸五郎次郎《こうごろうじろう》か、などと取り沙汰しているが、北政所《きたのまんどころ》に仕えている女たちでさえ、お前が当代一だといっているぞ。嬉しいと思え」などといったことが記されている。禁中での能というのは文禄二年の禁中能であろう。『四座役者目録』によれば、秀吉は又次郎に二度浅葱の調子緒を免したというから、これが二度目の調子緒御免だったものだろうか。このような秀吉の又次郎後援は、いうまでもなく父宗拶以来の縁によるのであろう。又次郎は文禄二年以後は秀吉の能楽愛好の伴侶の一人として活動するが、秀吉没後しばらくして四十四、五歳で引退し、寛永四年（一六二七）

に七十年の生涯を閉じている。

なお、観世又次郎は秀次の後援も受けていたようである。法政大学能楽研究所の観世新九郎家文庫の文書によると、又次郎は天正十四年（一五八六）以来、秀次から五十石の扶《ふ》持《ち》を与えられていることが知られる。

平均的な愛好

樋口石見《ひのくちいわみ》は山城国山崎出身の大鼓役者である。天正十三年（一五八五）に秀吉が関白叙任を謝して、京都の手猿楽の堀池《ほりけ》（武士出身の専業の能役者）の能を禁裡で催したときに、朝廷から紫の調子緒を免された名手で、『四座役者目録』によれば秀吉から七百石もの知行を与えられていたという。それがいつのことかは不明だが、宗拶が秀吉から与えられた知行が百石であり、のちに秀吉が大和猿楽四座に与えた猿楽配当米が各座千石程度だったことを考えると、秀吉の樋口びいきがいかに破格なものだったかがわかる。

じつはこの樋口も茶人で、秀吉との交流を伝える資料には茶の湯にかかわるものが多い。たとえば、宗拶が招かれていた天正十二年十月の秀吉茶会には樋口も同席しているし（『天王寺屋会記』）、『四座役者目録』によれば、樋口は秀吉の愛顧を後ろ盾にして諸大名から資金の提供を受けて、多くの肩衝《かたつき》（肩が角張った茶入れ）を集めていて、その肩衝は

「樋口肩衝《ひのくちかたつき》」と呼ばれたという。

　こうした事実や逸話に接すると、秀吉の樋口にたいする後援も、能というより茶の湯によるのではないかと思われる。また、秀吉は天正十八年の小田原攻めにも、碁打ちの庄林入道などとともに樋口を同道していた(5)。この樋口も文禄二年以後は秀吉近侍の役者として秀吉の能楽愛好に立ち会うことになる。

　このように、天正十年代初頭には、観世彦右衛門宗拶父子や樋口石見のような能役者が秀吉の周辺に侍していた。秀吉の能楽愛好はそうしたかたちでこの時期にははじまっていたのだが、それはいまだ茶の湯にたいするほど熱烈なものではなく、武将としては、ごく平均的な愛好の段階にとどまっていたように思われる。

2　天正十年代概観

観世宗節の芸を見せる

　以上は能役者との交流であるが、秀吉と能そのものとのかかわりがはじめて知られるのは天正十一年（一五八三）十月に、安芸《あき》の毛利《もうり》輝元《てるもと》が人質として遣わした吉川経言《きつかわつねのぶ》（吉川元春の子広家）と小早川元総《こばやかわもとふさ》（毛利元就の子。後の秀包《ひでかね》）を大坂城に迎えたときのことである。

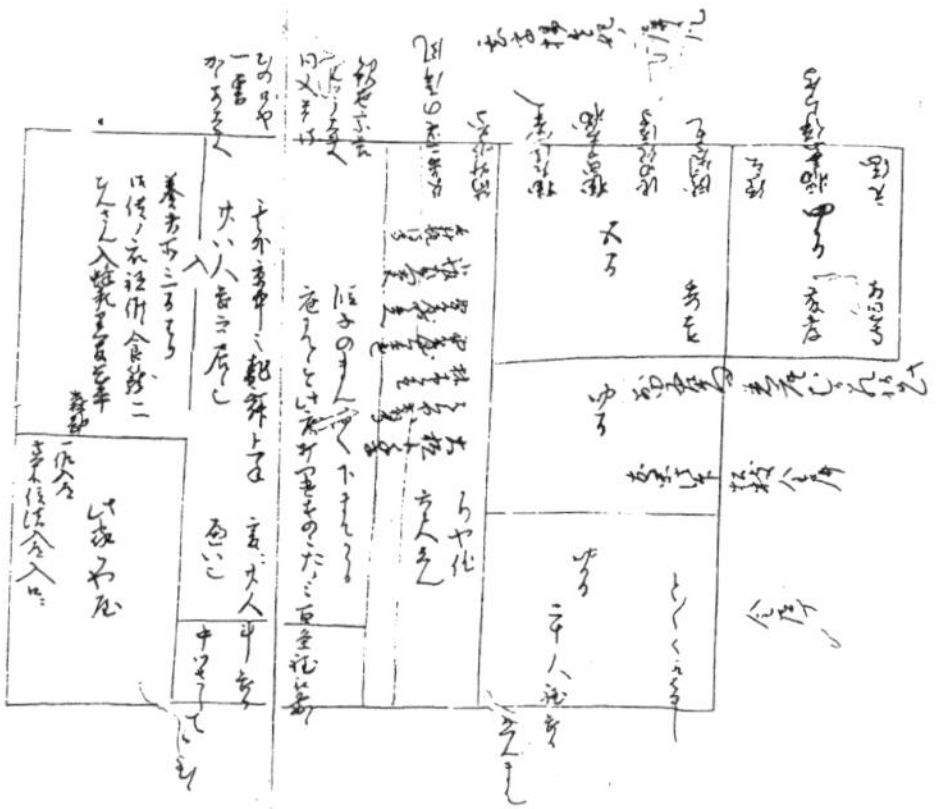

『久保田文書』（邸内図の部分、東京大学史料編纂所影写本）

毛利輝元は天正初年から信長・秀吉と敵対していた。秀吉は天正十年には毛利氏の備中高松城を有名な「水攻め」にしていたが、そのさなかの天正十年六月に本能寺の変が起こり、輝元と秀吉との間に講和が成立した。その後、秀吉は信長の重臣柴田勝家を賤《しず》ヶ岳《たけ》に破って、信長なきあとの政権争いにいちおうの決着をつけることになるのだが、そのような状況のもと、輝元は信長の後継者たる秀吉に恭順の意を示すべく、吉川経言と小早川元総の二人を人質として秀吉に送ったのである。このときに秀吉は人質の二人に観世宗節らの能芸を見せて、もてなした。このとき、秀吉は四十七歳、秀吉の六十二年の生涯では比較的後年のことである。

そのときの観世宗節らの能芸のようすは、このときの毛利側の記録である『久保田文書』を見ることによって、かなり具体的に知ることができる[6]。

天正十一年十月一日の早朝、小早川元総と吉川経言の二人は堺の宿所に安国寺《あんこくじ》恵瓊《えけい》・蜂《はち》須賀小六《すかころく》・黒田《くろだ》官兵衛《かんべえ》らの迎えを受け、大坂城に出向いた。大坂城は築城工事がはじまったばかりで、そのころは天守櫓の土台ができたころのことであった。秀吉は紅梅模様の小袖を着していて、きわめて丁重に両人をもてなした。会見の場所は中庭をはさんでつながった二つの建物のうちの仮屋作りの座敷で行われた。秀吉と両人の近くには細川幽斎が控え、さらに秀吉と毛利輝元との間を周旋した禅僧の安国寺恵瓊が座した。役者は観世宗《そう》節《せつ》・金剛大夫・金剛又兵衛、大鼓の樋口石見《ひのくちいわみ》と桑垣蓮二《くわがきれんじ》、笛の一噌《いっそう》、太鼓の伊丹などが座敷の外に伺候《しこう》し、さらに京中の乱舞《らっぷ》上手が二十八人も伺候していた（乱舞は能舞あるいは能のこと）。また、興味ふかいことに、この場には能役者とともに幸若《こうわか》大夫も伺候していた。信長の幸若愛好が示すように、当時の武将のあいだには幸若舞が流行していたのだが、秀吉も幸若を愛好していたのである。秀吉は後年、幸若大夫に越前の知行を与えている。

宴会は三献《さんこん》の式で行われ、三献目で毛利輝元からの太刀が秀吉に献上され、秀吉からは腰の物（短刀）が両人に与えられた。宴が進み食事になったところで、まず、宗節によって小謡《こうたい》二番が歌われ、続いて《采女《うねめ》》と《杜若《かきつばた》》が囃子つきで謡われた。この謡い手は宗節か金剛又兵衛であろう。囃子は大鼓が樋口石見、小鼓が桑垣蓮二、笛が一噌だったが、太鼓が入る《杜若》の太鼓は記録者の知らない役者だった。《杜若》が終わったところで秀吉から役者に小袖が与えられ、最後にその小袖を着して宗節が《老松《おいまつ》》のキリ（一曲の後半部）を舞った。囃子はやはり樋口・桑垣・一噌で、太鼓は伊丹なる役者が打った。このとき二十八人の京の乱舞上手は縁に座していたが、かれらは《采女》《杜若》《老松》の地謡《じうたい》（合唱）を担当したのかもしれない。幸若大夫には出番がなかったようである。

こうして秀吉と人質二人の会見は終わり、二人は大坂から天王寺をへて堺まで町中に篝火《かがりび》がたかれたなかを通って帰宿した。秀吉は座敷や庭をみずから案内するほどのサービスぶりだった。

室町幕府の慣習の継承

以上がこのときのあらましである。これによって、このころの秀吉が右に記したような役者を近づけていたことが知られる。秀吉から七百石の知行を与えられたという樋口石見もここに含まれている。樋口はこのころすでに秀吉の愛顧を得ていたのであろう。また、このときの中心役者だった観世宗節はこの翌々月の十二月に京都で七十五歳で没しているから、これがほとんど最後の舞台だったものと思われる。

また、この催しはこのころの秀吉がこうした儀礼の場で能をもって賓客をもてなしていたことを伝えている。それは天下人としては当然のことではあるが、ここですこし注意されるのは、このときの能芸の演奏形態が、室町幕府における観世大夫の能興行のかたちとよく似ていることである。たとえば、冒頭に観世宗節の謡が歌われたのは、室町幕府の正月四日の観世大夫による謡初《うたいぞめ》を思わせるし、宗節が秀吉から拝領した小袖を着けて《老松》のキリを舞ったのも、室町幕府の能で御服を賜ったさいに、それを着して観世大夫が《呉服《くれは》》のキリを舞う慣習だったのと似ている。これは偶然ではなく、室町幕府の能の慣習を秀吉がまねたものと考えてよいのではあるまいか。そうすると、ここで観世宗節が中心になっているのも、室町幕府における慣習を継承した結果であるように思われてくる。秀吉はこれ以後も、自身が主催する饗応の場で何度か観世大夫を伺候させているが（後述）、それも旧習の踏襲と考えられそうである。観世宗節は徳川家康ひいきの役者であるから、これをとくに宗節にたいする格別の後援とみる必要はないと思う。

淡泊な態度

秀吉が大坂城で観世宗節の能芸を吉川経言《きっかわつねのぶ》らに見せた天正十一年（一五八三）から、みずから能を演じるようになった文禄二年（一五九三）まではちょうど十年である。その間の秀吉と能にかかわる記録は巻末の年表に整理したように十七、八件ほどある。文禄二年以後にくらべると比較にならないほど少ない。

これらの記録をみてゆくと、天正十八年ころからはさすがに名護屋での熱中の予兆が徐々に認められるが、全体として伝わってくるのは、やはり平均的な鑑賞者という秀吉像である。

たとえば、天正十六年（一五八八）に毛利輝元が上洛して聚楽第《じゅらくだい》に秀吉を訪問した時の模様を『輝元公上洛日記』に見てみよう。これは秀吉が天正十三年に関白に叙任されたあと、九州の島津氏が秀吉の軍門にくだって、念願だった天下平定が実現した直後のことである。

輝元の聚楽第訪問は七月十九日から九月十二日までの滞在中に三度あった。最初の聚楽訪問は七月二十四日のことである。対面の間には聖護院門跡《しょうごいんもんぜき》・前田《まえだ》筑前守（利家《としいえ》）・安国寺恵瓊《えけい》・長岡《ながおか》越中守（細川忠興）などが列座していた。この折には、観世大夫身愛《ただちか》（宗節の孫）・一噌《いっそう》・観世又次郎・樋口甚六《ひのくちじんろく》などの役者が謡《うたい》と半能《はんのう》を勤めた。まず、対面がすんで食事になり、縁において観世大夫の謡があった。その後、秀吉が奥へ立って御座には猶《ゆう》子《し》の金吾（小早川秀秋）が座し、さらに駿河大納言（家康）・大和大納言（秀長）・近江中納言（秀次）などが加わって酒になり、そこで観世大夫の小謡《こうたい》二番と《老松《おいまつ》》のキリが舞われた。奥に立った秀吉はこれを見なかったらしい。

二度目の訪問は八月一日だったが、この時は役者の勤仕はなかった。三度目は八月二十二日で、このときはまず三献があり、そこで縁において謡が歌われた。役者がだれだったかは記されていない。秀吉は三献が終わると食事のため奥に立った。食事の折にも謡があったが、秀吉はその時の謡は聞いていないようである。

これは儀礼的な場であるためなのかもしれないが、ここにみられる秀吉の能芸にたいする姿勢はまことに淡泊という印象が強い。

また、ここでは能が一番も演じられていないことも注意される。あるいはこれも儀礼的な場であるためかもしれないが、滞在中の輝元を浅野弾正長政《あさのだんじょうながまさ》・豊臣秀長・豊臣秀次・曲直瀬道三《まなせどうさん》・宇喜多秀家《うきたひでいえ》などの武将や医師が招いたおりに多くの能が演じられているのとくらべ、じつに対照的である。秀吉は、このうちの浅野長政・豊臣秀長・同秀次邸での饗応に御成りあって、観世大夫身愛・金春大夫安照《やすてる》・金剛大夫・春日大夫などが演じる能を見てはいるが、それらの記事からは、秀吉が特定の役者を後援していた兆候は感じとれない。

利休の切腹

このような秀吉の姿勢は、この時期の秀吉の数寄における関心がもっぱら茶の湯にあったことを考えれば、しごく当然のことと思われる。

秀吉の茶の湯愛好は天正初年からのことだが、天正十年（一五八二）の信長没後は、信長の茶頭《さどう》だった今井宗久《いまいそうきゅう》・津田宗及《つだそうきゅう》・千利休《せんのりきゅう》などを相手に茶の湯に熱中していた。それを伝えるエピソードは少なくないが、たとえば天正十三年十月には、菊亭晴季《きくていはるすえ》や近衛前久（龍山）とともに参内して、関白叙任の謝礼として催した、禁中では前例のない茶会などはその代表的な出来事である。この茶会は、千宗易《そうえき》が利休号を賜ったときのこととしても知られている催しである。会衆《かいしゅう》は後《ご》陽成《ようぜい》天皇と皇后・若宮に菊亭晴季・近衛龍山、それに秀吉の六人で、御前での茶は秀吉が立てている。『宇野主水日記《うのもんどにっき》』はこの催しを「当時秀吉此道御執心ノ故也」としているが、この時期の秀吉はまさしく茶の湯に「御執心」だったのである。

これ以後も、天正十四年一月には黄金で飾った茶席を禁裡に献上して、やはり後陽成天皇や親王を会衆として秀吉が茶を点じているし、天正十五年十月一日には有名な前代未聞の北野《きたの》で大規模な茶の湯が催されている。この茶会は一日だけの催しだったが、当初は十日間の予定だった。

一方、この時期の秀吉と能とのかかわりをみると、天正十三年七月十三日に関白叙任を謝して、禁中で手猿楽《てさるがく》の堀池《ほりけ》に五番の能を演じさせている。堀池は禁裡出入りの手猿楽であり、秀吉としては禁裡なじみの役者を出演させて叡慮《えいりよ》を慰めようとしたのだろう。しかし、これは禁裡での茶の湯にくらべて、ごく常識的な催しだった。

このように、この時期の秀吉の数寄《すき》における関心は、能ではなく茶の湯に向けられていた。以後、秀吉の茶の湯愛好は生涯を通じて続き、文禄二年（一五九三）以降は、それに能への熱中が加わる。そうした秀吉における能と茶の湯の関係については、秀吉の能への熱中が天正十九年（一五九一）の利休の切腹と入れ替わるように起きていることが注意される。茶の湯への熱中が頂点に達して、利休の切腹という結末を迎えたあとの秀吉の心の間隙に、それまで通りいっぺんの関心しか持っていなかった能が、にわかに魅力ある数寄の対象として視野に入ってきた、ということも十分に考えられるからである。

幻の「聚楽第行幸能」

天正十年代は、秀吉にとって大きな出来事がいくつも起きている。その最大のものは天正十三年（一五八五）の関白叙任であり、その関白職を天正十九年（一五九一）に甥の秀次に譲って、みずからは太閤の称号を得たことだろう。

また、天正十四年に京都に聚楽第《じゆらくだい》を築いて、そこに天正十六年と天正二十年（文禄元年）の二度にわたって後陽成《ごようぜい》天皇の行幸を仰いだことも、秀吉にとっては栄《は》えある出来事だった。その聚楽への行幸のおりに能が演じられ、それを後陽成天皇と秀吉が見物している場面を描いたとされる絵画作品が伝存している。神戸市立博物館蔵の『観能図《かんのうず》屏風《びょうぶ》』がそれである。

『観能図屏風』は八曲一隻《はっきょくいっせき》の屏風で、安土桃山時代の風俗を描いたいわゆる南蛮屏風の一つとしてよく知られている作品である。近世初期の制作とされるが、慶長十二年（一六〇七）に建てられた北野社の三光門が描かれていることから、それ以後の制作とされている作品である。

『観能図屏風』
（部分・神戸市立博物館蔵）

この屏風は『観能図屏風』と呼ばれているとおり、中央に描かれた能舞台が構図の中心になっている。能舞台では《翁《おきな》》が演じられていて、白式尉面を着けた翁役の役者が体をしならせて舞っているが、その舞台の右手に描かれた宮殿風の建物を見ると、その縁には衣冠束帯《いかんそくたい》に威儀を正した貴人《きにん》が居並び、また御簾《みす》の奥にも貴人がいて、それぞれ舞台をながめている。この縁に居並んだ貴人のうちの白髭の人物が秀吉で、御簾の奥の貴人が後陽成天皇と考えられているのである。たしかに、その二人は秀吉と天皇らしい感じを受けるが、もしそうであるならば、この『観能図屛風』は天正十年代における秀吉の能楽愛好を伝える貴重な画証ということになるわけである。

しかし、残念ながら、この伝承は事実とは考えがたい。というのは、後陽成天皇の両度の聚楽第行幸については、『聚楽第行幸記』『天正年中聚楽亭両度行幸日次記』という比較的詳細な記録が残っているが、そのいずれにも能が催されたことは記されていないからである。

すなわち、後陽成天皇の聚楽滞在は天正十六年は五日、天正二十年は三日という日程だったが、両記録にはいずれの場合についても和歌会や舞楽については詳しく記されているが、演能のことはまったくみえない。

もし、『観能図屛風』に描かれたように庭上に舞台が設けられ、《翁》が演じられるような大がかりな催しがあったのなら、当然言及があってよいと思われるのに、行幸記録にはそうした記事はみえないのである。これを要するに、両度の聚楽第行幸の折には能は演じられなかった、としてよいであろう。(7)

すると、『観能図屛風』に描かれた場面は、後陽成天皇の聚楽第行幸のおりのことを描いたものではないことになる。そもそも、これを聚楽第行幸のおりの場面だとする伝承は確実な資料があってのことではなく、たんにそう言い伝えられているだけのことらしく、しかもいつから存在していたかも不明の伝承である。比較的詳細な両度の行幸記録に演能についての記事がない以上、『観能図屏風』は後陽成天皇の聚楽第行幸の場面を描いたものではないと考えてよいだろう。

かくして、これまで『観能図屏風』から漠然と考えられていた「聚楽第行幸能」は幻で、両度の聚楽行幸では能は演じられなかったことになる。聚楽第行幸という晴れの催しに能が演じられなかったということは、文禄二年以降の秀吉からはまったく考えられないことだが、それはとりもなおさず、天正十年代における秀吉の能にたいする関心の端的な反映とみてよいだろう。

貴重な絵画資料

しかし、『観能図屏風』は後陽成天皇の聚楽第行幸を描いたものではないにしても、依然として、秀吉と能とのかかわりを伝える資料としての可能性を残している。というのは、そこに描かれた衣冠束帯姿の人物は、数多く伝存している秀吉画像を参照しても、いかにも秀吉という印象が強いし、絵師がこの人物を秀吉のつもりで描いている蓋然性はかなり高いからである。また、簾中《れんちゅう》の貴人は天皇とみるのが自然であろう。宮殿風の建物は、たとえば近世初期の『御即位行幸記』などの禁裡を描いた絵画を参照すると、紫宸殿《ししんでん》であることがまず確実である。舞台をながめる縁や庭上の人々のたたずまいも、いかにも禁中にふさわしい。

とすれば、『観能図屛風』については、「紫宸殿における天皇と秀吉による能見物」という条件のなかで、改めてそこに描かれた場面がいかなるおりのものかを考えてみる必要があるだろう。その場合、その候補として浮上してくるのは、天正十三年（一五八五）七月の秀吉による関白叙任を謝しての禁中能と、第三章で詳述する文禄二年（一五九三）十月の秀吉による禁中能である。このうちのいずれが『観能図屛風』の場面としてふさわしいかは何ともいえないが、あえていうならば、私は天正十三年の関白叙任を謝しての能の場面の可能性が高いのではないかと考えている。もっとも、そのときの堀池《ほりけ》の演能を伝える『宇野主水日記』『関白任官記』などによると、《翁》が演じられた形跡がないが、この屛風絵が後年の慶長十二年以降の制作であることを考慮すれば、その程度の齟齬《そご》は十分ありうることだろう。『観能図屛風』は「聚楽第行幸能」の場面ではなくなったものの、依然として天正十年代における秀吉と能とのかかわりを伝える貴重な絵画資料なのである。

熱中への予兆

こうして平均的な鑑賞者として能に接してきた秀吉だが、天正十八年(一五九〇)ころから、その姿勢にわずかな変化が認められる。ここでは、秀吉のそうした変化をうかがわせる現象を一、二紹介しておこう。

天正十八年一月に秀吉は浅野長政邸に臨み、そこで観世大夫身愛《ただちか》と日吉大夫の能を見物している。このときの能の様子は『伊達家文書』に収められた番組によって知られるが、それによると、まず観世大夫の《難波《なにわ》》《田村《たむら》》《呉服《くれは》》があり、続いて日吉大夫の《山姥《やまんば》》《高砂》《猩々《しょうじょう》》があり、最後に観世大夫の《老松《おいまつ》》が演じられた。

観世大夫身愛はこのとき二十五歳。祖父宗節以来の縁で徳川家康の後援を受けていたが、家康の推薦もあって、天正十五、六年ころから秀吉周辺の催しにも出演するようになっていた(身愛は天正十六年の浅野邸における毛利輝元饗応能にも出演している)(8)。一方の日吉大夫は丹波猿楽の日吉座の大夫の日吉弥右衛門で、のち空庵《くうあん》と名乗った役者かと考えられる。そのころは観世座と行動をともにすることが多く、その場合は観世大夫の能のツレ(脇役)を演じるのがふつうだったらしい。このときも、身愛の《難波》のツレを演じている。

《難波》は春の難波の浦を舞台に、仁徳天皇の仁政をたたえて、当代の泰平をことほいだ能だが、シテは仁徳天皇に即位をすすめた百済《くだら》の王仁《わに》(能では「おうにん」)、ツレは前場《まえば》では王仁の供の男、後場《のちば》では木花開耶姫《このはなのさくやひめ》である。

さて、ここで注意されるのは、日吉大夫が演じた三番の能の肩に「依二御所望一」という注記があり、この三番が秀吉の所望だったことである。これはあらかじめ予定されていたものではなく、秀吉がその場で日吉大夫の能を所望したものと思われるが、これは当時の観世と日吉の関係を考えると、きわめて破格のことといわねばならない。秀吉はその日の主演役者だった観世大夫とほぼ同数の能をツレ役の日吉大夫に命じたのである。観世大夫としては面目をつぶされた思いだったろう。秀吉が日吉の能を所望した理由は具体的にはよくわからないが、このころには秀吉の能にたいする関心もようやく高まってきて、役者の好みなども生じてきていたと考えてよいと思う。

やはり天正十八年の九月十八日、秀吉は京都の毛利輝元邸に御成《おな》りあって、金春大夫八郎（安照）の能三番を見物した。これは七月に小田原の北条氏を亡ぼして天下統一がなってまもないころのことである。毛利側の饗応はたいへんなものだったようで、興福寺多聞院の英俊《えいしゅん》は、奈良にあって「天下殿ヲ被二中入一故、金銀珠玉尽二美事一也」とその日記に記している。饗応の能は主客のひいきの役者を出演させることがふつうだから、このころの秀吉は金春大夫安照を後援していたのではないかと思われる。そして、その翌日に後朝《きぬぎぬ》（二日目）の能が聚楽第で催された。出勤の役者は毛利輝元が後援していた虎菊《とらぎく》大夫と手猿楽の虎屋《とらや》だったが、このとき秀吉はにわかに、本願寺の坊官《ぼうかん》で、専門の役者顔負けの演能活動を展開していた下間少進《しもつましょうしん》法印（金春流）を呼びにつかわして《熊野《ゆや》》《自然居士《じねんこじ》》の二番を演じさせた（少進『能之留帳《のうのとめちょう》』）。これなどは、このころに能にたいする関心がいよいよ高くなってきたことをよく示す出来事といってよいだろう。

また、この聚楽での能の前後には「太閤様御小姓衆」の所望によって、下間少進邸の舞台で能が催されている（『能之留帳』）が、これも秀吉の能にたいする姿勢の変化を示すものと思う。文禄二年正月の能への熱中は決して突発的なものではなく、こうした変化のあとに訪れたのである。

3 先達としての秀次と秀長

文化人秀次の能楽愛好

秀吉の甥で天正十九年（一五九一）十二月に秀吉から関白職を譲られた秀次は、「殺生関白」（『甫庵太閤記《ほあんたいこうき》』ほか）などと揶揄《やゆ》されて、現在でも悪逆・粗暴で暗愚な人物というイメージが一般的である。秀次についてのそうしたイメージの出所は、『太閤さま軍記のうち』（太田《おおた》和泉守牛一《ぎゅういち》著）や『甫庵太閤記』、仮名草子『聚楽物語』などであるが、たとえば、『太閤さま軍記のうち』によると、北野に鉄砲の稽古にでかけて農夫を撃ち殺したり、弓の稽古と称して通りがかりの者を召し捕ってこれを射たり、数百人を試し斬りにしたりしたことなどが記されている。これらはすべてが事実ではあるまいが、秀次にそのような性行があったことはどうも確かなことのようである。

一方で、秀次は古典や古筆《こひつ》を愛した文化人で、能には秀吉よりも早くから親しんでいた。また、これは次項で述べるが、初の謡曲（能の詞章）の注釈書として知られる『謡之抄《うたいのしょう》』の編纂を命じたのも秀次だった。そうした秀次の能楽愛好が秀吉の熱中の一要因だったことは確実だと思われる。

秀次の能楽愛好は若年からのもので、十代後半だった天正十年代のはじめころから大和猿楽四座《よざ》の一である金剛座の役者をひいきにしていた。金剛又兵衛と金剛弥一《やいち》がそれである。金剛又兵衛はもとは金剛座のワキ役者だったが、天正十三年（一五八五）ころに金剛大夫になった役者。もう一人の金剛弥一はもとは丹波の日吉座の役者だったが、天正十五年に金剛大夫になった役者である。つまり、秀次がひいきにしたこの二人の役者は、本来なら金剛大夫になるような立場にはない役者だった。それが、たまたま大夫に後嗣がいないという状況が二代続いたために、このような異例の人事になったらしいのだが、そうした異例の人事の背景には秀次の推挽《すいばん》があったことが近年判明している(9)。天正十年代のはじめころといえば、秀吉は茶の湯に夢中で、能にはまだこれという関心を持っていない時期であった。

その後、秀次は天正十四年に秀吉ひいきの役者だった小鼓の観世又次郎（観世宗拶の子）に五十石の扶持を与えたりしているが、天正末年ころから、本願寺の坊官で金春流の素人役者としても活躍していた下間少進《しもつましょうしん》をひいきにし、さらに少進を師としてみずから能を演じるようになる。もっとも、だからといって金剛大夫弥一への後援がなくなったわけではない。秀次の金剛弥一への後援は文禄四年（一五九五）七月に高野山で切腹して果てるまで続いていたことが伝存する番組から知られる。晩年の秀次は大夫《たゆう》（シテ役者）としては下間少進と金剛弥一の二人を後援していたのである。(10)

優雅な能を好む

下間少進が秀次の能の師だったことは『四座役者目録』に「秀次公能ノ少進ハ御師匠也」と明記されているが、この少進は金春大夫喜勝《よしかつ》（岌蓮《ぎゅうれん》）を師とし、素人でありながら金春大夫安照（喜勝の子）と並び称されたほどの役者だった。また、少進は『童舞抄《とうぶしょう》』『舞台之図』といった能楽伝書も著している。少進が残した『童舞抄』をはじめとする能楽伝書は現在では能の演出研究のための貴重な資料となっているが、少進は演者としてだけでなく、そうした点でも能楽史上に大きな足跡を残している。秀次はその少進を師としてみずから能を演じはじめるようになったのである。

秀次がみずから能を演じたことを伝える最初の記録は、文禄二年（一五九三）四月十七日の聚楽第での催しで、秀次が演じた能は《井筒《いづつ》》《源氏供養《げんじくよう》》《女郎花《おみなめし》》だった。秀次は天正十九年（一五九一）の末に秀吉から関白職とともに聚楽第を譲られていて、このころは聚楽第にあった。文禄二年の四月といえば、肥前名護屋で秀吉の能への熱中がはじまって約三ヵ月という時期である。秀次が上演をめざしてみずから稽古をはじめた時期は、ほぼ秀吉が熱中しはじめた時期と同じころだったように思われる。時に秀次は二十六歳だった。

秀次は、続いて九日後の四月二十六日には、やはり聚楽第で下間少進や宝生大夫らとともに能を催し、みずからは《八島》《江口》《鞍馬天狗》《当麻《たえま》》《三輪》などの諸曲を演じている。以降、文禄四年七月に高野山で切腹するまでの二年ほどのあいだに、秀次はじつに旺盛な演能を展開している。その演能の足跡は少進の『能之留帳』や秀次の祐筆駒井重勝《ゆうひつこまいしげかつ》の『駒井日記』にたどることができるが、わずか二年ほどのあいだに秀次がみずから演じた能の回数は八十八回、曲目では四十一曲にのぼっている。(11) 現在判明しているかぎりでは、秀吉が四年ほどの間に演じた能の曲目は二十七曲、上演回数（曲が判明している分）

は九十回である（→二三一頁）。レパートリーは秀次のほうがはるかに広いが、両者の年齢を考えれば、それは当然の結果だろう。また、秀次が演じた能をみると、全体的に世阿弥が確立した歌舞を中心とした優雅な能が多いが、これは秀吉にも認められる傾向である。

そうした秀次の能の演じぶりが、細川家の家臣で能の数寄者《すきしゃ》だった一両斎《いちりょうさい》妙佐《みょうさ》なる人物がまとめた『元亀慶長能見聞《げんきけいちょうのうけんぶん》』にみえている。それは文禄三年（一五九四）二月二十二日の聚楽第での能で、このときは下間少進や細川越中守（忠興）も能を演じているが、秀次が演じた能は《清経《きよつね》》《野宮《ののみや》》《海士《あま》》《猩々《しょうじょう》》の四番だった。『元亀慶長能見聞』の編者の妙佐はこの能を実際に見ていたのだが、以下には、そのうちの《野宮》についての記事を掲げてみる。

一、野々宮。同。左ニ木ノ葉、右ジユズ。中入《なかいり》、鳥井ヲミテ御入。後、車作物《つくりもの》出ル。ノリテ一声御謡。「ムカシヲ思フ」ノ末、車ヨリ御ヲリ有。車ヲトル。後ノ舞、御ツクバイアリテ扇ヲ、キ、カシラ打上、「コ、ハモトヨリ」ト御謡也。

冒頭の「野々宮」のあとの「同」は「殿下御能」の意味で、シテが秀次であることを示すもの。《野宮》はもちろん秋の嵯峨野を舞台に六条御息所《ろくじょうのみやすどころ》の亡霊が懐旧の舞を舞う、金《こん》春禅竹《ぱるぜんちく》作の名曲である。「御入」「御謡」「御ヲリ有」と、その演技が敬語で記されているのも、面白い。この記事は客観的な記録に徹していて、論評めいた記事はない（他の四曲も同様）が、それでもなかなか堂々たる演じぶりという印象を受ける。もっとも、このあと演じた《海士》では、秀次はいかにも素人らしい失敗をしている。《海士》は讃州《さんしゅう》志度の浦を舞台にした作品で、藤原房前《ふじわらのふさざき》（子方《こかた》〔子供の役〕）が実母である海士（シテ）に会うため志度に下り、そこで母の亡霊と出会うという筋の能である。前場《まえば》で親子再会の場面があり、後場《のちば》にシテの母（海士）が成仏を示す天女の姿で現われて、ワキの房前の家臣に経巻《きょうかん》を手渡す場面があるのだが、そのときの秀次は経巻を持って出るのをうっかりして忘れているのである。『元亀慶長能見聞』には、「経ナシ。失念也」とある。素人らしい愛すべき失敗と言えよう。

秘曲《関寺小町》に挑む

さて、秀次がみずから演じた能のうちで特筆すべきは、文禄二年（一五九三）十二月三日に前田玄以《まえだげんい》邸で演じた《関寺小町《せきでらこまち》》であろう。百歳の老女小野小町《おののこまち》の「懐旧」をテーマとする《関寺小町》は老女物《ろうじょもの》の難曲として現在も最高の秘曲とされているが、秘曲ゆえに室町後期にはほとんど上演が途絶えていた。それが復活上演されるようになったのは天正初年以降のことで、復活上演としては、天正四年（一五七六）二月の南都の薪猿楽における鼻金剛《はなこんごう》（金剛又兵衛の二代前の金剛大夫）の所演が最初で、以降、天正十四年（一五八六）十二月の丹後円隆寺（細川家ゆかりの寺）における古津宗印《ふるつそういん》（観世弥次郎長俊の子）の所演、文禄元年（一五九二）四月の前田玄以邸における下間少進による上演と続き、これに次ぐのが秀次の《関寺小町》で、復活第四号の《関寺小町》だった。

秀次以前の三例の《関寺小町》のうち、文禄元年の前田邸の少進による《関寺小町》は秀次の所望によるものだった。『四座役者目録』によれば、秀次の所望があったとき、少進は《関寺小町》は金春座では廃絶していて自分も知らないと断ったのだが、それなら道知《どうち》（大蔵二介虎家）や道叱《どうしつ》（観世又次郎）などと相談して演じよ、との命令で実現したものである。これはいまだ秀次がみずから能を演じていなかったと思われる時期であるが、このころには能についての理解が深まっていたようで、秀次は同じ折に《関寺小町》の前に少進が演じた《井筒》に《江口》の習事《ならいごと》である平調返《ひょうじょうがえし》（笛を中心とする囃子方の習事）を「無理ニ」所望したりしている。少進に秘曲《関寺小町》を演じるよう命じたのも、こうした能の習事についての関心の高まりと一体のことなのであろう。(12)

秀次の演じた《関寺小町》の出演者は、ワキ（関寺の僧）はだれだったか不明だが、囃子方は笛が一噌《いっそう》、小鼓が幸《こう》五郎次郎、大鼓が樋口石見《ひのくちいわみ》というメンバーだった。近世初期の

『観世流仕舞付』によれば、秀次はこのとき、関寺の児が舞う舞にひかれて老女の小町が舞う序の舞の二段目が終わったところで、橋懸りに行き欄干に腰掛けるという演出を試みている。これは序の舞の途中で作物の藁屋《わらや》にもたれかかる型のバリエーションだが、《関寺小町》の演出史にはあとにもさきにも例のない大胆な演出である。

以上にのべたような秀次の能愛好は当然秀吉の能愛好にも影響をおよぼしたはずである。文禄二年に名護屋にいた秀吉が能をみずから演じてみようと思い立ったきっかけの一つに、京都における秀次の動向があったことは十分考えられるところだろう。秀吉は秀次の《関寺小町》上演の直後の文禄三年二月九日に大坂城で、また同年三月一日に吉野蔵王堂前で《関寺小町》を演じているが、これなどは明らかに秀次の《関寺小町》に刺激されてのことと思われる。

秀次と『謡之抄』

秀次の能楽愛好の特色をもっともよく示しているのは、『謡之抄』の編纂ではないかと思う。『謡之抄』は能の歴史のうえではじめて出現した謡曲（能の詞章）の注釈書であり、近世には版本によって広く流布し、『謡曲《ようきょく》 拾葉抄《しゅうようしょう》』（寛保元年〔一七四一〕序）など後続の謡曲注釈書に大きな影響を与えた書である。その影響は現代の研究者の詞章解釈にもおよ

聖護院道澄（山伏道）
山科言経（有職・音楽）
吉田兼見《かねみ》（神道）
飛鳥井雅庸（蹴鞠）
大和宗恕《そうじょ》（武家故実）
小笠原秀清（弓・武術）
里村紹巴（歌道・古典）
里村昌叱（歌道・古典）
南禅寺玄圃《げんぽ》霊三《れいさん》（仏教・漢詩文など）
相国寺西笑《せいしょう》承兌《じょうたい》（同右）
相国寺清叔《せいしゅく》寿泉《じゅせん》（同右）
建仁寺英甫《えいほ》永雄《ゆうよう》（同右）
建仁寺古澗《こかん》慈稽《じけい》（同右）
東福寺惟杏《いきょう》永哲《えいてつ》（同右）
東福寺月渓《げっけい》聖澄《しょうちょう》（同右）
正覚院豪盛（同右）
知恩院結誉（同右）
知恩院奉誉（同右）
禅福寺琴誉（同右）
久遠院日淵《にちえん》（同右）
要法寺世雄坊円智（同右）

『言経卿記』文禄4年3月24日条から

んでいて、『謡曲拾葉抄』とともに謡曲の注釈史における貴重な存在となっている。秀吉をはじめ能を愛好した武将や権力者は数多いが、秀次のようにその詞章の注釈の必要性に注目し、その編纂を実行に移した例はほかにはない。それはやはり秀次の文化人的な資質に由来するといってよいであろう。

『謡之抄』編纂の経緯については、編纂にかかわった山科言経《やましなときつね》の『言経卿記』によってほぼその概要を知ることができる。それによると、文禄四年（一五九五）三月二十四日に聚楽第北の丸において秀次から謡の本百番の注を作成すべしとの下命が相国寺《しょうこくじ》の有節周保《ゆうせつしゅうほ》にあり、ただちに、二日後の三月二十六日に相国寺に仏教・神道・歌道・音楽・蹴鞠・兵法など諸道の専門家が招集された。相国寺の有節周保のもとに結集したのは、上欄にかかげたような人々だった（カッコ内はそれぞれの担当領域）。

これに秀次の御内衆として車屋謡本《くるまやうたいぼん》（金春流謡本）の筆写で著名な書家の鳥養（車屋）道断《どうせつ》も加わった。

こうした陣容のもと相国寺鹿苑院において編纂作業に入ったが、注釈の対象となった謡《うたい》のテキストは金春流であった。これは秀次の能の師が金春流の下間少進だったことによっていよう。内衆の鳥養道断も金春流の謡の師匠だった。そして、三月二十六日から四月四日までの九日間のうちに、注釈の対象となる百番とその用語、および担当者が決められ、この間に、注釈作業も急ピッチで併行して進められたらしい。その間、秀次は連日のように相国寺に使者を遣わしている。作業はときにはメンバーによって謡が歌われたりしつつ進められたようだが、山科言経は四月一日に徳川家康のもとに出向いて進行中の謡の本の注釈について「雑談」したりしている。また、四月二十四日には秀次の意向で新たに《弓《ゆみ》八幡《やわた》》と《歌占《うたうら》》の二曲が追加されることがあり、七月まで校合・補正・清書といった作業が行われたようだが、そこで秀次が高野山に放逐され七月十五日に切腹という事件が勃発する。『謡之抄』は完成を目前にして、編纂の中心人物を失って、中絶のやむなきにいたるのである。しかし、謡の注は秀次の没後、慶長（一五九六〜）初年ころに山科言経ら関係者によってまとめられたらしく、まもなく版本も刊行されて現在に伝わっている。(13)

学識とユーモア

この『謡之抄』の曲目選定や注釈の方針にどれだけ秀次の意向が反映しているかについては具体的にはわからないが、追加された二曲は秀次の意向によるものであり、連日のように相国寺に使者を送っていることなどからみて、秀次は編纂作業の全体をかなり細部にまでわたって統括していたように思われる。前記の注釈分担者の人選にも、秀次の意向が全面的に反映しているとみてよいであろう。そして、秀次の関与については後の資料だが、新井白石の『紳書《しんしょ》』（宝永二年〔一七〇五〕）に次のような逸話が記されている。

『謡之抄』の編纂中のこと、要法寺（日蓮宗）の世雄坊が《盛久《もりひさ》》の注を担当したが、シテの主馬判官盛久《しゅめのほうがんもりひさ》について、「平家物語には主馬判官盛国という者はみえているが、盛久なる人物は記録にみえない、と山中検校《けんぎょう》が申した」と記した。それを見た秀次は世雄坊を召して、「盛久が記録にみえないという証拠があるか」とただした。世雄坊は、「私もよくわからなかったので、それで、山中検校が申した、と記したのです」と答えた。すると、秀次は「清水寺にある願書のなかに盛久の願書があるではないか」といった。世雄坊はこれを聞いて、「私の力ではそのような宝物は見ることができませんが、殿下のおかげで明証が得られました。さっそく、その部分を改めましょう」というと、秀次は、「いやいや、その必要はない。汝は私の命を受けて後代にまで残る注をつけようとして、不確実なことを記し、その責任を山中検校に持たせようとしたのはけしからぬこと。ただ、汝が最初に記したままにしておいて、末代まで汝の誤りを伝えよう」といって、訂正を許さなかった(14)。

《盛久》は平盛久が清水寺で捕らえられ、鎌倉に護送されて、由井の浜で処刑されようとした寸前に、信仰していた観音の加護によって救われる、という筋の能で、世阿弥の長男の元雅の作になる能である。これはその主人公の盛久の素性の穿鑿《せんさく》をめぐる逸話で、現在に伝わる『謡之抄』には、この逸話のとおりの注がつけられている。事実かどうかは何ともいえないが、秀次の学識とユーモアのある人柄をうかがわせる逸話ではあろう。秀次の教養は、『言経卿記《ときつねきょうき》』に一部がみえるその蔵書の内容からもうかがえるが、『謡之抄』の編纂は、関白職にある権力者が単なるきまぐれから思いついたというものではなく、そうした秀次の豊かな教養から生まれたものとみるべきであろう。

秀長の能楽愛好

秀次とともに秀吉の能楽愛好に影響を与えたと思われる人物に豊臣秀長《ひでなが》がいる。秀長は秀吉の異父弟で、天正初年から秀吉に従って数々の戦功をあげ、天正十三年（一五八五）に大和・紀伊などを領有して大和の郡山城を居城とし、天正十五年には従二位権大納言となり、以後、大和大納言と呼ばれた武将である。温厚にして度量の大きい人物で、よく秀吉を補佐したと伝えられるが、天正十九年（一五九一）一月に五十一歳をもって、秀吉より七年も早く、秀吉の能への熱中を見ることなく没している。

秀長は秀吉のようにみずから能を演じることはなかったようだが、能楽愛好という点では秀吉の先達だった。たとえば、秀長は天正十六年九月五日に上洛中の毛利輝元を郡山城

（上）豊臣秀次画像（京都瑞泉寺蔵）
（下）豊臣秀長画像（禅林寺蔵）

に迎えて能を催したが、そのときのようすを伝える『輝元公上洛日記』の絵図をみると、そのころの郡山城には常設の能舞台が設けられていたことが知られる。このころ、秀吉は聚楽第を居城としていたが、聚楽にはまだ能舞台は作られてはいなかったと思われる。また、郡山に輝元を迎えたときの能には、春日社の禰宜《ねぎ》役者が多数出演している（『輝元公上洛日記』）。春日社の禰宜役者というのは、本職は春日社の禰宜でありながら、そのかたわら、かなり専門的に能や狂言を演じていた素人役者のことである。かれらは春日社では摂社の水屋《みずや》社の四月の祭礼で能や狂言を演じたが、それ以外にも京都や南山城、さらに紀州・伊勢などでもさかんな演能活動を展開していた。その活動が活発になるのはちょうどこの安土桃山時代あたりからだが、元禄ころの禰宜役者は総勢百人前後もいたことがわかっている[15]。能の歴史はこうした素人役者によっても担われていたのである。この禰宜役者は初期歌舞伎の形成にも一役買っており、歌舞伎研究においても注目されている存在だが、秀長の周辺にはこの禰宜役者が常に出入りしていたらしい。

ひいきは金春安照

秀長は、このように秀吉よりはやくから能に親しんでいたのだが、その秀長がとくに愛顧を加えていた役者は金春大夫安照であった。

秀長が安照を後援していたことは、たとえば、天正十八年（一五九〇）二月に、秀長の病気平癒を祈願して、金春大夫安照・大蔵二介（大鼓）・幸五郎次郎（小鼓）の三人が春日の社頭で九番の能を演じていることなどに端的に示されている（『多聞院日記《たもんいんにっき》』）。愛顧を得ていたからこその祈願能だったのだろうが、これによれば、秀長は安照だけでなく、大蔵二介や幸五郎次郎も後援していたらしい。また、天正十六年の多武峰《とうのみね》妙楽寺の郡山遷座《せんざ》に際して、同年の五月二十六日に「大織冠宮移能《みやうつしのう》」が催されたが、これは安照の所演だった（『多聞院日記』）。多武峰の郡山への遷座は、九州を平定して天下統一を果たした秀吉が政権の威厳を示すために断行したものだが、これには秀長治下の郡山の繁栄策という側面もあったらしい。このとき安照は一万疋の褒美《ほうび》を与えられているが、これも秀長の安照びいきの一例であろう。

このほか、『多聞院日記』によると、天正十六年二月の薪能に金春座が参勤したおりに、秀長の母（秀吉母。大政所）が安照に百貫の扶持を送っている。これなども秀長の安照びいきの例証に加えてよいであろう。

なお、秀長が安照の能をみたのは、『多聞院日記』が伝える天正十三年十一月の若宮祭や十二月六日の郡山城での催しが早い時期のものである。これは秀長がこの年九月に郡山城に入城して、まもないころのことだが、秀長の安照愛顧はこのころにははじまっていたものとみてよいだろう。

このように、秀長は天正十三年ころには、すでに金春安照というひいきの役者を持ち、能の魅力にとりつかれていたらしい。そして、秀長が天正十九年一月に没してから、およそ二年後に秀吉の能への熱中がはじまるのだが、この異父弟秀長の能楽愛好が秀次の愛好などとともに、秀吉の熱中の要因のひとつだったことはまず確実だろう。しかし、秀長の能楽愛好が秀吉に与えた影響はたんにそれだけではないと思う。というのは、秀長の後援をうけた金春大夫安照は、文禄二年以降に秀吉の絶大な後援をうけた役者だからである。つまり、文禄二年以降の秀吉の安照後援には、生前の秀長が安照を後援していたことが影響をおよぼしているのではないかと思うのである。安照は当時を代表する役者だから、秀長が後援していなくても、秀吉が安照を後援していた確率は高いだろうが、信頼していた異父弟が没し、その遺志を継ぐように秀吉の安照後援がはじまっているのは、たんなる偶然ではないように思われるのである。

秀吉と金春大夫安照

秀吉が後援した金春大夫安照は、下間少進《しもつましょうしん》の師だった金春大夫喜勝《よしかつ》（岌蓮《ぎゅうれん》）の次男である。一時、越前の役者のもとに養子に出されていたが、長兄の小禅鳳《こぜんぽう》が早世したために越前から戻り、金春大夫を継いだ役者である。『四座役者目録《よざ》』によれば、小柄で醜男《ぶおとこ》だったというが、近世初期の能の評判記である『舞正語磨《ぶしょうごま》』では、「吉野山にて振りよき松を見るやうなり」と、その芸風を評している。これによると、はなやかさのある役者ではないが、どっしりとした大きさや風格を感じさせる役者だったらしい。

秀吉の熱中がはじまった文禄二年（一五九三）には四十五歳で、役者として脂が乗りきった時期だった。文禄二年以後の数年は、秀吉の周辺にあって秀吉の能楽愛好になくてはならない役者として活動するが、慶長三年（一五九八）に秀吉が没してからは、家康・秀忠の愛顧を受け、元和七年（一六二一）に七十三歳で没している。安照が安土桃山時代〜近世初期を代表する役者だったことは、このように、秀吉だけでなく家康や秀忠の愛顧をもうけたことがよく物語っていよう。

また、安照については、能楽伝書（能の理論書）や仕舞付《しまいづけ》（演出メモ）を残していることも忘れてはなるまい。それらは法政大学の能楽研究所が刊行している「能楽資料集成」の『金春安照伝書』と『金春安照型付集』にまとめられているので、比較的容易に読むことができる。このうち、能の理論書は世阿弥をはじめとして、金春禅竹《こんぱるぜんちく》（世阿弥の女婿）や金春禅鳳《ぜんぽう》（禅竹孫）などによって執筆されているが、安照の著述は時期的には禅鳳の理論書を襲うもので、それは「心」を「所作」や「技術」より重視すべきことを説く点に特色が認められる。同時代の有力役者では、下間少進が世阿弥や禅竹の理論書をもとに『叢伝《そうでん》抄《しょう》』という理論書を編纂しているが、他座の大夫はこうした著述を残していないし、その後も、まとまった能の理論書は書かれていない。近世以後に能の理論書が書かれなくなったのは、能の古典劇化と深くかかわる現象であろうが、金春大夫安照は最後の能の理論書の著者としても記憶されてよい役者なのである。

秀吉はこの安照を身近に置いて、その晩年を能に熱中した。そのようすは次章以下に述べることにするが、文禄二年の肥前名護屋でも、文禄二年の禁中能でも、豊公能の新作でも、秀吉の能楽愛好の場にはいつも安照がいたのである。

『武辺拾遺集』から

ところで、安照にたいする秀吉の愛顧は、肥前名護屋で能に熱中する以前からはじまっていたようである。というのは、天正十八年(一五九〇)の九月十八日に秀吉が毛利邸に御成りあって、秀吉をもてなすために催された能が安照の能だったからである(→七三頁)。

こうした御成能では主客のひいきの役者がシテを勤めることが多いのだが、安照はこのときには一人で三番の能すべてを演じている(このときは安照を後援していた秀長は病気で欠席)。前述のように、このころは秀吉に能への熱中の予兆がみえてきた時期だが、秀長の安照愛顧の影響もあって、秀吉はこのころには能の魅力に気づきはじめ、安照の芸にも関心を寄せるようになっていたのではないかと思われる。

また、『武辺拾遺集《ぶへんしゅういしゅう》』なる書には、天正十九年(一五九一)に聚楽第において、関白秀次が秀吉に生御《いきみ》霊《たま》の御膳を捧げたおりに、金春大夫安照・観世大夫身愛《ただちか》・暮松新九郎《くれまつしんくろう》の能が演じられたことがみえている。[16] 生御霊というのは両親のそろった子が盆に両親をもてなす行事である。これは養子の関白秀次が秀吉と北政所《きたのまんどころ》をもてなしたということになる。もっとも、このことは信頼できる他の資料にはみえないので、この記事の信憑性にはいささか問題もあるが、事実だとすれば、これも名護屋以前における秀吉の安照愛顧を伝える事例に加えることができるだろう。なお、ここには金春安照と観世大夫身愛とともに、暮松新九郎の名がみえることが注意される。暮松新九郎は、このころには秀吉の周辺にいたと思われる金春流の素人役者で、文禄二年正月に肥前名護屋に下り、秀吉が能に熱中するきっかけを作った人物だからである。この暮松新九郎も金春安照とともに名護屋以後の秀吉の能楽愛好の渦中にあった人物なのである。

第二章　文禄二年肥前名護屋

1 『甫庵太閤記』から

耳順に近き手習い

秀吉が朝鮮や明の征服を考えはじめたのは、天正十三年（一五八五）七月の関白叙任の直後からだが、その現実ばなれした野望はさすがにすぐには実行に移されなかった。しかし、天正十八年（一五九〇）の小田原征伐によって念願の天下統一をなしとげると、秀吉は年来の野望を実現すべく動きだした。

すなわち、天正十九年の九月ころに諸大名にたいして出陣命令が出され、同時に肥前名《な》護屋《ごや》（現在の佐賀県唐津市鎮西町）に新城の築城がはじまったのである。この新城が名護屋城である。天守が大坂城と同規模のこの新城は急ピッチで築城工事が進められ、翌天正二十年（文禄元年）のはじめにはほぼ完成していた。秀吉は文禄元年の三月二十六日に京都を出発して、四月二十五日にこの名護屋城に入っている。

朝鮮半島での戦闘は当初は秀吉軍が優勢だったが、文禄元年の七月ころから守勢にまわり、以後、明の救援軍も加わった戦線は一進一退のすえ文禄二年の二月ころから膠着《こうちやく》状態に陥り、双方に講和を求める動きが出てくる。名護屋にあった秀吉がみずから能の稽古をはじめたのは、そうした状況のなかの文禄二年（一五九三）の正月のことである。そのあたりのことを詳細に伝えているのが『甫《ほ》庵太閤記《あんたいこうき》』で、その巻十四の「将軍於二名護屋一癸巳《みずのとみ》御越年之事」には次のような記事がある。

光陰矢のごとしで、文禄元年も暮れ、太閤はめでたく文禄二年の正月を迎えた。そこに城州《じょうしゅう》八幡山の暮松新九郎《くれまつしんくろう》が年頭の挨拶を申し上げようと名護屋に下向してきた。太閤は暮松の下向を喜び、みずから能の稽古をしようと思い立った。自身の楽しみだけでなく、在陣の武将を慰めようということだった。その意向を聞いた周囲の者の反応はあまりよいものではなかった。「御年も耳順《じじゅん》に近いのだから、お止めになったほうがよい」という者もいたが、多くの人々は太閤の思いつきを冷笑した。しかし、太閤は能の稽古をはじめることになった。最初のうちは、城内の山里丸《やまざとまる》でお伽衆《とぎ》だけを召しつれて稽古をした。太閤は、暮松にたいして、仕舞《しまい》（所作）のよしあしを包まず申せと言って稽古にはげんだ。暮松の指導ぶりはたいへん熱心で、かつ適切だった。暮松が、「もう他の者に見せても大丈夫でしょう」と申し上げると、太閤は「無理にほめなくてもいい」などと言いながら稽古をした。《弓八幡《ゆみやわた》》は天下を治め民を安んじる能ということで稽古をしたが、稽古はことのほか順調に進んだようだ。そうこうして、五十日ほどのうちに十五、六番の能をマスターするにいたった。暮松も「もう舞台で遊ばされてもよいと思います」というほどだった。そういうふうに稽古を重ねた結果、太閤の能は動きにもムダがなくなり、扇扱いも伸びやかになってきたので、周囲の者は「たいしたものだ」と言って感心しあった。これによって、暮松はおびただしい金銀御服を頂戴した(1)。

これが『甫庵太閤記』が伝える、秀吉の能への熱中の発端である。ここには文禄二年(一五九三)の正月に、年頭の挨拶に名護屋に下向した暮松新九郎を指南役として秀吉みずから能の稽古を始めたこと、周囲は高齢などを理由に能の稽古には冷淡だったが、新九郎の懇切な指導もあって上達が速かったこと、稽古した能のなかには治国平天下《ちこくへいてんか》の内容になる《弓八幡》があったこと、五十日ほどの間に十五、六番の能を覚えたこと、はじめは城内の山里《やまざと》(数寄《すき》の場で大坂城にもあった)でひそかに稽古した結果、周囲の者が感心するようなレベルになったこと、などが記されている。

遠境での無聊

このように、『甫庵太閤記』には、秀吉が能に熱中してゆく過程が具体的に描かれている。秀吉の軽口なども記されていてまことに面白い記事であるが、この記事については当然その信憑性が問題になろう。『甫庵太閤記』はしばしばその記事の信憑性が問題になる書だからである。しかし、ここに記されたことがらの多くは他の資料で裏づけることができるのであって、右の記事は全体的に信頼できるもののようである。

もちろん、秀吉が能の稽古をはじめようとしたときの周囲の反応とか、秀吉が暮松新九郎にいった軽口などは『甫庵太閤記』にしかみえないものだが、これらも能への熱中がはじまったばかりの秀吉のようすをよく伝えているとみてよさそうに思う。

こうして、秀吉は文禄二年（一五九三）の正月から、みずから稽古をするようになって能に熱中しはじめたのである。平均的な鑑賞者だった天正十年代の秀吉からすると、現象的には突然の熱中のようだが、前述のように、それには天正末年からの能にたいする関心の深まりという下地があった。そうした下地があったところに、肥前名護屋という遠境での無聊《ぶりよう》がきっかけとなって、一気に能への熱中がはじまったものだろう。

暮松新九郎の登場

さて、ここには暮松新九郎が秀吉に能の手ほどきをした人物として登場している。暮松はここでは「城州八幡山の暮松新九郎」とされている。「城州八幡山」といえば、一般的には石清水八幡宮《いわしみずはちまんぐう》をさすのだろうが、この「八幡山」は淀川をはさんで石清水八幡宮の対岸にある山崎の離宮《りきゅう》八幡宮（石清水八幡宮の別宮）のことで、暮松新九郎はそこの神職出身の金春座系の素人役者だったらしい[2]。山崎は離宮八幡宮の神人《じにん》によって組織された大山崎《おおやまざき》油座によって、中世にはおおいに繁栄した地である。その繁栄ぶりは『信貴山縁起《しぎさんえんぎ》』や『宇治拾遺《うじしゅうい》物語』の「山崎長者」の物語などにもうかがえるが、経済的繁栄は文化にもおよんで、安土桃山時代には利休をはじめとする有力茶人や能役者が山崎に居住していた。山崎にいた能役者は古来の猿楽座の出身ではない素人出身の役者で、「山崎衆」などと呼ばれていたが、暮松新九郎もその「山崎衆」のひとりだったものと思われる。また、山崎は秀吉が天正十一年に大坂城に移るまでの一時期、居城としていた山崎城があった地でもある。暮松新九郎が秀吉に近づくことになったのは、そうした関係にもよるのだろう。

暮松新九郎はこうして秀吉の能への熱中のきっかけを作った人物だが、その素性は山崎の離宮八幡宮の神職だったという以外はほとんど不明である。室町後期の能楽関係の伝書には、しばしば「暮松因幡守」とか「暮松左京兆」といった暮松姓の役者がみえているが、暮松新九郎の素性についてはわずかにこれら暮松姓の役者との関係が考えられる程度である。室町後期の暮松姓の役者は有力武将の被官《ひかん》のような地位にあり、そのかたわら素人役者として活動していたようだが、暮松新九郎もその一族につらなる人物らしいのである。

また、暮松新九郎の文禄二年正月以前の事績も、やや不確かな資料が二、三あるだけで、よくわかっていない。秀吉との関係がいつからはじまったかもよくわからないが、前述の『武辺拾遺集』を信じれば、すでに天正十九年（一五九一）ころには秀吉の近づきを得ていたことになる。暮松新九郎が文禄二年正月に突然秀吉の前に現われたのではなく、それ以前から秀吉に近侍していたことは、右の『甫庵太閤記』の書きぶりにもうかがえるところである。

暮松新九郎は金春大夫安照《やすてる》とともに秀吉ひいきの役者であり、文禄二年正月以後の秀吉の能楽三昧《ざんまい》の渦中にあった人物である。したがって、暮松新九郎については、このあと秀吉の能楽愛好を紹介するなかでも、安照とともにしばしばふれることになるが、役者として秀吉からより信頼され、秀吉の能の指導者的地位にあったのは、もちろん安照のほうである。安照は実力も当代一の金春座の大夫であり、暮松は金春座系の素人役者なのだから、それは当然だろう。そうした安照にたいして、暮松新九郎は秀吉の近習として能役者を統括するような立場にあったらしい。このことはのちに述べるが、暮松はそうした立場にあって、文禄二年以降の秀吉の能楽三昧を近くから見ていた人物なのである。もっとも、かれはこのあと、最晩年の秀吉の機嫌をそこねてか江戸に下り、神田明神《かんだみょうじん》の祭礼の能大夫《のうだゆう》を

勤めるという波乱に遭遇しているが、これもまたあとで紹介することになろう。(3)

さて、『甫庵太閤記』には、右の記事につづけてなお秀吉の能への熱中ぶりが記されているので、もうしばらくその紹介をつづけることにしたい。

金春大夫や観世大夫などの下向

右の秀吉の稽古ぶりにつづいて、『甫庵太閤記』が伝えるのは、金春大夫と観世大夫が揃って名護屋に召し下されたことと、面打《めんうち》の角坊《すみのぼう》が召喚されて金春家と観世家に伝わる能面の模刻を命じられたことである。その部分をやはり要約してみよう。

そこで太閤は金春大夫八郎と観世大夫左近を名護屋に召し下してその能を見ようと思いたち、京都に飛脚を遣わした。両座の大夫は二月の下旬に名護屋に到着した。太閤はすこぶる機嫌よく両大夫をもてなした。また、太閤は金春・観世両家伝来の能面を差し出させて、当時名人のほまれが高かった醍醐《だいご》の角坊を召しくだして、その写しを作らせた。名護屋に下向した角坊は、十日ほどのうちに五点の写しを完成させて太閤のお目にかけたが、どちらが本面でどちらが写しかわからぬほどの出来栄えだった。太閤はおおいに喜び、褒美として角坊に「天下一《てんがいち》」の称号と銀子五十枚を与えた。(4)

ここには秀吉が暮松新九郎を師として能の稽古をはじめた文禄二年正月以後の経過が記されている。すなわち、二月下旬に金春大夫八郎（安照）と観世大夫左近（身愛《ただちか》）が名護屋に召し下されたこと、その後、観世・金春の両家に名物面《めいぶつめん》の提出を命じ、その写し（模作）を制作するために、当時名人の盛名があった醍醐の角坊が召し下されたこと、角坊は名物面の模刻の功績をもって秀吉から「天下一」の称号を与えられたこと、などである。ここに記されたことも、他の関連資料によってほぼ事実を伝えていると認められる。

『甫庵太閤記』が伝える文禄二年初頭の秀吉の能への熱中のようすは以上のとおりだが、『甫庵太閤記』にはこのほかに、もう一つ名護屋における秀吉の能楽愛好を伝える記事があるので、それも紹介しておこう。それは文禄二年四月九日に名護屋城本丸で催された能の番組である。四月九日といえば、半島での戦況は長いこと膠着《こうちゃく》状態がつづいて講和の動きが出ていたころである。《翁》付きで、能八番、狂言五番の番組だったが、これは当時の名護屋にどのような役者が召し下されていたかを伝えるよい資料なので、なるべく『甫庵太閤記』のとおりにかかげてみた（次頁。多少手を加えた）[5]。

八番のうちシテは金春大夫安照が七番、暮松新九郎が一番である。安照は《道成寺《どうじょうじ》》のあと唐織《からおり》と菊の紋のついた小袖を秀吉から拝領し、その小袖を着して《弓八幡《ゆみやわた》》を祝言能《しゅうげんのう》（半能）の形式で演じている。ここにも秀吉のひいき役者としての金春安照と暮松新九郎

文禄二年卯月九日於二名護屋本丸一
御能之次第

翁　　　今春八郎
千歳振　大蔵六蔵
さんばさ　大蔵亀蔵
もみ出し　大蔵平蔵
とうどり　幸五郎次郎

一番　高砂
大夫　　今春八郎
わき　　今春源左衛門尉
つれ　　長命甚次郎
大鼓　　大蔵平蔵
小鼓　　幸五郎次郎
笛　　　長命吉右衛門尉
太鼓　　今春又次郎
あひ　　大蔵弥右衛門尉
狂言　今参り　長命甚六
　　　　　　大蔵亀蔵

二番　田村
大夫　　今春八郎
わき　　今春源左衛門尉
大つゞみ　樋口石見守
小鼓　　観世又次郎
笛　　　長命新右衛門
あひ　　大蔵亀蔵
狂言　はなとり相撲　弥右衛門
　　　　　　甚六

三番　松風
大夫　　今春八郎
わき　　今春源左衛門
つれ　　竹俣和泉
大鼓　　樋口石見守
小鼓　　幸五郎次郎
笛　　　八幡助左衛門
あひ　　長命甚六
狂言　釣ぎつね　祝弥三郎
　　　　　　甚六

六番　弓八幡
大夫、拝領之御小袖を着し罷出《まかりいで》、御祝言を仕《つかまつり》候也。
七番　三輪
大夫　今春八郎
わき　春藤六右衛門
大つゞみ　大蔵平蔵
小つゞみ　観世又次郎
笛　長命新右衛門
太鼓　今春又次郎
八番　金札
大夫　今春八郎
わき　今春源左衛門
大つゞみ　大蔵平蔵
小つゞみ　幸五郎次郎
笛　長命吉右衛門
太鼓　深谷金蔵

四番　邯鄲《かんたん》
大夫　暮松新九郎
大臣　春藤六右衛門
大鼓　かなや甚兵衛尉
小つゞみ　いや石与次郎
笛　長命吉右衛門
狂言　宗論　大蔵弥右衛門
五番　道成寺
大夫　今春八郎
わき　竹俣和泉
大鼓　大蔵平蔵
小鼓　幸五郎次郎
笛　長命吉右衛門
狂言　大蔵弥右衛門
見物の諸侯大夫等へ折など被レ下《くだされ》、御土器《おんかわらけ》めぐり給ふ。大夫并《ならびに》座の者共、御服被レ下畢《おわんぬ》。八郎には唐織菊之御紋付たる御小袖二重なり。

の関係が端的に示されている。このころの秀吉はすでに自身で能を演じるようになっていた時期と思われるが、このときはもっぱら鑑賞に徹している。

このときの出演役者は総勢二十二人にのぼっている。役籍《やくせき》別に記すと、シテは安照と暮松新九郎の二人、ワキとツレは金春源左衛門・春藤《しゅんどう》六右衛門・竹俣《たけのまた》和泉・長命《ちょうめい》甚次郎の四人、大鼓は大蔵平蔵・樋口石見守・かなや甚兵衛の三人、小鼓は幸《こう》五郎次郎・観世又次郎・弥石《いやいし》与次郎・大蔵六蔵（ここでは小鼓ではなく千歳《せんざい》を演じている）の四人、笛は長命吉右衛門・長命新右衛門・八幡《やわた》助左衛門の三人、太鼓は金春又次郎・深谷金蔵の二人、狂言は大蔵弥右衛門虎政・大蔵亀蔵（虎清）・長命甚六・祝《いわい》弥三郎の四人となる。ほとんどは金春座の座衆だが、観世又次郎（観世座）や深谷金蔵（宝生座）のような他座の役者も混じっている。観世又次郎はさきにも紹介したように秀吉のひいき役者だった。同じく秀吉ひいきの役者だった樋口石見守もここにみえる。笛の八幡助左衛門は暮松新九郎と同じく「山崎衆」の一人である。ここにみえる役者の多くは、このあとも秀吉の能楽愛好の紹介のなかでしばしば顔をみせることになるが、名護屋にはこうした役者が召し下されていたのである。

もっとも、これは金春座による能であり、これが名護屋に下っていた役者のすべてではない。全体としては、これに数倍する役者が召し下されていたものと思われるが、残念ながらその実態はなお不明である。しかし、ここからは、名護屋における秀吉の能楽愛好の雰囲気をある程度具体的に感じとることができる。

以上が『甫庵太閤記』が伝える名護屋における秀吉の能楽愛好のようすである。

2　熱中のはじまり

秀吉朱印状

『甫庵《ほあん》太閤記』によれば、秀吉が能に熱中するようになったのは、暮松新九郎が年頭の挨拶のために名護屋に下向したことがきっかけだったという。それも、秀吉が能の稽古をしてみようと思い立ったから暮松が呼ばれたのではなく、たまたま下向した素人役者の暮松が秀吉に能の稽古を思い立たせた、ということだったように読める。年頭の挨拶がきっかけだったというから、その時期もおのずから限定されるだろうが、さいわいなことに、そのあたりの事情をもうすこし具体的に伝えてくれる資料が伝存している。それは文禄二年（一五九三）正月十八日に名護屋から京都の責任者宛てに送られたと思われる秀吉朱印状で、文面は次のようなものである(6)。

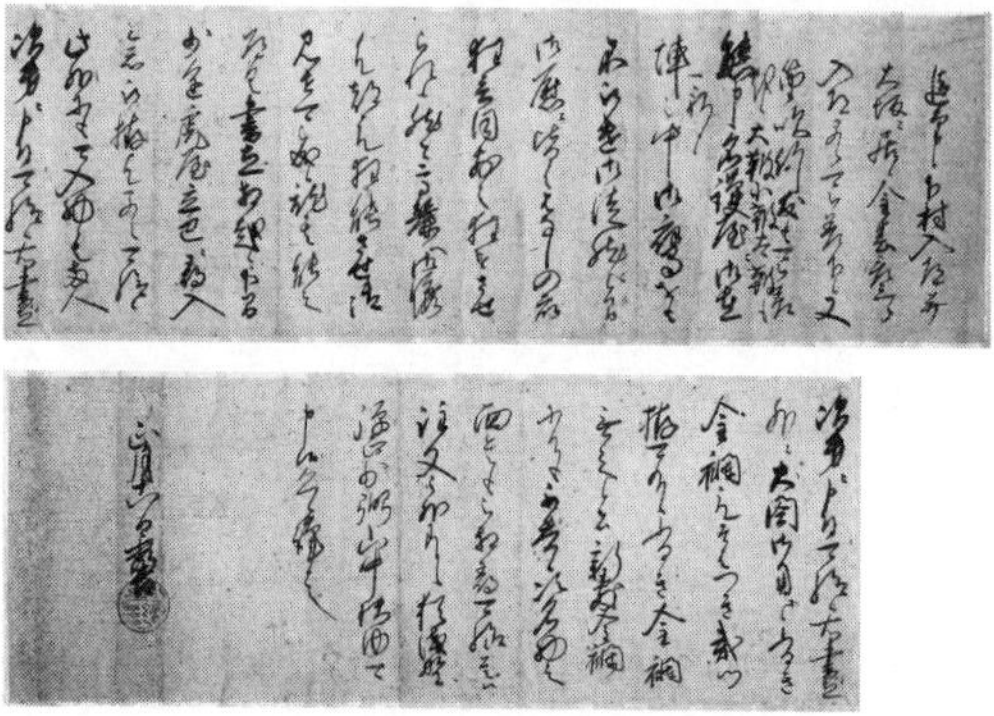

秀吉朱印状（〔文禄２年〕正月18日付、福岡市博物館蔵）

名護屋では太閤は鷹狩などをなさることもなく無聊をかこっておられ、退屈しのぎに咄《はなし》の衆に狂言めいたことをおさせになったりしている。それで高麗《こうらい》へわたって、高麗の都で「狂能」をさせて、見物させようとお考えである。ついては、能の道具の目録を送るから、このとおりのものを下間少進《しもつましょうしん》と虎屋《とらや》立巴《りゅうは》（隆巴）に命じて入念にこしらえて、すぐに送るように。これ以外にも必要なものがあれば、やはり少進と虎屋の二人に申し付けること。また、この目録のほかに、古い金襴で側次《そばつぎ》を二つ作ること。これは太閤が用いられるものである。古い金襴がなければ、新しい金襴でもかまわない。また、名物面についても太閤からお尋ねがあったので、これも送ること。この件については浅野弾正や山中山城守も手助けをしてくれるはずである。なお、下村入道や大坂にいる金春彦三郎入道をすぐ名護屋に差し向けること。笛の貞光竹友《さだみつちくゆう》も下向させるように。そして、大鼓・小鼓・太鼓も送ること。

ここには秀吉が能に熱中するにいたった経緯がかなり具体的に記されている。これによれば、秀吉は最初は周囲の者に狂言めいたことをさせていたが、やがて自身で能を演じてみることを思い立った、ということらしい。この十八日の時点で暮松新九郎の指導がはじまっていたかどうかはあまり明確ではないが、能道具（装束や面などのこと）や名物面を送るよう指示していたり、秀吉着用の側次（武士の甲冑姿を表す装束）を作るよう命じていたり、下村入道などの役者の下向を命じているから、暮松による能の手ほどきはこれ以前にはじまっていたのだろう。また、秀吉が能に熱中するきっかけが名護屋陣中での無聊にあったことも、ここに明らかである。

近習役者の下向

ここでは下間少進と手猿楽の虎屋立巴が能道具の調製役に指名されている。下間少進はこのころは関白秀次の愛顧を受けていたが、秀吉は天正十八年（一五九〇）九月の毛利輝元邸御成《おなり》の翌日、急遽、聚楽第に下間少進を呼んで二番の能を演じさせているし（前述）、秀吉の気に入りの役者でもあったのだろう。その天正十八年九月の聚楽第での能では虎屋も二番の能を演じているが、虎屋も文禄二年当時は秀吉に親しい役者だったようである。そうした関係から少進と虎屋の二人が能道具の調製役に指名されたものであろう。この二人はこれ以後もしばしば秀吉関係の能に出演している。

また、この朱印状では、下村入道・金春彦三郎・貞光竹友の三人の役者が名護屋への下向を命じられている。

下村入道は秀吉の近習の下村徳佐衛門宗和《そうわ》であろう。謡《うたい》が専門だったが、ワキもすこしこなしたらしい。『四座《よざ》役者目録』によれば、観世小次郎元頼にも謡をすこし習ったことがあるらしい。秀吉が催したこの年十月の禁中能ではワキを勤めている。金春彦三郎は大鼓役者で、秀吉の愛顧を得ていた小鼓の観世宗拶の弟である。もとは観世だったが、太鼓の名手の金春彦九郎の婿養子となって金春姓に変わった。朱印状によるとこのとき彦三郎は大坂（大坂城のことか）にいたらしい。貞光竹友は素人の笛役者。喜多流の始祖である喜《き》多《た》七大夫《しちだゆう》などに調子（双調《そうじょう》とか平調《ひょうじょう》という調子のこと）を教えたという名手で、やはりこの年十月の禁中能にも出演している。

ここでこの三人が秀吉から下向を命じられているのは、かれらが秀吉の身近にいた役者だったからであろう。秀吉は暮松の導きで能の稽古をはじめて、まずこれら身近の役者を召喚したのである。金春大夫や観世大夫が名護屋に召し下されるのは二月になってからで、両大夫の名護屋到着は二月下旬のことだから、朱印状が出された正月十八日の時点では、秀吉の能の相手はまだ暮松新九郎やこれら身辺の役者で十分だったということだろう。

能道具の搬送

翌月の二月になると、大坂にいた北政所《きたのまんどころ》（「ねね」で知られるが「ねい」が正しいらしい）から名護屋の秀吉あてに、多くの能道具が搬送されている。『萩藩閥閲録遺漏《はぎはんばつえつろくいろう》』所収の文書などによると、北政所は文禄元年（一五九二）十二月から翌文禄二年六月まで、名護屋の秀吉に身の回りの物品を送っていて、そうした北政所からの物品送付にかかわる文書は二十点を数える。それらはいずれも、名護屋への道筋にあたる尼崎・室津・赤間関《あかまがせき》（下関）といった港の奉行にたいして出された文書であるが、これらを順に見てゆくと、文禄元年や文禄二年の二月のはじめまでは、北政所が送ったものは服とか芋のような日用品で、能道具のことはみえない。北政所が送付したもののなかに能道具が見えるのは、文禄二年二月十一日付の文書が最初である。これは秀吉の能への熱中の時期とみごとに呼応しているが、その文禄二年二月十一日付の文書はつぎのような内容のものである。

なこ屋へ御いそきの御のふ（能）の御小袖つかハされ候。つき夫（継夫）の事、弐人申付、さう〳〵

つかハすへく候。大事之御物にて候間、ぬれさるやうに念を入、申つけ、はやく相と丶け申へく候。くハしくそつほういん(帥法印)より可レ申候也。

文禄弐年
二月十一日〔黒印〕

あかまかせき
ぶきやう

これは秀吉が能で着用するための小袖の送付についての文書である。大事の物ゆえ濡れないように注意して至急届けよ、とあるのが名護屋までの海路と北政所の配慮を思わせて面白い。一連の文書によれば、これ以降、北政所は二月十二日には「ちほ大夫」(「ちぼ大夫」か)なる女能《おんなのう》の大夫や津田右兵衛ら四人の役者を下向させ、以後も三月六日には能道具を入れたつづらを送り、三月二十日にも能道具を送っている。日付は不明だが、薦《こも》包みにされた能道具も送っている。また、「北政所様ゟ《より》なこやへ御物の御つ丶ら壱ツつかわされ候」(二月十五日付文書)のように、能の道具と明記されてはいなくても、そこに能道具が含まれていたことも考えられるから、北政所はじつに頻繁に名護屋の秀吉に能の道具を送りつづけたことになる(7)。

北政所が送った能の道具はおおいに秀吉の気に入ったらしい。秀吉は三月下旬ころに北

政所にあてて長文の自筆の手紙を書いているが、その冒頭で、

はや〳〵と見事ののふ小袖、いろ〳〵のもんから《（紋柄）》の、きにあい候やうにこのみ候て給《たまわり》候。みなみなにみせ申候へは、一たんほめ申候。きにあい候てまん足に候。

と、北政所が能の小袖を送ってくれたことに感謝している。これは秀吉がすっかり能に熱中している時期の手紙だが、この北政所から送られた小袖は日取りからみて、三月六日付の文書にみえるつづら入りの小袖だったろうか。

下間少進への礼状

一方、正月十八日付の朱印状で、秀吉から能道具の調製役に指名された下間少進は、二月の末ころに秀吉に能面を送っている。そのことは図版にかかげた下間少進宛ての秀吉朱印状（三月三日付）によって知られる。(8)

これは少進から秘蔵の能面を三つ送られたことにたいする礼状である。能面は少進が名護屋に下向するときに持参してくれればよいと秀吉は考えていたようだが、それが少進の下向に先だって送られたことに感謝し、さらに、以前申しつけた能道具ができたなら、す

ぐに当地に下向せよ、と命じている。少進が秘蔵の面を送ったのは、正月十八日付の朱印状で「名物面」の送付が命じられたことにたいするものだろう。また、「最前、仰せつけられ候能具」というのも正月十八日の朱印状で命じた能道具のことだろうが、この時点ではまだすべての能道具の調製は完了していなかったようである。

　なお、この朱印状によれば、少進は能道具ができしだい名護屋に下向することになっていたようだが、少進の『能之留帳』をみても彼が名護屋に下向した形跡はうかがえないから、下向はなかったものらしい。

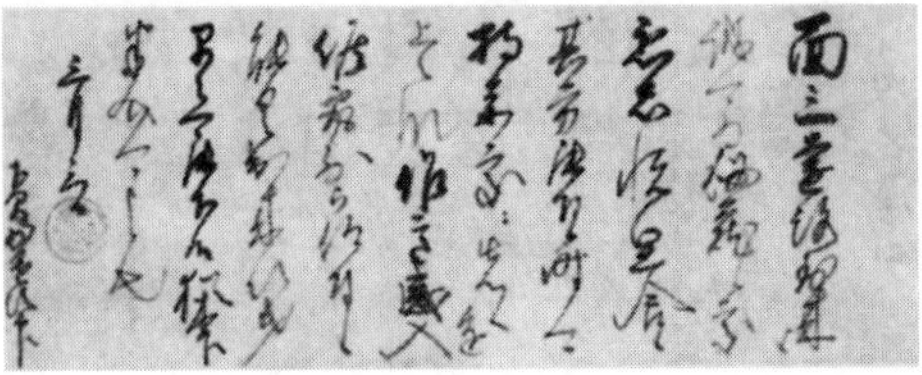

面三つ、遠路到来候。
誠に秘蔵たるべく候処、
懇志悦しく思しめし候。
その方、罷り下り候時、
持参すべき処に、先へ
進上の段、作意感じ入り
候。最前、仰せつけられ候
能具、出来次第
早々罷り下るべく候。なほ、
木下半介申すべく候ふ也。
三月三日〔朱印〕
下間少進法印

下間少進宛秀吉書状（〔文禄２年〕３月３日付、大阪城天守閣蔵）

四座の役者を召し下す

名護屋には膨大な物資が運ばれ、多くの人が下向した。『多聞院日記《たもんいんにっき》』の文禄二年（一五九三）二月二十六日条によると、奈良中の四十九歳以下の医者が名護屋に召し下されておおいに迷惑している、ということがみえる。総動員ということでは能役者も同じで、『甫庵太閤記』には二月下旬に金春大夫と観世大夫が名護屋に召し下されたとあるが、実際には金春と観世の両座だけでなく、大和猿楽の四座《よざ》がこぞって名護屋に召し下されていた。たとえば、『当代記』の文禄元年（文禄二年の誤り）の項には、

《東方朔》	金春大夫
《右近》	観世大夫
《張良》	宝生大夫
《羽衣》	金剛大夫
《弓八幡》	金春大夫

『文禄慶長年間御能組』（観世文庫、文禄２年８月13日）

於㆓名護屋陣中㆒、専《もっぱら》能《のう》繁多《はんた》。是四座《よざ》之猿楽被㆓召下《めしくだされ》㆒、如㆑此。

とあって、金春・観世・金剛・宝生の四座が名護屋に下向していたことを伝えている。もっとも、ここでは文禄二年のことを文禄元年と誤っていて、この記事の信憑性に疑問が投げかけられるかもしれないが、四座がこぞって名護屋に召し下されていたこと

は、ほかの資料からも裏づけられる。観世文庫の『文禄慶長年間御能組』に収められた「文禄二年 癸巳《みずのとみ》八月十三日肥前国名護屋ニ而秀吉公御代ノ御能」という標題の番組がそれである。その番組によると、図のように文禄二年八月十三日に名護屋で四座の大夫による能が催《よ》されているのである。

明との間に講和が成立して秀吉が上洛のため名護屋を出発するのが文禄二年八月十五日であるから、これはその直前の催しということになる。ここでは安照が最初と最後の能を演じているが(《弓八幡》は半能)、秀吉の安照びいきはここにも明らかである。このほか大蔵弥右衛門虎政が狂言の《田植》を演じているが、これは秀吉の「御所望」だったらしい(同番組注記)。このように、四座の大夫とその座衆が名護屋に下っていたのである。

現在のところ、四座の大夫がそろって名護屋に召し下されていたことを具体的に示す資料はこの番組だけである。したがって、「専能繁多」(『当代記』)という四座による演能の実態は残念ながら十分に知りえないのだが、名護屋に大和猿楽の四座がそろって召喚されていたことは、以後の秀吉の能楽愛好が周辺の役者だけにかかわるものではなく、四座全体におよぶものであることを予見させるものとして注意される。

また、四座の大夫たちが、いつ、どのような規模で名護屋に下向したかも、あまり明確ではない。『甫庵太閤記』は金春大夫と観世大夫は同時に下向したように記しているが、それを裏づける資料はないし、宝生と金剛の下向がそれと同時であったかどうかも不明である。ただ、唯一、金春座については名護屋下向の時期やその規模がいくらか具体的にたどれるので、それを紹介しておこう。

金春大夫安照が名護屋に出発したのは文禄二年の二月上旬のことである。『多聞院日記』の二月九日の条に、

金春大夫一座ナコヤへ今日悉《ことごとく》下了。

とある。さきに紹介した『甫庵太閤記』によれば、金春大夫は観世大夫とともに二月下旬に名護屋に到着したとされているが、日程からみて、金春大夫の下着《げちゃく》はまさしくそのころだろう。この点、『甫庵太閤記』の記事は正確なのである。このとき観世も金春と同時に下着したのかどうかはよくわからないが、『甫庵太閤記』が伝えるように一緒の下着だったのではなかろうか。また、ここには「一座」が「悉《ことごとく》」名護屋に下向したとあるから、金春座は一座をあげての下向だったことがわかる。これから、他の三座も同様に一座全体で名護屋に下向したと考えてよさそうである。その金春大夫一座による活動の一端が、さきほど紹介した『甫庵太閤記』所載の文禄二年四月九日の名護屋城本丸での金春大夫の能

というわけである。

女能の大夫も召喚

以上は四座の役者の下向だが、このほかにも名護屋には四座に属していない役者も召し下されていた。四座に属していない役者では、暮松新九郎や八幡《やわた》の助左衛門などの「山崎衆」も下向していたが、それ以外にも、名護屋にはいろいろな系統の役者が呼ばれていた。たとえば、「ちほ大夫」なる女能《おんなのう》の大夫などは、その端的な例だろう。「ちほ大夫」という女能の大夫が名護屋に召し下されたことは、北政所《きたのまんどころ》が赤間関奉行に宛てた文禄二年二月十二日付の文書に、

名こやへ女のふつかまつり候ちほ大夫めしくたされ候。伝馬壱疋申つけ、其所々へたしかにをくりとゝけ申へく候。

とみえている。この「ちほ大夫」は素性がまったく不明の役者だが、秀吉はこうした女能の大夫まで召喚しているのである。

また、当時、活発な演能活動を展開していた南都春日社の禰宜《ねぎ》役者も名護屋に呼ばれて

いた。『多聞院日記』の文禄二年四月七日条をみると、「ナコヤへ太閤ヨリ猿楽衆被二召下一付、神人衆芸能衆廿四五人被二召下一間、水屋《みずや》神楽無レ之」という記事があるが、これは神人衆や芸能衆が名護屋に下向してしまったので、水屋社の神楽が中止になったという記事である。春日社の摂社である水屋社では四月の祭礼に神楽や能が演じられていたが、それらは古くから素人役者として活動していた春日社の禰宜の担当だった。この「神人衆芸能衆廿四五人」がその禰宜のことである。禰宜役者はこのころ京都をはじめ近畿一円に活動の範囲を広げつつあったが、かれらはこれ以前から秀吉の周辺にも出入りしていて、それで名護屋に呼ばれたのであろう。秀吉の突然の能への熱中は、こうして遠くはなれた奈良の水屋社の神楽や能にまで波及したのである。

面打角坊の下向

秀吉の突然の能への熱中によって名護屋に召し下された能の関係者は役者だけではなかった。『甫庵太閤記』が伝えるように、面打《めんうち》の角坊《すみのぼう》も名護屋に召し下されていた。

能が古典劇への道を歩みはじめた安土桃山時代は、能面制作のうえでは、それまでの創作中心の時代から模作中心の時代への過渡期にあたっているが、角坊はこの時代を代表する面打である。喜多古能《きたひさよし》『仮面譜』（寛政九年〔一七九七〕序）によると、角坊は山城の国醍醐の角坊の住僧光盛法印で、はじめは若狭守と称したという。また、同じく喜多古能が著した『面目利書《めんめききしょ》』によれば、「天下一若狭守」という角形の焼印をもつものがその遺品で、その特色は彩色は堅く、光沢や細工は強いが、総じて角坊作の面はかたちの悪いものが多い、とされている。この角坊は『仮面譜』に「醍醐角坊」とあり、『甫庵太閤記』にも「山城宇治郡醍醐に角坊とて……」とあるので、角坊が止住《しじゅう》していた寺はなんとなく「醍醐寺」であるかのような印象を与えるが、それは醍醐寺ではなく、醍醐の一郭の日野《ひの》にある法界《ほうかい》寺《じ》である。法界寺には明治ころまで角坊という坊が存在していたが、角坊という名はその住坊に由来するらしい。

さて、『甫庵太閤記』によれば、その角坊が名護屋に召し下されて、金春・観世の両家の名物面の写し（模作）を制作して、秀吉から銀五十枚と「天下《てんが》一《いち》」の称号をたまわったというが、これらのことはほとんど宮内庁書陵部蔵の『角坊文書』によって裏づけられる[9]。『角坊文書』は八点の文書からなり、そのうちの三点が文禄二年の名護屋召喚に関する文書であるが、以下ではそれらを紹介しながら、角坊の名護屋下向と名護屋での活動を追ってみることにする。

まず角坊が召し下されたときの経緯からみてみよう。

又、路銭等之儀、大かた算用候て取替可レ遣《つかわすべく》候。何遍も急罷下候様、可二申付一候。

面打候醍醐之角坊、名護屋江早々可二罷下一候旨、被二仰出一候。然者《しからば》面打候道具・木・さいしきの絵具以下持せ候て、早々くたすへく候。関白様御朱印にてつき夫（継夫）を以、可二罷下一候旨御意候。夜半日二つき急可二罷下一候旨、可二申付一候也。

卯月七日　玄以〔花押〕

松田勝右衛門殿

これは文禄二年四月七日に前田玄以（徳善院）から発せられた文書で、角坊の名護屋下向を命じたもの。文意は、〝面打の醍醐の角坊を至急下向させよとの太閤の仰せである。ついては面打の道具や用材、彩色のための絵具などを持たせて、至急下向させよ。関白様（秀次）のご朱印状を携えて下向せよとの仰せである。夜に日をついで、急いで下向すべきことを申しつける〟というもの。冒頭部分の追而《おって》書《がき》（追伸）では路銭のことを記したあと、改めて至急下向するよう申しつけている。面打の道具や絵具などにふれたじつに興味ぶかい資料だが、日付は四月七日であるから、角坊の下向はこれ以後のことになる。この日取りは、二月下旬に到着した金春大夫と観世大夫から名物面を提出させて、それから角坊が召し下されたとされている『甫庵太閤記』の記述とも符合する。角坊は四月中には名護屋に到着したのであろう。

「天下一」の称号

次に、名護屋下向後の角坊の活動であるが、『角坊文書』のなかの六月一日付の秀吉朱印状には次のようにある。

> 今度、面被㆓仰付㆒候処、打様《うちよう》無㆓比類㆒候間、自《じ》今以《こんい》後《ご》可㆑為《たるべき》㆓天下《てんが》一《いち》㆒之旨、被㆓仰出㆒候条、可㆑成㆓其意㆒者也。
>
> 文禄二
> 六月朔日　（朱印）　　角坊

つまり、名護屋に下向した角坊に面の制作（模作）を命じたところ、出来栄えがよかったため「天下一」の号を与える、というものである。これも『甫庵太閤記』を裏づける資料である。この朱印状は六月一日付のものだが、角坊は四月中には名護屋に下向して、このころまでに面の制作を終えたのだろう。さらに、この翌日になって、角坊は前田玄以から次のような命令を受けている。

今度、大閤（ママ）様名護屋江被㆓召下㆒面共被㆓仰付㆒候処、打様無㆓比類㆒被㆓思食㆒、向後《きょうこう》可㆑為《たる》㆓天下一㆒之旨、被㆑成㆓御朱印㆒候。就而者《ついては》、可㆓在京仕㆒候由、被㆓仰出㆒候。可㆑成㆓其意㆒候也。

文禄二
六月二日　　玄以〔花押〕
日野
角坊

前半は前日（六月一日）の朱印状と同じ文言で、面の出来栄えがよかったため「天下一」の号を与えるということだが、それを受けて、「在京仕るべく候ふよし仰せいだされ候」とある。

これは、りっぱに義務をはたしたので「帰京」してよろしい、という意味にもとれるが、「在京」は「帰京」ではなく文字通り「在京」で、今後は住居を醍醐から京都へ移せという意味にもとれる。後者だとすれば、京都に住んで秀吉に近侍せよと命じられたことになるが、そう理解してよいのではないだろうか。

ところで、角坊が秀吉から与えられた「天下一」の称号は、室町後期ころ以降に、縫物師や塗師のような職人、浄瑠璃《じょうるり》太夫《だゆう》のような芸人などが冠していた栄誉号で、面打も「天下一」を称していた例がいくつか知られている。近世に入ってからは、「天下一」号は職人や芸人によって勝手に僭称《せんしょう》されるようになり、天和二年（一六八二）には幕府によってその冠称が禁止されているが、安土桃山時代には信長や秀吉のような権力者が与える慣習があったようである。(10)『甫庵太閤記』では、「天下一」号を角坊に与えるにあたって、秀吉は家康と前田利家に「いかゞあるべき」と相談し、両人からは「もっとも宜しくおはしますべし」という返答があったと記しているが、それは「天下一」号の持つ重みを物語っているように思われる。秀吉が与えた「天下一」号としては、このほかに文禄四年（一五九五）二月に面打の是閑《ぜかん》に与えた例が知られているが、こうした「天下一」号の授与も、もちろん秀吉の能への熱中を象徴するものである。

3　名護屋での熱狂

のふ十はんおほへ申候

こうして、当時の有力役者のほとんどを名護屋に召し下した秀吉は、以後、明との講和

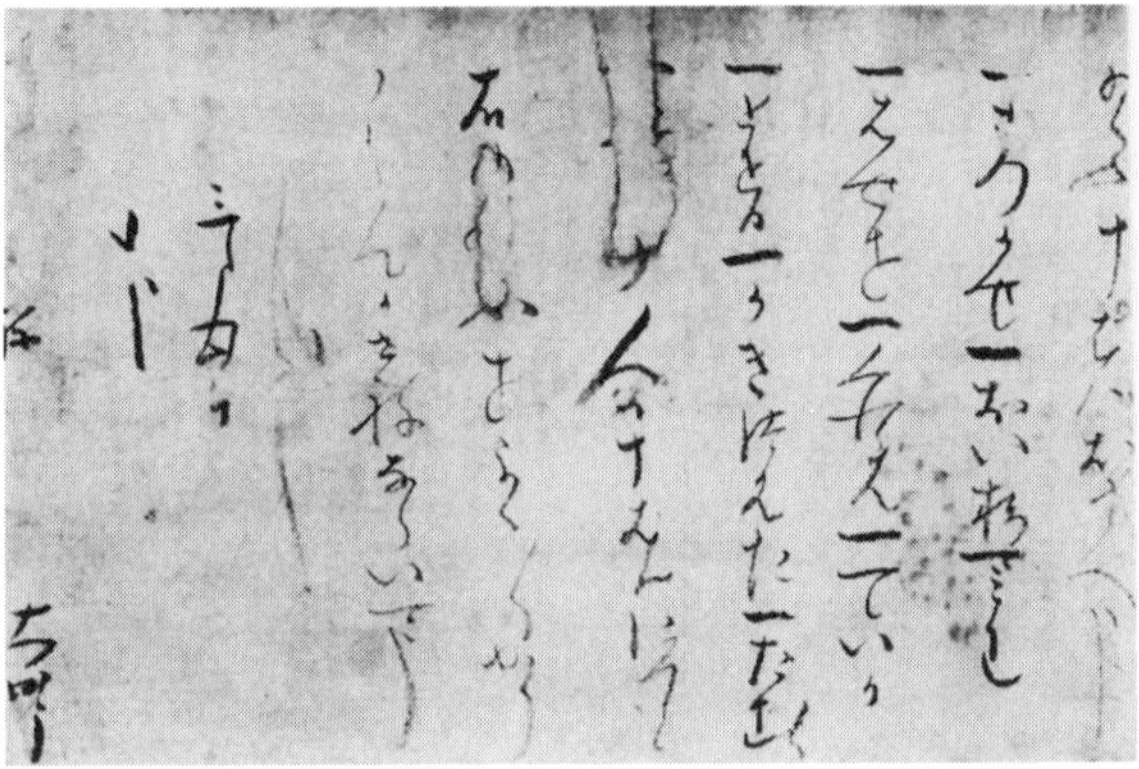

北政所宛て秀吉自筆書状（〔文禄２年〕３月５日付、大阪城天守閣蔵）

が成立して帰坂する八月までのあいだ、名護屋において能に熱中していたようである。ここでは、そうした名護屋での能楽三昧について紹介してゆくことにするが、その熱中ぶりをいまに強烈に伝えてくれるのは、なんといっても秀吉が大坂の北政所《きたのまんどころ》に出した書状だろう。

　のふ十はんおほへ申候。
一、まつかせ　一、おい松　一、ミわ
一、はせを　一、くれは　一、てい
か
一、とをる　一、かきつはた　一、
たむら
一、□□□《（えくち）》　合十はむにて候。
右ののふをよく〳〵からし候て、かさね

ならい可レ申候。

かしく

三月五日

〔以下端書〕

祢　　　大かう

これは現在、大阪城天守閣の所蔵で、秀吉の自筆の書状である。日付は三月五日、もちろん文禄二年（一五九三）のものである。《松風《まつかぜ》》以下、十番の能の曲名を列挙して、これを稽古しておぼえたが、なおかさねて稽古するつもりだという文面である。よく知られている書状だが、みずから能を習いはじめ、その面白さに夢中になっている秀吉の興奮がじつによく現われている。そうした興奮を、ともかく北政所に伝えたい、という無邪気さにあふれた手紙でもある。

ここで思いおこされるのは、さきに紹介した『甫庵太閤記』の記事である。『甫庵太閤記』によれば、秀吉は暮松新九郎について能の稽古をはじめて五十日ばかりのうちに十五、六番の能をおぼえたというが、この書状は、稽古をはじめてからの日数といい、稽古した能の番数といい、『甫庵太閤記』の記事をほぼ全面的に裏づけるものである。

現代において、素人が能を演じるといえば、謡《うたい》や仕舞《しまい》を二十年も三十年も稽古したあとのことで、それも謡や仕舞を習っている人のほとんどは能を演じる機会などないのが普通である。素人が能のシテを演じる場合、ワキ・狂言・囃子・地謡《じうたい》などには専門の役者の参加が不可欠で、そのため莫大な費用がかかるということも理由のひとつだが、技術的にも能を演じるにはそれくらいの長い時間が必要なのである。それが秀吉の場合は、わずか五十日くらいのあいだに十番もの能をおぼえたというのである。しかも、ここに列挙された能をみると、《松風》《三輪《みわ》》《芭蕉《ばしょう》》《定家《ていか》》《融《とおる》》《杜若《かきつばた》》《江口《えぐち》》など、現代では重く扱われている曲が多い（料紙破損で読めない十番目の能は後述のように《江口》らしい）。現代の素人能を基準にすると、とうてい信じがたいことであるが、これはなにも秀吉が役者として優秀だったということではなく、能という劇が現代のように極度に洗練されたものではなかったために可能だったのである。この時代の能一曲の所演時間は現在の六割くらいで済んでいたようだが、そうした所演時間が物語るように、当時の能は現代とはくらべものにならないくらい芸質の軽い劇だった[11]。しかし、それでも、五十日で十番という番数は驚異的である。したがって、秀吉自身が「おほへ申候」と言っているその内容（習熟度）は、当然ある程度は割り引いて考えなければなるまいが、素人が短期間の稽古で能を演じるということ自体は、当時の能の質からして、そう特異なことではなかったのである。

早々御吏(使)返可レ申処
かうさう(孝蔵)す(主)・御ちやあ
隙いり候て
御朱印おそく調候
つる間、延引候。
併御吏非二由(油)断一候
かた〳〵以《?》風《?》書《?》
可二申述一候。以上。
為二御書信(音?)一
大閤様へ御礼并ゆ
かけ、令二披露《ひろうせしめ》一、被レ成《ごしゆいん》二
御朱印《なされ》一候《そうろう》。御頂戴尤候。
同孝蔵主文も進
覧申候《?》。将亦《はたまた》、私へ扇
拾本送給候。方々御
遣かた可レ有レ之処、我等
式へ御懇情、忝存候。
平吉殿、御奉書候ハ、
可二御心易《おこころやすかるべく》一候。次
太閤様御能御稽

ところで、秀吉が五十日ほどのあいだに十番もの能をおぼえたことを裏づける資料がもうひとつある。秀吉が北政所あてに手紙を書いてから十日あまりあとに、秀吉に従って名護屋に出陣していた安威摂津守《あいせつつのかみ》が名護屋から出した書状がそれである。

安威摂津守の書状から

安威氏は摂津国の島本郡《しまもと》を本貫地とする武将で、室町時代は幕府の奉行人《ぶぎようにん》を勤めたりした一族だが、ここに紹介する安威摂津守は秀吉麾下《きか》の武将として活動していた安威五左衛門である。その経歴はあまりよくわかっていないが、能の愛好者で、みずからもよく能を演じたらしいことが、いくつかの能楽関係の資料から知られる。たとえば、下間少進の『能之留帳』によれば、天正十六年（一五八八）六月四日には天王寺にあった安威邸で浅野弾正長政らの武将が下間少進などの能を見物しているし、文禄元年（一五九

古なされ候。はや、まる能
拾番御覚候。御身成
三国無双、見事さ
筆にも難レ尽候。
くれは　おひまつ
みわ　はせを
ていか　松風村雨
とをる　田むら
かきつはた　ゑくち
今日迄、右分追々御
けいこなされ候。御帰洛
候ハヽ、禁中にて御
能させらるへきと、御
たくミにて候。次、りうはう
縫頭殿、御事つて申候。
新吉殿へ御心得、頼
いり候。恐々謹言。
安摂
三月十七日　□□〔花押〕
岡宮少様

安威摂津守書状（『続日本書誌学会研究』から）

二）二月二十六日には下間少進宅の能で安威摂津守が《采女《うねめ》》と《卒都婆小町《そとばこまち》》を演じている。また、宮城県図書館の『古之御能組《いにしえのおのうぐみ》』によれば、慶長十年（一六〇五）九月二十五日に天王寺の安威邸で安照の長男の金春七郎氏勝《うじかつ》を招いて能が催されたときにも、安威摂津守が《七騎落《しちきおち》》《班女《はんじょ》》《葵上《あおいのうえ》》《富士太鼓《ふじたいこ》》《鸚鵡小町《おうむこまち》》《黒塚《くろづか》》《三井寺《みいでら》》の七番を演じている。こうした記録からは、安威摂津守は相当の能好きで、しかも、かなりの演じ手であったことがうかがわれる。

その安威摂津守が名護屋に下向していて、文禄二年の三月十七日付で京都賀茂社の社官に出した手紙のなかに、能に熱中している秀吉のようすが記されているのである。難読箇所が多い書状だが、じつに興味ふかい内容なので、全文を上欄に原文のまま紹介する[12]。

日付は三月十七日で、宛先の「岡宮少様」は賀茂社の目《もく》代《だい》岡本宮内少輔らしい。安威摂津守は岡本宮内少輔からの依頼でなにごとかを秀吉に頼んでいたようで、これはその件についてようやく秀吉の朱印状が発行されたことを伝えたもの。岡本は秀吉に弓懸《ゆがけ》を送り、安威には扇を送っていたようで、安威はそれにたいして礼を述べたあと、能に熱中している秀吉の近況を書き送っている。その部分を改めて紹介すると、

太閤様は能の稽古をされていて、すでに「まる能」を十番おぼえられた。その身のこなしようは三国無双で、筆にもつくしがたいほどの見事さです。《呉服《くれは》》《老松《おいまつ》》《三輪》《芭蕉》《定家《ていか》》《松風》《融《とおる》》《田村》《杜若《かきつばた》》《江口》などを順々に稽古されたのです。ご帰洛になったら、禁中で能をなさろうとお考えです。

となる。「御帰洛候ハヽ」とあることからも、これが肥前名護屋から出された手紙であることは疑いあるまい。秀吉の北政所あての手紙からは十二日後のことであるが、ここにも秀吉が十番の能をおぼえたことが記されているのである。これによって、秀吉の北政所への手紙が誇張ではなかったことが知られる。しかも、ここに記された能の曲目をみると、北政所あての手紙にみえる九曲とすべて一致している。したがって、三月五日付の北政所にあてた秀吉の書状では不明だった十番目の曲目も安威摂津守書状にみえる《江口》と考

えてよいと思われる(13)。

こうして、「のふ十はんおほへ申候」という北政所への第一報は、番数も曲目も事実だったことが判明するのであるが、この安威摂津守の書状は、このほかにもいくつか興味ぶかい事柄を伝えている。たとえば、秀吉がおぼえたのは「丸能」、つまり一曲すべてだったということや、能の数寄者だった安威摂津守が秀吉の能を「三国無双、見事さ筆にも難レ尽候」と評価していること、などがそれだが、もうひとつ、「御帰洛候ハ、禁中にて御能させらるへきと、御たくミにて候」と、このときの秀吉が帰洛後の禁中能を計画していたことが知られる。この計画は次章で詳しく述べるように、この年の十月に実現しているが、能の稽古をはじめて五十日ほどで、禁裡で前例のない大がかりな武将能を計画していた事実に、この時期における秀吉の能への打ちこみぶりが端的に示されていよう。

『大和田近江重清日記』から

秀吉は文禄二年の三月上旬ころには十番の能をおぼえていたという。したがって、それ以後は帰坂する八月までのあいだに、名護屋では頻繁に能が催されていたことが想像される。しかし、そうしたようすを具体的に伝える資料はそう多くはない。そもそも秀吉の名護屋出陣は朝鮮や明《みん》への進出という未曾有の軍事行動なのであるから、能や謡のような風流韻事《ふうりゅういんじ》についての記録が少ないのは当然だろう。そうしたなかで、すでに紹介したような秀吉の能への熱中を伝える資料が少なからず残っているのは、それだけ秀吉の熱中ぶりがはげしかったことを物語るものだろう。ここでは、もう少しそうした名護屋での能楽愛好のようすを残された資料からうかがってみることにしよう。

文禄の役に出陣した武将の記録のひとつに、常陸佐竹《ひたちさたけ》藩の藩士大和田重清《おおわだしげきよ》が書き残した『大和田近江重清日記』がある。[14] 佐竹義宣《よしのぶ》は秀吉から五十四万石余の知行を与えられていた大名で、文禄元年三月に名護屋に出陣していたが、大和田重清は同家の家臣としてこれに従っていた。大和田重清の日記は文禄二年の四月十八日から同年十二月二十九日までの分が現存しているが、表紙に「九州名護屋にて書レ之」とあるように、秀吉の帰坂に伴って義宣が帰国の途につく八月十八日までが名護屋での見聞の記録になっていて、そこに断片的ながら名護屋における能のようすが少なからず記されているのである。たとえば、五月十九日条には、つぎのような記事がある。

御能御見物之御供ニ参。朝ニ食不レ成テ小(小貫大蔵大輔)太ニて餅ニて参。宮之御しばいへ参ル。御能七番アリ。七ツ之上ニ果テ帰。人(人見主膳)主ニて御振舞アリ。御はやし五、六番アリ。人主へたる・肴送ル。四十八文さけ。

これは「宮の御芝居」で秀吉主催の能があって、そこに出向いた佐竹義宣に従って、大和田重清がその供をしたときの記事である。「宮の御芝居」は名護屋城の二の丸で、そこには桟敷も設けられていた。このときの能は七番で、能は午後四時ごろに終わったが、その後、義宣は人見《ひとみ》主膳《しゅぜん》なる武将の屋形で饗応をうけ、そこで囃子が五、六番舞われた。義宣はかなりの能数寄だったらしい。

また、八月九日条にはつぎのような記事がある。これも名護屋城での能である。

> 御城ニ御能アリ。屋形様御見物ニ罷出。番ニテ不二御供一《おともせず》。（中略）八程《やつほど》御能過テ御帰。七時被レ成二御出一。後段サトウ餅。御鼓御ケイコ被レ成。

このときは大和田重清はなにかの番にあたっていて義宣の供はしていない。義宣は午後二時ごろに下城して帰館したが、また午後四時ごろ外出し、出先で鼓の稽古をしたようである。

また、義宣は八月十三日にも名護屋城の二の丸で催された能も見物している。日記には「二ノ丸御能御見物ニヤカタ御出。サジキ」とあるが、これは『文禄慶長年間御能組』に収められた帰坂直前の四座立合の能であろう（→一一五頁）。『文禄慶長年間御能組』には場所は記されていなかったが、名護屋城の二の丸での催しだったわけである。このときも桟敷が設けられていたことが知られる。

佐竹義宣の能楽愛好

また、『大和田近江重清日記』には、以上のような名護屋城での秀吉周辺の能とは別に、佐竹義宣がしばしば一族や家臣とともに囃子や能を楽しんだりしている記事が散見する。それは右に紹介した記事にもうかがえるが、たとえば、四月二十二日には義宣が出向いた叔父佐竹義尚《さたけよしひさ》の屋形の座敷開きで囃子数番が演奏されているし、四月二十六日には真崎兵庫助なる人物のところで六、七番の囃子があったが、義宣はみずから鼓を持参している。また四月二十八日に義宣が佐竹中務大輔義久の屋形に出向いたときは九番の囃子があった。これらの囃子の多くは義宣自身が演奏したものと思われる。名護屋という僻遠の地におけるこうした営みは、武将の生活に能や謡《うたい》がいかに深く浸透していたかをよく物語っている。

さらに、七月二日条をみると、佐竹義宣が家臣の小屋に臨んで、七番の能が催されたことが記されている。その七番のうちの五番は武将やその一統の所演だったが、残る二番は暮松新九郎の所演だった。また、そのとき演じられた《百万《ひゃくまん》》では、観世又次郎が小鼓を、樋口《ひのくち》甚六（樋口石見の子）が太鼓を勤めている。秀吉の命令で名護屋に下向していた役者は、このような場で、能好きの武将たちとも交流を持っていたのである。

《唐船》の「物着」

また、『大和田近江重清日記』のような記録資料ではないが、名護屋における秀吉の能楽愛好を伝える興味ぶかいエピソードが近世初期編纂の『観世流仕舞付』にみえている。『観世流仕舞付』は京都の商人で素人役者だった関三与《さんよ》という人物の編纂になる詳細な型《かた》付《づけ》集（演出資料）だが、その《唐船《とうせん》》の項をみると、つぎのように秀吉が名護屋で《唐船》を演じたときの様子が記されている。

《唐船》・シテ片山九郎右衛門幽雪
（撮影：金の星渡辺写真場）

「……是に衣装の候、是をきて対面し候へ」と云時、笛吹の前にて物着《ものぎ》。玉たすきおろし、腰ミの取、扇持。爰にてはつひ着る事ハ、秀吉公なこやにて《唐船》被レ遊《あそばされ》候時、右ノ衣装にては〔楽《がく》〕被レ成《なされ》にくき間、はつひにて可レ被レ成《なさるべき》由《よし》、八郎に御相談ニて被レ遊《あそばされ》候《そうろう》事《こと》初《はじめ》也《なり》。

《唐船》というのは、船争いで日本の捕虜になり、九州の箱崎で牛飼として日々を送る唐人祖慶官人《そけいかんにん》を主人公とする人情物の能である。祖慶官人（シテ）は日本人の妻との間に二人の子をもうけている。そこに、故国の中国から二人の子が訪ねてきて帰国を促す。領主の箱崎殿は祖慶官人の帰国は許したが、日本子《にほんご》二人は日本人だからと同道を許さない。進退きわまった祖慶官人は海に身を投げようとするが、あわや入水《じゅすい》というところで日本子二人の帰国が許され、祖慶官人と四人の子は唐子《からご》が乗ってきた船で晴れて帰国する、という筋立の能である。最後は四人の子と船に乗りこんだ祖慶官人が、船上で歓喜の〔楽《がく》〕（唐人や仙人が舞う舞）を舞って終曲となる。右に引用した部分は、牛飼をしていた祖慶官人が、故国から訪ねてきた二人の子に会うのに衣が粗末では見苦しいと、衣装を整える場面についての記事だが、このとき秀吉は、水衣《みずごろも》ではそのあとの〔楽〕が舞いにくいといって、金春八郎（安照）と相談して法被《はっぴ》に着替えた、というのである。

これによって秀吉が名護屋で《唐船》を演じたらしいことが知られる。それも興味ぶかいことだが、それ以上にここで注目されるのは、右の親子対面の場面で、シテの祖慶官人が水衣から法被に着替えるようになったのは、このときの秀吉の工夫にはじまるとされていることである。現在、この場面で祖慶官人が装束を水衣から法被に替えるのは、「物着《ものぎ》」と呼ばれてどの流儀でも定型となっているが、そうした現在の演じ方は秀吉が名護屋で演じた《唐船》が最初だというのである。

「物着」は秀吉の発案

秀吉のような素人《しろうと》の工夫を玄人《くろうと》がまねて、それが現在の五流の共通の型になっているということは、現代人にはおよそ考えがたいことだろうが、これはかなり信頼してよい伝承ではないかと思われる。

そもそも、この親子再会の場面でシテが水衣から法被に着替えるのは、現在でこそ各流に共通の演出だが、それは《唐船》本来の演出ではなかった。室町時代の《唐船》の演出資料をみると、水衣には言及があるが、法被には言及がなく、ここで「物着」がなされた形跡がない。シテは水衣のままで、水衣の玉襷《たまだすき》（肩上げ）を落とし、腰蓑（現在ははじめから着けていない）を外して身繕いをするというのが本来の演出だったらしいのである(15)。右の『観世流仕舞付』の記事でも、「右ノ衣装にては〔楽〕被レ成にくき間」とあって、古くは水衣のままで〔楽〕を舞う形だったことがうかがえる。それが近世に入ると、ここで「物着」となって法被に着替える演出が資料にみえてくる。秀吉が名護屋で能に熱中した文禄二年ころは、ちょうど「物着」の演出が生まれてくる境目の時期にあたっており、この演出の濫觴《らんしょう》が名護屋における秀吉の発案であることは十分に考えられるように思う。

なお、この記事によれば、秀吉は水衣のままでは〔楽〕が舞いにくいと主張して水衣を法被に替えている。〔楽〕という舞は法被で舞われるのがふつうなのであって、これはもっともな主張なのである。秀吉はそうした主張を金春八郎安照に開陳して、それまでにない法被の「物着」という工夫をした、というのであるが、ここには秀吉が名護屋で安照を相手に能に夢中になっているようすもよく伝えられているのではあるまいか。

また、秀吉の名護屋での熱中については、つぎのような話も伝わっている。秀吉が《井筒》を演じていて、「井筒のかげに隠れけり」と中入《なかいり》をしたとき、朝鮮半島から兵糧についての使者が着いた。いろいろと指示をしていると、ずいぶん時間がたってしまった。そのままでは後場《のちば》に出にくいというので、秀吉は鬼神や怨霊が勇壮に登場するときに用いる「早笛《はやふえ》」を吹かせて舞台に出た、という。これは肥前平戸《ひらど》藩第四代藩主松浦鎮信《まつうらしげのぶ》の『武功雑記』（元禄九年〔一六九六〕）にみえる話である。ややできすぎている感もあるが、この書の記事は体験者からの聞き書きで、比較的信頼できるものが多いということである。

4　熱中のなごり

『肥前名護屋城図屏風』の能舞台

名護屋城には野外に常設の能舞台が建てられていた。それを伝えるのが狩野光信《かのうみつのぶ》（慶長十三年〔一六〇八〕没）筆と推定されている『肥前名護屋城図屏風』（六曲一隻、佐賀県重要文化財、佐賀県立名護屋城博物館蔵）である。

『肥前名護屋城図屏風』は、近年までその伝存が知られていなかった作品で、昭和四十三年の東京古典会の入札下見会に出品されて、美術史・建築史・日本史など各界の研究者を驚かした。もっとも、この作品は下絵であって完成品ではないようだが、絵図裏（現在は表に貼りかえられている）に「肥前名護屋図　板倉《いたくら》」という墨書があるとおり、もとは伊勢亀山藩主だった板倉重常《しげつね》の所蔵だった。『徳川実紀』元禄元年（一六八八）三月七日条に、板倉重常が致仕《ちし》（隠居）の記念として狩野光信筆の「名護屋図の屏風」を将軍綱吉に献上したことがみえているが、それがこの『肥前名護屋城図屏風』のことらしい。作者と目されている狩野光信は安土城や聚楽第の障壁画を手がけた狩野永徳《かのうえいとく》の長男。光信は名護屋に下向して山里丸《やまざとまる》の書院や秀吉の御座の間の障壁画などを制作したようだが、『肥前名護屋

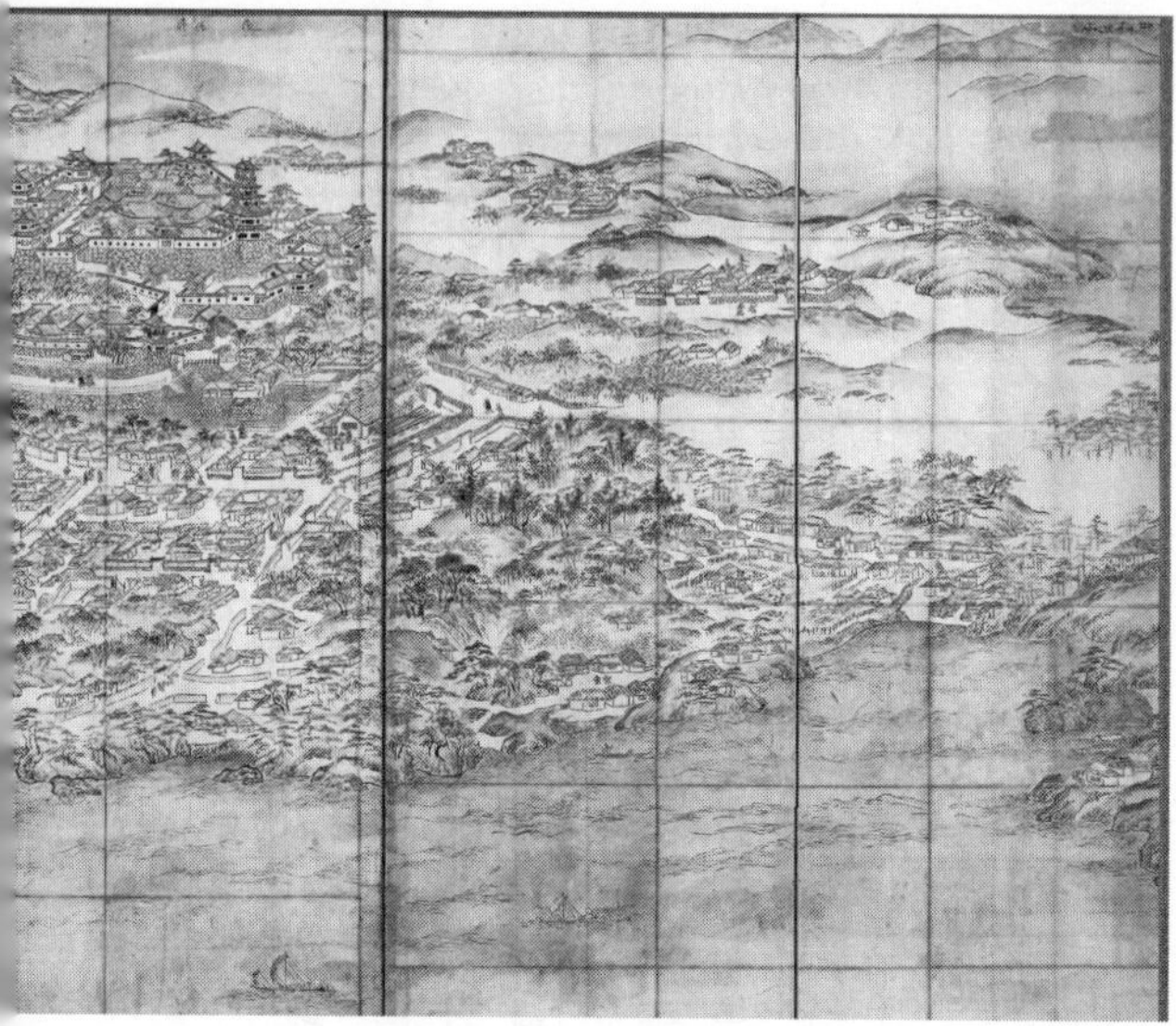

（上）『肥前名護屋城図屛風』（佐賀県重要文化財、佐賀県立名護屋城博物館蔵）。

（下）肥前名護屋城の能舞台。

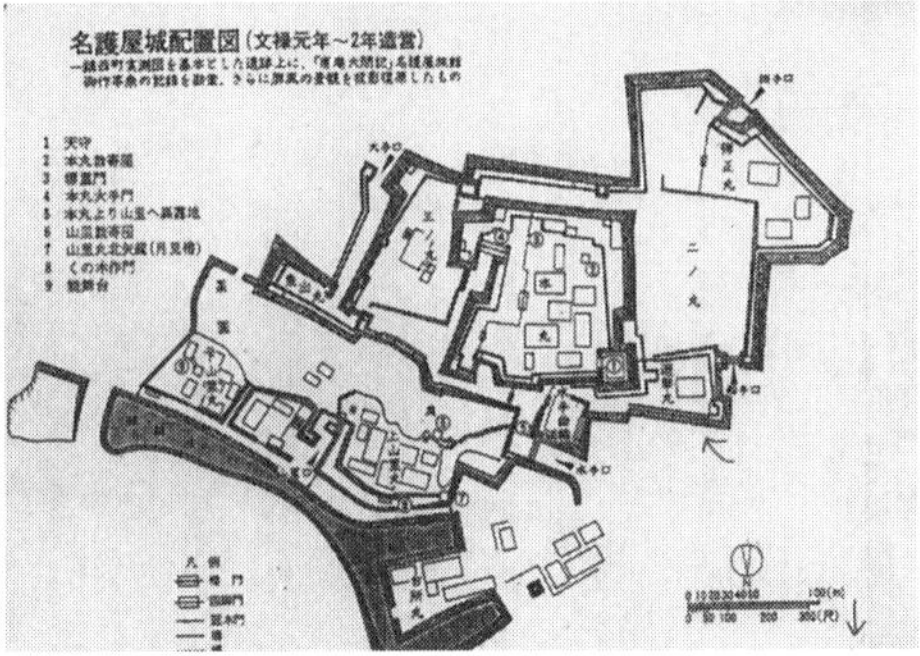

名護屋城配置図（内藤昌氏「肥前名護屋城図屏風の建築的考察」『国華』915号より）。

城図屛風』も実景をもとに制作されたものらしい。

『肥前名護屋城図屛風』には、東松浦《ひがしまつうら》半島の北端の台地にそびえる名護屋城とその城下が北の玄界灘の方角から雄大かつ克明に描かれている。城下の周囲には、入り組んだ東松浦半島周辺の景観が広がり、湾内には大型船が行き来し、そのほぼ中央に五層の天守を擁する名護屋城が配されている。実景にもとづくらしいだけに、地形をはじめ、城内や城下もかなり正確に描かれているようで、その景観は文禄二年（一五九三）五月以後のものとされている。

さて、画面は巨大な細密画のようで、そこから能舞台をさがすのは容易ではないが、能舞台は第四扇のやや上、城内と城外の境界になっている鯱鉾池《しゃちほこいけ》の上手に描かれている。そこは数寄屋《すきや》らしい茅葺《かやぶき》の小家が散在する城内の山里（数寄風流の場所）で、能舞台はその一隅に建っている。舞台は中正面の方角から橋掛りと楽屋とともに描かれているが、舞台には後座《あとざ》がなく、橋掛りは舞台の後ろからじかに伸びている。また、数寄屋のかげになっていてさだかではないが、脇座もないらしい（↓一四〇頁、下図）。

現在のように後座と脇座を備えた舞台が出現するのは江戸時代の初期のことだが、ここに描かれた舞台は安土桃山時代以前の能舞台の形なのである。

山里の能舞台

こうして、昭和四十三年に出現した『肥前名護屋城図屏風』によって、名護屋城の山里に能舞台が建てられていたことが判明する。しかし、この能舞台がいつごろ建てられて、どのように使われたかについては、残念ながらほとんどわからない。

前述のように、『甫庵太閤記』にみえる四月九日の金春大夫安照の能は本丸での催しであり、『大和田近江重清日記』にみえる五月十九日の能は二の丸（屋外）であり、『文禄慶長年間御能組』にみえる八月十三日の四座《よざ》立合能《たちあいのう》も二の丸だった。そうしたなかで、わずかにこの山里の能舞台にかかわるのではないかと思われる記事が『甫庵太閤記』にある。

これはさきに紹介した部分だが、そこでは秀吉が能の稽古をはじめたころのようすを、「はじめのほどは山里にして、お伽衆ばかり被㆓召連㆒、御稽古ありしが……」と記したあと、「五十日ばかりのうちに十五、六番おぼえたまひしが、やがて舞台にて被㆑遊候やうにと、新九郎申しけり」と記している。最初は人目につかない山里で稽古していた秀吉が、やがて人前で演じてもおかしくない程度に上達したので、暮松新九郎が「舞台」で演じるよう秀吉にすすめたというのだが、この山里でお伽衆だけを召し連れての稽古の場所がこの能舞台ではないかと思うのである。この山里では文禄元年十一月十七日に座敷開きの茶会が催されている（『宗湛日記』）から、能舞台もそのころには作られていたのかもしれない。

あるいはまた、暮松新九郎の言葉にある「舞台」が山里の能舞台をさすという解釈もできるかもしれないが、この「舞台」は本丸などの晴れの舞台ということなのではないだろうか。

『肥前名護屋城図屏風』に描かれた山里の能舞台についての資料は、現時点ではこの程度しかないのだが、名護屋城に常設の能舞台があって、それがこのように絵画の形で残されていることはまことに貴重というべきだろう。山里の能舞台は、もちろん秀吉の名護屋での能への熱中を伝える資料のひとつだが、そこには秀吉の熱中が『甫庵太閤記』のような文字資料とは異なるリアリティをもって示されているからである。

謡本百番の整理

名護屋での秀吉はたんに自身の稽古に熱中するだけではなく、金春流の能百番の詞章の整理を金春大夫安照に命じ、それを能筆《のうひつ》に清書させ、さらに安照に節付させて献上させる、ということもしている。百番もの能の詞章の整理を命じているのは、秀吉の愛好がたんに盲目的に実技に溺れるていのものではなく、秀吉が能にたいしていわば研究的な姿勢をも持っていたことを物語るものだが、そのことを伝えるのが法政大学能楽研究所の般若窟《はんにゃくつ》文庫にある慶長二年（一五九七）の年記をもつ一通の書付《かきつけ》である。そこには、最初につごう百番の能の曲名が、五十音別に六つに分類してかかげられたあとに、おおよそ次のような内容の一文が記されている。[16] 筆者の素性はまったく不明だが、名護屋に下向していた年配の能筆家のようである。

ここにかかげた百番の謡は、先年、太閤が九州に下向された折に、金春大夫安照が詞章の整理を命じられた。金春大夫は多数の先祖伝来の謡本《うたいぼん》をもって校合《こうごう》して太閤に差し上げたところ、太閤は大和中納言秀保《ひでやす》を通じて愚老に清書を下命された。私は昼夜を選ばずに清書につとめ、金春大夫がこれに節付をほどこして献上した。太閤は愚筆をご覧になって御感少なからず、私はその功によって禄物下給の朱印状を頂戴した。まことにありがたいことであった。その後、太閤は息男の秀頼公に同じような形で謡本を見せたいということで、ふたたび愚老に書写を命じられた。まもなく書写を終えて差し上げたところ、また禄を賜るという栄誉に浴した。これは身にあまることで、子孫にいたるまでの面目であった。そこで、さらに私は二度にわたって書写した謡本を校合して百番を書写して、六冊としてかたわらに置くことにした。

能筆家らしい筆者は秀吉と秀頼にたいして二度にわたり百番の金春流の謡本を書写して

献上したようで、そのあと記念のためにもう一部を書写したらしい。この書付は自身のための百番の書写が終わったときに、百番の曲名を目録としてかかげて、謡本製作の経緯を述べたものである。

ここにいう〝先年の太閤の九州下向〟が文禄元年～二年の名護屋出陣をさすことはいうまでもない。秀吉はこの書付の年記である慶長二年には朝鮮半島に二度目の派兵をしているが、これは秀吉の最晩年であり（秀吉は翌慶長三年八月に没）、このときには秀吉は名護屋に下向していない。書写が完成したあと安照が節付して献上しているから、その時期は安照が名護屋に下着した文禄二年二月下旬以後のことである。ことの発端としては、能の面白さにとりつかれて、同じ曲でも本や流儀によって文句に違いがあることを知った秀吉が、安照に金春流の詞章の整理を命じた、というような事情が想定されるが、これはそのころの秀吉が、能の詞章の流儀間の違いや変遷について気づいていたことを物語るものとして注目される。

秀頼への能楽教育

能の詞章ははやくから流儀間はもとより、同一流儀においても時代によって違いが生まれていた。それにたいしては、当然、異本《いほん》による校合が行われてきたが、ここにみえる金春大夫安照による百番の謡本の整理は、近世以前におけるまとまった能の詞章整理の事例として注目される。この金春大夫安照が先祖伝来の本をもとに詞章を整理した百番の本は、現在のところその伝存が確認されていないが、そうした金春大夫による詞章整理のきっかけを作ったのが秀吉だったのである。これは秀吉の能楽愛好の一面としていささか注意しておくべきことだろう。

この書付はまた、秀吉と金春大夫安照との親しい関係や、当時の金春流の所演曲についての好資料でもあるが、後半に記された秀頼についての記事もたいへん興味ぶかい。これが慶長二年以前のいつのことかはわからないが、秀頼は文禄二年八月三日の誕生で、慶長二年にはわずか五歳である。そのような幼少の秀頼のために、秀吉は百番の金春流の謡本を書写させた、というのである。これも秀吉の秀頼にたいする愛情とともに、秀吉自身の能楽愛好を伝えるエピソードということになろう。

以上が、現在判明しているかぎりの名護屋滞在中の秀吉と能とのかかわりのすべてである。残されている記録は断片的ではあるが、いずれもが能の面白さにとりつかれた秀吉のようすをよく伝えている。しかも、これらの能をめぐる秀吉のエピソードには、その後の秀吉の能への姿勢がすでに顕著に現われている。こうして、名護屋で約八ヵ月たらずのあいだ能に熱中していた秀吉は、禁中での演能をはじめ、能にかかわるいろいろな計画を抱いて八月十五日に名護屋を出発して大坂に戻ったのである。

第三章　文禄二年禁中能

1　文禄二年禁中能の概要

前代未聞の催し

明とのあいだに講和が成立して、秀吉が名護屋から帰坂したのは文禄二年（一五九三）八月二十五日のことである。それから約二ヵ月後に、秀吉は禁裡で自身をはじめ麾下《きか》の諸大名の出演による三日間の大がかりな能を催した。これが前代未聞の文禄二年の禁中能であるが、これが前代未聞というのはつぎの二つの点においてである。

第一に、武将という能の素人による催しであること。武将による演能自体はさきに家康についてみたとおり珍しいことではないが、禁裡でこのように大がかりな武将の能が催されたのは空前にして絶後なのである。また、秀吉のような権力者がみずから禁裡で多くの能を演じた点も空前絶後といえる。この三日間に演じられた能は二十五番だが、秀吉はこのうちの十二番のシテを演じているのである。

第二に、金春安照《こんぱるやすてる》などの専業猿楽が出演していること。上皇の御所である仙洞《せんとう》については参勤の役者の素性が問われることはあまりなかったようだが、禁裡での能はもっぱら堀池《ほりけ》・渋谷《しぶや》・虎屋といった手猿楽《てさるがく》の役者が勤め、観世や金春など古来の専業役者は参上しないという慣習があった。これは平安時代の雑芸である猿楽を源流とする専業猿楽にたいする賤視の結果であるらしい。この禁中能以前で、禁裡に手猿楽以外の役者が参上した例は、応永三十四年（一四二七）正月十二日の摂津猿楽の榎並《えなみ》の例があるが、それについては『満済准后日記《まんさいじゆごうにっき》』に、「自《より》レ昔於二禁中一猿楽、其例更以不レ可レ在。無二勿体一云々。珍事々々。諸人嚬レ眉閇レ口計也」という記事がみえる。昔より禁中での演能の例はなく、もったいないことだと諸人が眉をひそめた、というのである。この記事が物語るように、禁裡に役者が参上して能が演じられることはそもそもまれだったのである。文明（一四六九〜）ころからは禁裡でも能が頻繁に演じられるようになるが、それはもっぱら京都の手猿楽の参上だった。つまり、文禄二年の禁中能は、こうした長年にわたる禁裡能の慣習を破るものだったのである。

文禄二年十月の禁中能は、能楽史においてはこのような特異な位置にあるのだが、こうした催しを、能に親しむようになって十ヵ月にも満たない秀吉が敢行したのである。しかも、その計画は十番の能をおぼえたという三月上旬には生まれていて、周辺の武将たちに

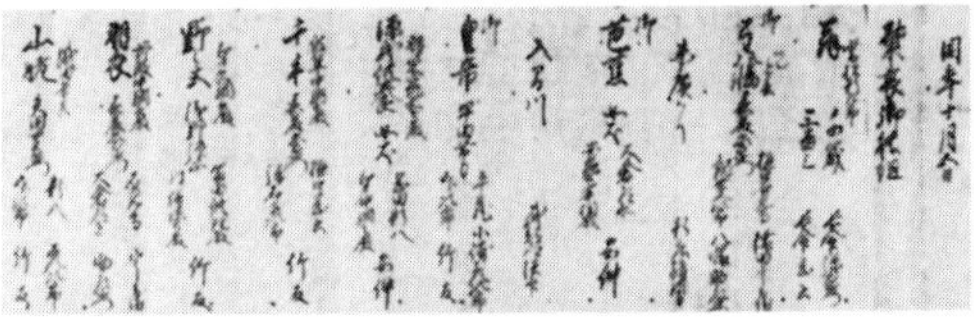

文禄２年禁中能番組（法政大学能楽研究所般若窟文庫蔵）

も吹聴されていた。さきに紹介した安威《あい》摂津守の書状には「御帰洛候ハヽ、禁中にて御能させらるへきと、御たくミにて候」とあったが、十月の禁中能はほぼそのころの計画どおりに実現したことになる。

禁裡で大がかりな素人能を催して、そこに自身も出演する、というこの禁中能の発想は、秀吉による天正十三年と十四年の禁中の茶会などに先蹤《せんしょう》がある。これらは数寄《すき》が昂じての無邪気な行動という面もあるだろうが、そこには当然、茶の湯や能のような数寄を通じて自己の権威を天下に誇示したいという願望もあったはずである。秀吉はこのあと二度も禁裡で同趣の能を催しているが、そこにも当然そうした願望があったものと思う。

なお、文禄二年のあとの禁中能というのは、文禄三年四月と慶長元年五月の催しで、いずれも文禄二年と同じく後陽成《ごようぜい》天皇の在位時代である。それぞれ二日間の催しだったが、本章ではこれらの禁中能についても紹介することになろう。

禁中能のリハーサル

文禄二年の禁中能について、そのようすをよく伝えているものに『駒井日記』がある。『駒井日記』は秀次の祐筆《ゆうひつ》だった駒井重勝の日記で、文禄年間における秀次や秀吉の動向についての基本史料の一つであるが、そこには三日間におよんだ禁中能のようすだけでなく、禁中能が実現するまでの経緯も比較的よく記されている。ここではおもに『駒井日記』をもとに、禁中能実現までの経緯をたどってみることにする。

『駒井日記』に禁中能のことがみえるのは、文禄二年閏《うるう》九月十一日条が最初で、秀吉側近の木下半介《きのしたはんすけ》からの書状（閏九月九日付）のなかに、

一、禁庭に而三日程御能可レ有由に候。

という報告がみえる。秀吉の帰坂は八月二十五日のことだから、これは名護屋から戻って一ヵ月半後のことである。

じつは、これより一ヵ月前の九月十七日と十八日に、秀吉は禁中能のリハーサルと思われる能を大坂城の西の丸で催している（『小鼓大倉家古能組』）。このときは秀吉をはじめ関白秀次・徳川家康・前田利家・小早川秀秋・蒲生氏郷《がもううじさと》・金春大夫安照・暮松新九郎が能を演じているが、これは秀次以外はいずれも禁中能の出演者なのである。秀次はこのあと熱海に湯治に出かけて、禁中能には出演していない。また、演目をみると、西の丸の能では、秀吉が《皇帝《こうてい》》《老松《おいまつ》》《松風《まつかぜ》》《三輪《みわ》》《金札《きんさつ》》などを、前田利家が《源氏供養《げんじくよう》》を、金春安照と暮松新九郎が《翁《おきな》》を演じているが、これらの能は禁中能ではそれぞれ同じ演者に

よって演じられているのである。さらに、この西の丸での能では、三日目の能は女房衆にみせるための能であったが、あとで述べるように、禁中能も三日目は女房衆を対象にした能だった。以上のことから、これが禁中能のためのリハーサルだったことは明らかであろう。秀吉は名護屋から戻るや、ただちに禁中能の準備を開始していたのである。

羽柴邸や浅野邸でのリハーサル

ここでふたたび『駒井日記』にもどると、このあと秀吉は禁中能にむけて、閏九月二十日に大坂から伏見に移っている。駒井重勝は翌二十一日には熱海の秀次に「禁庭御能之事」や「京ニテ大閤様御宿之事」などを報告している。このあと、秀吉は二十八日に京都に出て、羽柴筑前守（前田利家）邸を宿所にして、禁中能にそなえている。そして、三十日には、駒井は熱海から帰洛途中の秀次に、計画が進行中の禁中能について次のように報告している。

一、於㆓禁中㆒御能、来月三日ゟ両日被㆑遊候て中一日相くつろかれ、又一日可㆑被㆑遊との事。日数三日にて候。

一、御能過候はヽ、家康・羽筑・忠三か為㆓下国㆒由。

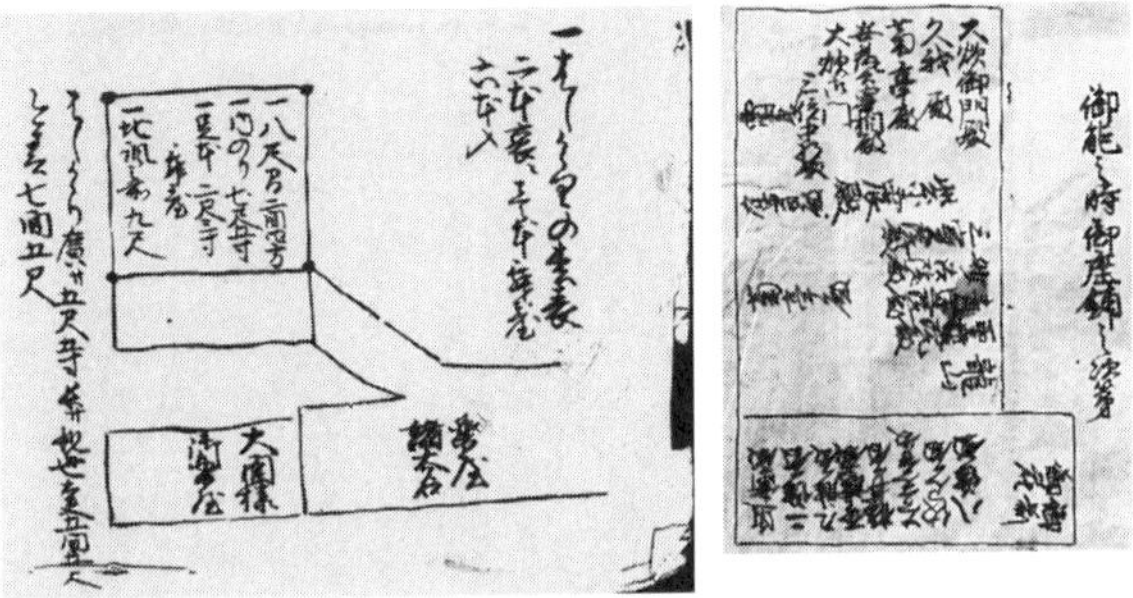

禁中能の舞台（法政大学能楽研究所般若窟文庫蔵の番組から）

すなわち、禁中能の日数は三日で、初日が十月三日、二日目が四日、三日目が六日と決まったこと、また、禁中能終了後、徳川家康や前田利家らはすぐに帰国する予定であること、が報告されている。さらに、同じ三十日条には、右の記事につづけて、秀吉の宿所になっている羽柴（前田）邸での秀吉のようすも記されている。それによると、この夜、羽柴邸では、徳川家康・前田利家・織田《おだ》常真《じょうしん》・細川忠興《ほそかわただおき》による能が催されたが、これらの能のあと、大名たちの所望によって秀吉も《定家《ていか》》《田村《たむら》》の二番を舞っている。この二番は禁中能で秀吉が演じている能だから、当然、リハーサルをかねてもいたのだろう。なお、同じ三十日の条からは、禁中能の初日の《翁》は暮松新九郎、二日目は金春大夫安照と決定したことも知られる。

しかし、右の日程はまもなく変更され、結果的には十月五日が初日で、二日目は七日、三日目は十一日という日程で催されている。三日目も十月四日の時点では九日の予定だったが、実際には十一日に延びている。

このように初日が二日ほどズレこむという状況のなか、秀吉や家康たちは十月二日の晩に浅野弾正邸でリハーサルをかねたとおぼしき能を催している。その演目は《井筒《いづつ》》秀吉、《大会《だいえ》》秀吉、《誓願寺《せいがんじ》》忠三郎、《籠太鼓《ろうだいこ》》織田常真、《野宮《ののみや》》家康、《源氏供養《げんじくよう》》細川忠興というものだったが、秀吉の《大会》と家康の《野宮》が目前にせまった禁中能のリハーサルであろう。そして、十月三日に秀吉は参内して、舞台のようすを検分しているが、そのおり秀吉は五段の舞を舞い、参内装束のまま前田利家などに橋掛りを練《ね》り歩かせたりしている。たいへん面白い記事なので、十月五日条に記されたそのさまを紹介しておこう。

一、同日四過《よつすぎ》御参内、御前之御酒過候而、舞台被レ為二御覧《ごらんぜられ》一、五段を御舞候。其外、橋懸を羽筑・羽忠三・羽与一・岐中・丹中御ねらせ被レ成候。諸公家・諸大夫畏見物。御参内装束にて。

この舞台の設営は『時慶卿記《ときよしきょうき》』によれば民部卿《みんぶきょう》法印前田玄以の担当だった。秀吉の舞はもちろん即興だろう。「五段」とあるのは、禁中で演じることになっていた《芭蕉》や

《定家》にある序の舞でも舞ったものだろうか。度をはずしたこのふるまいは、御前での御酒のあとだったことにもよるのだろうが、公家衆や諸大夫たちはこれをただ畏まって見物するばかりだったようである。

『駒井日記』に記された禁中能実現までの経緯はおよそ以上のごとくである。こうして、前代未聞の禁中能は十月五日を初日として、十月七日と十月十一日の三日にわたって催されることになったのである。

初日は四番を演じる

三日にわたる禁中能は、秀吉をはじめ豊臣政権下の武将たちを中心とする催しだったが、そこでは誰がどのような能を演じたのであろうか。ここでは三日間の番組と演者について概観して、その全体を展望しておきたい。

この能は、秀吉という一大権力者が敢行した特異な催しだけに、番組の写しが数多く伝存している。それらによって、この催しの演者と演目のおおよそは把握できるが、細部になると、演者では囃子方などに異同があり、また演目では狂言に異同がはなはだしく、全体にわたっての演者と演目の確定はかなりむつかしい。たとえば、『駒井日記』には初日の番組が記されており、この催しに実際に接した近衛《このえ》信尹《のぶただ》の『禁中猿楽御覧記』には初日

◎初日〔十月五日〕
《翁《おきな》》　暮松新九郎
《弓八幡《ゆみやわた》》　秀吉（ツレ金春安照）
狂言《枕物狂《まくらものぐるい》》　前田玄以・新庄駿河守・大蔵虎政
《芭蕉《ばしょう》》　秀吉（小鼓　毛利輝元）
《皇帝》　秀吉（ツレ織田秀信）
《源氏供養《げんじくよう》》　前田利家（小鼓　徳川秀忠）
狂言《腹不立《はらたてず》》　大蔵虎政・長命甚六・大蔵虎清
《千手重衡《せんじゆしげひら》》　織田秀信
《野宮《ののみや》》　徳川家康（ワキ浅野長政）
《羽衣《はごろも》》　小早川秀秋
《山姥《やまんば》》　織田常真
《三輪《みわ》》　秀吉（太鼓　細川幽斎）

◎二日目〔十月七日〕
《翁》　暮松新九郎
《老松《おいまつ》》　秀吉
《定家《ていか》》　秀吉
《鵜飼《うかい》》　蒲生氏郷
狂言《耳引《みみひき》》　秀吉・徳川家康・前田利家

と二日目の番組が記されている。つまり、初日と二日目については信頼度の高い資料が存在しているのだが、この両者にさえ囃子方などには異同がある。信頼度の高い資料にこうした違いがあるのは、予定の変更や記録者の勘違いなどによるのだろうが、ここでは確定が容易な演目とシテ役者だけを上のようにかかげてみた。また、とくに注意すべき共演者などがある場合には、カッコ内に注記することにした（『翁』は数えていない）。

まず、初日は能が九番、狂言が二番演じられたが、秀吉はそのうちの四番の能を演じている。《翁》は予定どおり暮松が演じた。《弓八幡》では金春大夫をツレに従えているのも注目される。もっと

《遊行柳《ゆぎょうやなぎ》》　細川忠興
狂言《鞍馬参《くらままいり》》　大蔵虎政・長命甚六
《大会《だいえ》》　秀吉
《楊貴妃《ようきひ》》　宇喜多秀家
《東岸居士《とうがんこじ》》　小早川秀秋
◎三日目〔十月十一日〕
《翁》　金春安照
《呉服《くれは》》　秀吉（ツレ金春安照）
狂言《御年貢《みねんぐ》》　大蔵虎政・長命甚六
《田村《たむら》》　秀吉
狂言《祐善《ゆうぜん》》　前田玄以・新庄駿河守
《松風《まつかぜ》》　秀吉（ツレ金春安照）
《江口《えぐち》》　前田利家
《雲林院《うんりんいん》》　徳川家康
《杜若《かきつばた》》　秀吉
《紅葉狩《もみじがり》》　織田常真
《通小町《かよいこまち》》　織田秀信（ワキ浅野長政）
《金札《きんさつ》》　秀吉

禁中能の番組一覧

も、初日のこの日は予定では能は十一番が演じられるはずだったが、降雨のため最後の二番が取りやめになっている。その二番は《遊行柳《ゆぎょうやなぎ》》（シテは細川忠興）と《鵜羽《うのは》》（シテ羽柴忠三郎）である。現在からみると、演じられる曲数が多いことや、秀吉のように一人が何番もシテを勤めることが目を引くが、当時はこれがふつうだった。

この日の能にたいして、禁裡からシテを勤めた武将たちに三百貫文が下された（『駒井日記』など）。これは暮松新九郎と金春大夫がまかり出て拝領したが、その分配は秀吉に任せられた、という(1)。

三座の大夫に地謡を命じる

二日目は能は七番、狂言は二番が演じられた。このうち秀吉は能三番のシテを演じ、狂言一番に出演している。この日の《翁》は『駒井日記』によれば金春安照の予定だったが、初日に引き続き暮松新九郎が勤めている。

この日は、秀吉の命令によって、秀吉が演じた能の地謡《じうたい》は観世・宝生・金剛三座の大夫が勤めたらしい(2)。秀吉は自分の三番の能を三座の大夫の地謡（合唱）という豪華版で演じたのである。現代では流儀を異にする役者が同じ能の地謡を勤めることなどはとうてい無理なのだが、このときは三座の大夫の合唱はいちおう可能だったのだろう。当時の流儀間の謡の違いが現代よりはるかに小さかったことがここにうかがえる。また、ここで金春大夫安照だけが地謡への出勤を命じられていないのは、やはり特別待遇とみてよいだろう。なお、このときの安照は三日目の《翁》を演じているだけで、それ以外では、秀吉の能のツレを勤めているにすぎない。この禁中能はあくまでも秀吉たち武将が中心だったのである。

女房たちに見せる

三日目の能は、それまでとは趣向を変えて、禁裡の女房たちに見せるために催されたものである。『駒井日記』には「女共計《ばかり》見物」とあり、『時慶卿記《ときよしきょうき》』には「今日ハ女房共ノ見物斗歟。庭上ニ男ハ警固一人モ無レ之」とある。この日は能が九番、狂言が二番。秀吉はそのうち五番の能を演じている。初日の《弓八幡》同様、《呉服《くれは》》と《松風《まつかぜ》》では金春大夫安照をツレに従えている。なお、熱海に湯治に行っていた秀次はこの日に帰洛している。帰洛がもうすこし早ければ、秀次も当然この禁中能に出演していたのだろう。

紫宸殿前の舞台

ことのついでに、この禁中能で用いられた舞台についても述べておこう。舞台は紫宸殿《ししんでん》の前庭に建てられた。設営は民部卿法印前田玄以が命じられた。『時慶卿記』文禄二年九月六日条に、「民部卿法印ハ能舞台、楽屋以下、被二申付一候」とある。このときの舞台については、多くの写本が残る『文禄二年禁中能番組』のなかに、末尾に舞台や楽屋の平面図を付載したものがあって、そのようすを具体的に知ることができる。一五五頁にかかげた図は法政大学能楽研究所のものだが、規模は二間四方で、もちろん地謡座のない舞台である。楽屋は「太閤様御楽屋」と「楽屋諸大名」とに分けられている。また、見物席である紫宸殿には、近衛・二条・九条・鷹司《たかつかさ》などの摂家《せっけ》、西園寺《さいおんじ》・菊亭《きくてい》・大炊御門《おおいみかど》などの清華《せいが》家《け》、聖護院《しょうごいん》・青蓮院《しょうれんいん》などの門跡が居並び、一番奥に後陽成天皇の御座がある。これでみると、『禁中猿楽御覧記』に豊富な寸評を残した近衛信尹《のぶただ》はもっとも舞台に近いところで見物していたことがわかる。

出演者点描

数多く残されている番組によると、文禄二年の禁中能の出演者は五十人ほどであるが、ここにはいろいろな階層の人々が混在している。大きく分ければ、それは武将（およびその家臣）と役者になるが、役者のほうはさらに、大和猿楽の観世座や金春座など古来の座に所属している役者と、そうした座の出身ではない役者の二種類に分けられる。このうち、古来の座に属していない役者は古くから「素人」と呼ばれているが、これは現代でいう素人のことではなく、出自が古来の座の所属ではないというだけで、恒常的に役者として活動していた、れっきとした専業役者のことをさしている。京都の町衆や武士の出身で、ふつうは「手猿楽」と呼びならわしている「渋谷《しぶや》」「虎屋《とらや》」「堀池《ほりけ》」といった能役者もこの意味の「素人」なのであるが、要するに、この禁中能の出演者は、

（1）能については純粋に素人である武将（およびその家臣）。
（2）能の専門家たる古来の猿楽座所属の役者。

（3）能の専門家だが古来の猿楽座の出身ではない「素人」役者。

の三つに分類できる。

こうした階層を異にする人々の共演によって催されたのが文禄二年の禁中能なのである。能はそもそも素人と玄人の交流が密な芸能なのであって、両者が入り混じっての催しは、能の歴史を通じて頻繁に認められるところである。たとえば、徳川幕府や近世の諸藩における私的な能などはこうした両者混在の形で行われることが多かったし、戦前まであった「紳士能」なども同様の例だろう。(3) 現在でも、素人の能楽愛好者が内輪の会などで能役者の助演を得て能を演じることがあるが、それも、素人と玄人とが入り混じって能を楽しんできた歴史のなごりなのである。そして、この文禄二年の禁中能は、純粋の素人である武将と玄人能役者に加え、能を専業としていた「素人」も参加している点で、安土桃山時代の能の実態を示す恰好《かっこう》の事例となっている。しかも、さいわいなことに、この文禄二年の禁中能については、多くのワキやアイ狂言や囃子方の名前までが判明しているので、それによって素人と専門役者の共演の実相が知られるし、また、当時の武将やその家臣たちがいかなるかたちで能を愛好していたかを見渡すこともできる。つまり、これは秀吉の周辺の状況ではあるが、同時にほぼ安土桃山時代の能の縮図にもなっているのである。

そうしたことを理解してもらうために、以下にはこの禁中能の出演者を右の三つの階層に分類して、それぞれに点描を試みておくことにする。ただし秀吉は省略し、事績不明の人物も一部省略した。なお、説明文中、近衛信尹の批評というのは、この禁中能を見物していた近衛信尹の『禁中猿楽御覧記』にみえる批評である（カッコ内は出演した演目、数字は演能日）。

■武将とその配下たち

浅野長政〔①野宮、③通小町〕

秀吉麾下《きか》の武将で、五奉行の一人。ワキが得意だったようで、ここではもっぱらワキを演じている。文禄四年（一五九五）五月十六日に伏見の自邸に秀次を招いたときも下間少進の《女郎花《おみなめし》》のワキを勤めている。

岩井（祝）弥三郎〔①弓八幡、①芭蕉、①三輪、②老松、②定家、②大会〕

秀吉の近習。もとは織田常真《じょうしん》に仕えていたが、秀吉没後は秀頼に仕えた。狂言をもっぱらとしたようで、このときの出演はすべて秀吉がシテを演じた能のアイ狂言である。このときのアイ狂言は近衛信尹にほめられている。また、名護屋では文禄二年（一五九三）四月九日の本丸での能で狂言《釣狐《つりぎつね》》を演じている。

岩本雅楽《うた》〔①弓八幡、①皇帝、②老松、③紅葉狩《もみじがり》〕

秀吉の近習らしい。文禄三年（一五九四）正月には「謡衆」として定期的に大坂城に詰めることを命じられている（『富岡文書』）から、謡を得意としたようである。慶長期に岩本雅楽が節付《ふしづけ》をした百番の謡本が法政大学能楽研究所に伝存している。この禁中能の《弓八幡《ゆみやわた》》《皇帝《こうてい》》《老松《おいまつ》》ではワキツレを、《紅葉狩》ではシテツレを勤めたらしい。

宇喜多秀家〔②楊貴妃《ようきひ》〕

岡山城主で、五大老の一人。《楊貴妃》ではシテを演じている。これは近衛信尹によって「所存之外見事也」とほめられている。文禄三年（一五九四）には大坂城での能や秀吉の吉野山参詣のさいにシテを演じているが、能はなかなか達者だったらしい。関ヶ原後に八丈島に流され、在島五十年にして没。

織田常真《じょうしん》〔①山姥《やまんば》、③紅葉狩〕

織田信長の次男信雄《のぶかつ》。尾張・伊賀・南伊勢の領主。若年から能に親しんでおり、そうとうの達者だったらしい。この禁中能で二番のシテを演じているのもその現われだが、《山姥》については近衛信尹が「常真、御能無㆓比類㆒。扇あつかひ殊勝〳〵」と激賞している。禁中能の前後には秀吉・秀次関係の催しや文禄五年（一五九六）の自邸での演能が知られるが、関ヶ原以後は京都の能楽界に重きをなしたようで、京都の素人役者の編になる近世初期の『観世流仕舞付』には頻繁にその演技が記されている（↓序章注10）。

織田秀信《ひでのぶ》〔①皇帝、①千手重衡、③通小町《かよいこまち》〕

信長の長男信忠《のぶただ》の子で、本能寺の変後の清洲《きよす》会議で信長の後継者とされた人物。岐阜城主。このとき十四歳。《千手》《通小町》はシテ、《皇帝》はツレ。能好きの父信忠（本能寺の変で没）の感化で堪能だったのだろう。《千手》は相手役のツレ（平重衡《しげひら》）も小姓で、少年だったらしい。

蒲生氏郷〔②鵜飼《うかい》〕

会津若松城主。《鵜飼》はシテ。この《鵜飼》は近衛信尹から「見事也」とほめられている。文禄三年（一五九四）十月には京都の自邸に秀吉や大名衆を招いて金春大夫などの能を催しているが、会津若松城でもよく能を催していたらしい（『観世流仕舞付』）。『老人雑話』には秀吉が氏郷に謡本を一番書いてくれと頼んだという逸話がみえている。二年後の文禄四年に四十歳で没。

木下与右衛門〔①翁〕

秀吉近習の木下周防守延重。この《翁》では三番叟《さんばそう》を勤めているから、狂言を得意としたのだろう。

甲田《こうだ》帯刀《たてわき》〔①皇帝、①三輪、②老松、②東岸居士、③田村〕

秀吉の近習らしい。謡やワキをもっぱらとしたようで、このときの五番もすべてワキで、うち四番は秀吉の能である。《皇帝》のワキは近衛信尹によってほめられている。また、秀吉が文禄三年（一五九四）三月一日に吉野蔵王堂前で演じた新作能《吉野詣》でもワキを勤めている。師はワキの名手観世小次郎元頼だった（『四座役者目録』）。

小早川秀秋〔①羽衣、②東岸居士《とうがんこじ》〕

北政所の甥で、北政所と秀吉に取り立てられて育ち、文禄三年（一五九四）に小早川隆景《たかかげ》の養子となる。慶長の役での軽率な行動によって秀吉の怒りを買い、関ヶ原では西軍を裏切ったことは著名。《羽衣》《東岸居士》ではシテを演じる。このときは十二歳だった。文禄三年には大坂城や吉野山でも《葛城《かづらぎ》》や《三輪》のシテを演じている。

下村宗和《そうわ》〔②定家、②鵜飼、②大会、③杜若〕

秀吉の近習下村徳左衛門のことらしい。ワキの名手観世小次郎元頼を師としたことが『四座役者目録』から知られ、観世流の謡本（下村識語本）も書写している。ここでは《鵜飼》以外は秀吉の能のワキを勤めている。文禄二年（一五九三）正月の秀吉朱印状で名護屋に下向を命じられている「下村入道」も同人だろう。

新庄駿河守〔①枕物狂、③祐善〕
　秀吉麾下《きか》の武将で、文禄四年（一五九五）から高槻城主。狂言を好んだらしく、ここではいずれも前田玄以を相手に狂言に出演している。
徳川家康〔①野宮《ののみや》、②耳引《みみひき》、③雲林院《うんりんいん》〕
　初代の徳川将軍。人質として駿河今川氏のもとにあった時代から能に親しんでいて、生涯を通じて能を愛好した。このとき五十二歳。そうした経歴にふさわしく、このときの《野宮》（シテ）は故実をふまえた玄人顔負けのものだった（↓一八二頁）。もうひとつの《耳引》は狂言。これは秀吉・前田利家との共演（↓一八〇頁）。
徳川秀忠〔①源氏供養《げんじくよう》〕
　第二代の徳川将軍。家康の三男。このときは十五歳で、前田利家の《源氏供養》の小鼓を打っている。家康同様に生涯能を愛好し、晩年には喜多流を樹立した喜多七大夫を後援した。能については高い鑑賞眼を持っていたことが『徳川実紀』にみえる。能楽が徳川幕府の式楽として整備されたのも秀忠時代のことである。
永井右近〔②遊行柳《ゆぎょうやなぎ》、③雲林院、③紅葉狩《もみじがり》〕
　家康の側近にあって、能奉行・役者奉行のような職務にあたっていた人物。ここでは細川忠興の《遊行柳》のワキ、家康の《雲林院》のワキ、織田常真の《紅葉狩》のツレを勤める。《遊行柳》のワキは近衛信尹からほめられている。寛永二年（一六二五）没。

細川幽斎《ゆうさい》〔①三輪、②遊行柳〕

もと室町幕府の幕臣で、このときは丹後の領主。能以外にも和歌・連歌・茶などの諸道に通じた文化人で、能では太鼓に堪能だった（↓四六頁）。このときは秀吉の《三輪》と嫡子忠興《ただおき》の《遊行柳》の太鼓を打って、ともに近衛信尹からほめられている。

細川忠興《ただおき》〔②遊行柳〕

細川幽斎の長男。越中守、三斎。若年より観世流の能に親しむ。この《遊行柳》（シテ）はもとは初日に予定されていたもの。このとき三十一歳で、このころは居城があった丹後で頻繁に能を演じている（↓五〇頁）。

前田玄以〔①枕物狂、③祐善〕

秀吉政権下の京都所司代。民部卿法印、徳善院。五奉行の一人。このときはすべて狂言に出演しており、狂言を好んだらしい。

前田利家〔①源氏供養、②耳引、③江口〕

加賀金沢城主。五大老の一人。《源氏供養》ではシテを演じている。みずから演じるのが好きだったようで、この禁中能の前には秀吉関係の催しで《西行桜《さいぎょうざくら》》《松風》

《山姥《やまんば》》などを演じている。狂言《耳引》は秀吉・家康との共演。慶長四年（一五九九）没。

毛利輝元〔①芭蕉《ばしょう》〕

広島城主。五大老の一人。天正十年（一五八二）以降秀吉に従い、天正十八年には秀吉を京都の自邸に招いて金春安照の能で饗応している。禁中能では秀吉の《芭蕉《ばしょう》》の小鼓を打っているが、その技量は近衛信尹をはじめ見物の諸人を驚かした。

矢田半右衛門〔①山姥〕

秀吉の近習らしい。ここでは織田常真の《山姥》のワキを演じている。文禄三年（一五九四）正月には秀吉から「謡衆」として大坂城に詰めるよう命じられている。

山岡如軒《じょけん》〔①芭蕉、①源氏供養、③松風〕

秀吉の近習（馬廻り）で、このときは秀吉の《芭蕉》《松風》、前田利家の《源氏供養》のワキを勤める。《源氏供養》は近衛信尹によって「すくれ候」とほめられている。文禄三年（一五九四）正月には秀吉から「謡衆」として大坂城に詰めるよう命じられている。

■古来の座所属の役者

弥石《いやいし》与次郎〔①翁、①千手、②翁、②鵜飼、②東岸居士〕
観世座の小鼓役者。名護屋にも下向。下手と伝えられる。

大蔵道知〔①芭蕉〕
金春座の大鼓役者。大蔵平蔵の父で名手とされる。このときは七十六歳の高齢だったが、近衛信尹によって「今年ノ出来事、催二感涙一はかりにて候し」と激賞されている。

大蔵道意〔①羽衣、②定家、②楊貴妃、③松風、③江口、③杜若、③紅葉狩〕
金春座の小鼓役者。大蔵道知の弟で、慶長十九年（一六一四）没。

大蔵平蔵〔①皇帝、②翁、②老松、②大会、②楊貴妃、③田村、③金札〕
金春座の大鼓役者。大蔵道知の子。名護屋にも下向して金春安照の能に出演している。《皇帝》や《翁》の鼓が近衛信尹からほめられているように、達者だったらしい。慶長十年（一六〇五）に三十二歳で没している。

大蔵虎政〔①枕物狂、①皇帝、①腹不立、②鞍馬参、②大会、③御年貢〕
金春座の狂言役者。『わらんべ草』を著した大蔵虎明の祖父。名護屋にも下向している。

大蔵虎清〔①腹不立、①野宮〕
金春座の狂言役者。虎政の子で、名護屋にも下向している。正保三年（一六四六）没。

観世又次郎〔①翁、①弓八幡、①三輪、②翁、②遊行柳、②大会、③翁、③呉服〕

観世座の小鼓役者。道叱。秀吉ひいきの観世彦右衛門（宗拶）の子で、やはり秀吉の後援を受けていた役者（↓五八頁）。名護屋にも下向している。寛永四年（一六二七）没。

幸五《こうご》郎次《ろうじ》郎《ろう》〔①翁、①皇帝、①山姥、②翁、②老松、③田村、③通小町、③金札〕

金春座の小鼓役者。もとは宇治猿楽の幸座の流れを引く役者。かなりの達者だったようだが、京の傾城《けいせい》（遊女）に《道成寺》の「乱拍子《らんびょうし》」や《猩々《しょうじょう》》の「乱《みだれ》」の鼓を教えたりして、役者仲間の顰蹙《ひんしゅく》を買っている。名護屋にも下向している。寛永三年（一六二六）没。

金春安照〔①弓八幡、③翁、③呉服《くれは》、③松風〕

金春大夫。秀吉ひいきの役者で、当時の能界を代表する役者。このときの《弓八幡》《呉服》《松風》はすべて秀吉のツレで、能のシテは演じていない。元和七年（一六二一）没（↓八八頁）。

春藤《しゅんどう》 六右衛門〔①弓八幡、①千手、①羽衣、②楊貴妃、③呉服、③紅葉狩、③金札〕

金春座のワキ役者。名手だったらしい。名護屋にも下向している。

長命《ちょうめい》 甚六〔①翁、①腹不立、②鞍馬参、②大会、③翁、③御年貢〕

金春座の狂言役者。南山城を拠点にしていた長命猿楽の流れを引く役者で、大蔵虎政の弟子。名護屋にも下向している。

■古来の座の所属ではない専業役者

石井弥一〔②鵜飼〕

京都住の大鼓役者。樋口石見《ひのくちいわみ》の弟子。能の大鼓はよくなかったが、囃子〔音楽だけの演奏〕は見事だったと伝える。

伊藤安中《あんちゅう》〔①芭蕉、①野宮、②定家《ていか》、②遊行柳、②楊貴妃、③杜若〕

素性不明の笛役者。信長や秀次の催しにも出演して、ときどきよい笛を吹いたというが、笛は異風だったらしい。このときの《定家》は、近衛信尹によってほめられている。

暮松新九郎〔①翁、②翁〕

山崎八幡宮の神職で、金春流のシテ役者。ここでは《翁》と秀吉の《弓八幡》の「添え声」を演じている。秀吉の能楽愛好の火付け役。天正十九年(一五九一)ころには秀吉に近侍していたらしく、秀吉が能に熱中している間は、秀吉の能奉行のような地位にあったらしい(→二九八頁)。

貞光竹友《さだみつちくゆう》〔①三輪、①皇帝、①千手、①山姥、③松風〕
観世座の笛の名手笛彦兵衛の弟子だった千野《ちの》与一左衛門の弟子。笛の調子についての故実に詳しく、金春安照が調子について無知なのを嗤ったり、喜多七大夫などに故実を教えたりしたという。慶長十年代まで活動。

七大夫〔②遊行柳〕
山崎出身の大鼓役者。樋口石見と肩をならべる打ち手だったが、樋口には及ばなかったらしい。異風な演奏を好んだという。

津田右兵衛〔①弓八幡、①皇帝、①羽衣、②老松、②大会、③呉服、③杜若、③金札〕
山崎出身の太鼓役者。たいした打ち手ではなかったが、他にこれという太鼓役者がいなかったために、実力以上に重用されたという。名護屋にも下向している。

東寺《とうじ》の小四郎〔②鵜飼〕
太鼓役者。天正～慶長ころに活動。

樋口石見守《ひのくちいわみのかみ》〔①翁、①弓八幡、①三輪、②定家、③翁、③呉服、③松風、③杜若、③紅葉狩〕
山崎出身の大鼓役者。家業は樋口屋《ひのくちや》という革屋だったらしいが、一を聞いて十を知るという才能の持ち主で、師匠の高安与兵衛（観世座の大鼓役者）がくさって教えなくなった、という逸話がある。艶のある鼓だったらしい。秀吉のひいき役者。このときはほとんどが秀吉の能への出演である。名護屋にも下向している（↓五五、五九頁）。

樋口甚六〔①千手、①羽衣、②東岸居士〕

樋口石見守の養子。大鼓役者。まずまずの腕前だったが、早世したらしい。

森助左衛門〔①千手〕

山崎出身の笛役者。名護屋にも下向している。

以上が出演者の横顔である。このほかにも、この禁中能には奈良の春日社の禰宜《ねぎ》役者も参加して、初日の秀吉の《弓八幡》や二日目の蒲生氏郷の《鵜飼》のワキヅレ、三日目の織田常真の《紅葉狩》のアイなどに出演したようである。禰宜役者は名護屋にも召し下されていたし、このあとも文禄三年（一五九四）正月には秀吉から大坂城に詰めるように命じられている（後述）。奈良の禰宜役者たちも秀吉愛顧の役者の一員だったのである。

さて、このように禁中能の出演者を紹介してみて、改めて興味ぶかく思われるのは、玄人と素人の区別があまりないように思われることである。このあと紹介する近衛信尹の批評にしても、出演者をその身分の別なくすべて同じ基準で評価しようとしているように思われる。そこには、さまざまの階層の人々が能という半古典劇を軸にして集い、たがいに技を競い楽しむ、という雰囲気が感じとれるが、それが当時の能をめぐる環境の一面だったのである。

2　文禄二年の禁中能の諸相

「添え声」と「ほめ役」

三日間に演じられた能は二十五番で、秀吉が演じた能は十二番であった。秀吉が演じた役はすべてシテで、ツレやワキや囃子は担当していない。いま、あらためてその曲目を列挙すると、初日が《弓八幡》《芭蕉》《皇帝》《三輪》、二日目が《老松《おいまつ》》《定家》《大会《だいえ》》、三日目が《呉服《くれは》》《田村》《松風》《杜若《かきつばた》》《金札《きんさつ》》となる。全演目の約半数を演じているわけで、前代未聞のこの催しの目的が、秀吉が自身で能を上演することにあったのは明らかだろう。また、この十二番には、名護屋で三月上旬ころまでにおぼえたという十番のうちの八番がふくまれている。稽古をはじめて十ヵ月たらずであるから、それは当然のことであろう。全体としてみると、世阿弥や禅竹の作になる心理劇的な遊舞能《ゆうぶのう》が多いが、三月以降におぼえたらしい《皇帝》と《大会》はそれとは趣を異にする、活劇的な能である。いわゆる「能らしい能」から取り組みはじめ、しだいに曲柄を広げていった、ということになるであろうか。

　これら秀吉が演じた能の実態について伝えているのが近衛信尹の『禁中猿楽御覧記』である。あとでも述べるように、ここにはきわめて専門的なレベルでの評が数多く書き留められているのだが、秀吉の能についてもいくつか興味ふかい事柄が記されている。

　たとえば、初日の脇能《わきのう》の《弓八幡》はツレに金春大夫安照を従えての上演だったが、『禁中猿楽御覧記』をみると、「大夫　大閤相国《しょうこく》」の脇に「ソヘ声くれ松」という注がある。シテの秀吉の謡を暮松新九郎が「添え声」で助けたというのである。「添え声」などという役はもちろん現在の能にはないが、当時とてもそんな役はなかったと思われる。[4]《弓八幡》のような夢《む》幻能《げんのう》の前場は、現在でもシテの謡がよくないと見栄えがしないものだが、夢幻能を比較的多く演じている秀吉は、こうした「添え声」をつけることが多かったのかも知れない。

　ところで、この《弓八幡》について、近衛信尹は「抑大閤御能神変奇特也」と評価している。信尹はまた、二日目に秀吉が演じた《定家》についても、「是までのはやし、御能、催二感涙一はかり也」と激賞している（「御能」が秀吉の《定家》のこと）。そういえば、秀吉の能は安威《あい》摂津守が名護屋から出した書状のなかでも、「三国無双、見事さ筆にも難レ尽候」と評価されていた。こうした評価は権力者にたいする外交辞令とみておくのが、まずは妥当だろう。能の稽古をはじめて十ヵ月たらず、しかも五十七歳という年齢を考えれば、そう理解するのが自然で、暮松の「添え声」も秀吉の芸が拙劣な素人芸だったことを思わせる。しかし、このように日記や書状という私的な文書のなかで、秀吉の能を高く評価したものが複数あることに接すると、秀吉の能にはどこか見る人を感嘆させるものがあったのではないか、とも思われてくる。当時の能が現在よりはるかに軽い芸だったことを考えると、秀吉の能についてはむしろそのように考えるべきなのかもしれない。少なくとも、秀吉の能は箸にも棒にもかからないといったていのものではなかったようである。

なお、この禁中能では秀吉は自身の能についての「ほめ役」を指名していた。西洞院時《にしのとういんとき》慶《よし》もその一人で、『時慶卿記』の文禄二年十月七日条には「今日は某《それがし》モ大閤御能誉申《ほめもうす》人数也」とみえる。同記にはこのあと「大閤御気色アリ」とあって、秀吉は「ほめ役」の褒め言葉に上機嫌だったらしい。「ほめ役」というと、室町幕府の観世大夫の能の際に、田楽《でんがく》の役者と近江猿楽の日吉《ひえ》座の役者がほめ役として伺候《しこう》していたことが想起されるが（→三五頁）、この「ほめ役」の指名などは、秀吉が（客観的にはともかくとして）自分の能にかなりの自信を持っていたことを窺わせる。

秀吉の《芭蕉》と《大会》

さらに『禁中猿楽御覧記』をみてゆくと、初日の《芭蕉》には、「後の御出たり。目にとまり候」という注記がある。これは《芭蕉》の前場《まえば》を省略したか、別人に演じさせたかして、秀吉は後場《のちば》だけ出演したという意味のようにとれるが、この「出たり」は「出たち」が正しかろう。《芭蕉》は金春禅竹の作品。楚の国の山中を舞台にとり、芭蕉葉《ばしょうば》の精をシテとした能。神仏はあらゆる事物に宿るという天台本覚《てんだいほんがく》思想に則って、草木成仏をテーマにした異色の作品である。前場には芭蕉葉の精が里女の姿で登場し、後場には女姿の芭蕉葉の精が登場する。その後場の出立ちが目をひいたというのである。

また、二日目の《大会》には、「大閤、ヒタ面」とある。「ヒタ面」は「直面《ひためん》」のことで、面をつけないで素顔で演じることである。《大会》はなかなか愉快な内容の能で、天狗が命を助けてくれた比叡山の僧への報恩のため、幻術によって天竺の釈迦の説法（大会）の場面を再現する。天狗は僧に、これは幻術だから決して敬恭《けいぎょう》してはならないといってから釈迦の説法の場面を見せるが、僧が天狗との約束を忘れて賛嘆の声をあげたために、帝釈天《たいしゃくてん》の怒りをかい、釈迦に扮していた天狗が追いちらされる、という内容の能である。前ジテは山伏姿の天狗、後ジテは前半が釈迦の姿で、途中から天狗に変身する。この場合、秀吉が直面で演じたのが前ジテなのか後ジテなのかが問題となるが、後ジテの釈迦や天狗を直面で演じたとは考えがたいから、これは前ジテのことと思われる。もっとも、前ジテの山伏は古来直面で演じられており、前ジテが直面だったことをわざわざ書き記す理由はないようにも思われるが、秀吉という権力者が素顔で舞台に立ったということが信尹には驚きだったのだろう。秀吉が演じた十二番のうち、直面の役柄は《大会》の前ジテだけなのである。

『禁中猿楽御覧記』が伝える秀吉の演能についての記事は以上ですべてである。《弓八幡》の「添え声」などは権力者なるがゆえに可能だったのだろうが、当時の能にはそうした破格な演じ方を許容する自由な面があったことも、注意しておいてよいことだろう。(5)

狂言《耳引》を演じる

秀吉は能だけでなく、狂言も演じている。『禁中猿楽御覧記』によれば、二日目の蒲生氏郷の《鵜飼》のあとに、「大閤・家康・筑前、三人つめ（詰）の狂言」と記されている。ここには具体的な曲名が記されていないが、他の伝存番組によれば、この狂言は《耳引《みみひき》》となっているので、ここで演じられた狂言は《耳引》と考えられる。これを秀吉は家康と前田利家とともに演じているのである。

この《耳引》という名の狂言は現在は存在していないが、耳を引っ張る場面のある現行の《口真似《くちまね》》か《居杭《いぐい》》のいずれかのことらしい。

《口真似》は、すべて自分のいうとおりにせよという主人の命令を、馬鹿正直に受け取った太郎冠者《たろうかじゃ》が引き起こす笑劇。主人から酒の相手をつれてこいといいつけられた太郎冠者が有名な酒乱の男をつれてきてしまう。主人はその酒乱の男をおだやかに帰そうと、何事も自分のいうとおりにするよう太郎冠者に命じるのだが、太郎冠者は主人の一挙手一投足をことごとくまねるので、大混乱となる。そのなかで主人が太郎冠者の耳を引っ張り、それをまねた太郎冠者が酒乱の男の耳を引っ張る場面がある。

《口真似》太郎冠者・善竹隆司、客・善竹忠一郎

また、もうひとつの《居杭》は、それをかむると姿がみえなくなる頭巾をめぐる笑劇である。「居杭」というのは男の名で、彼が清水の

観音から授かった隠れ頭巾によってドタバタ劇が展開するのだが、この狂言でも居杭がひごろ目をかけてくれる人の耳を引っ張る場面がある。

秀吉が家康と前田利家を相手に演じた《耳引》が、このいずれかは決定的な決め手がない。明治三十一年に京都の阿弥陀ガ峰で催された秀吉の三百年祭で《耳引》の名で《口真似》が上演されているのは、《口真似》が文禄二年の禁中能の《耳引》のことだという判断からだろうが、《口真似》が《耳引》だと断定はできない。《口真似》と《居杭》はいずれも登場人物は三人であり、また、両曲とも禁中能以前から演じられていた狂言であるため、断定がむつかしいのである。しかし、いずれにしても、右に述べたような内容の狂言を当時の大権力者である三人が、後陽成天皇の御前で共演しているのは、まことにおおらかで面白い。

この禁中能では、秀吉・家康・利家のほかにも、前田玄以と新庄駿河守が狂言を演じている。初日の《枕物狂《まくらものぐるい》》と三日目の《祐善《ゆうぜん》》がそれである。

この二人は能にはまったく出演していないから、この禁中能では狂言専門の形である。よほど狂言が得意だったのだろう。

このように、当時の武将は能とともに狂言も愛好していたのだが、秀吉のような地位にある者が、みずから狂言を演じることはさすがに珍しかったらしい。このときの秀吉の狂言については、『時慶卿記』に「忝御狂言一番アリ」と記されているが、「忝《かたじけ》なくも」というところに、これが当時としては珍しい振る舞いだったことが感じられる。

また、前田玄以と新庄駿河守が演じた《枕物狂》と《祐善》は、いずれも舞を中心としていたり、能がかりの狂言であったりで、狂言としては特異な、おつにすました作品である。これにたいして、秀吉らの《耳引》が狂言らしいドタバタ劇だったのも面白い対照といえよう。

《野宮》合掌留・シテ上田拓司
©公益社団法人能楽協会

家康の《野宮》

幼少時から能に親しんでいた徳川家康はこのとき五十二歳だった。長年の愛好によって、このころまでには相当の経験を積んでいたと思われるが、禁中能では初日の《野宮《ののみや》》と三日目の《雲林院《うんりんいん》》のシテを演じている。《野宮》も《雲林院》もともに閑寂な遊舞能《ゆうぶのう》である。このうち初日の《野宮》については、当時の家康の能が相当に専門的な域に達していたことをうかがわせる資料があるので、ここではそれを紹介することにしよう。

近衛信尹の『禁中猿楽御覧記』をみると、家康の《野宮》のところに、

一、野宮、家康。次第《しだい》ニ音曲アリ。

という記事がある。《野宮》は、秋の嵯峨野を舞台に、六条御息所の亡霊がありし日の光源氏の来訪を回想するという内容の能で、「恋慕」「懐旧」をテーマにした金春禅竹《こんぱるぜんちく》の作品である。ここにみえる「次第」というのは、前ジテの六条御息所が登場して最初に謡うこ「花に馴れこし野宮の、花に馴れこし野宮の、秋よりのちはいかならん」という詞章のことである。「次第ニ音曲アリ」は、その謡にみるべきものがあったという意味だろう。近衛信尹の批評はこのように演技の細部におよぶことが少なくないのだが、こんなところにも、家康の能が相当に洗練されていたことがうかがわれる。

もっとも、この「次第ニ音曲アリ」は、これだけでは具体的にどのような謡い方だったのかはわからないが、幸いにも、それをうかがわせる資料が伝わっている。それは近世中期の寛保二年（一七四二）に書写された『諷家《ふうか》極秘伝《ごくひでん》』という謡伝書《うたいでんしょ》にみえる次のような

記事である。(6)

一、家康公、於二禁中一野々宮ノ次第、地《じ》を取て後、呂《りょ》に御諷候。不レ知衆不審がりたるよし也。此由宗印、忠興と物語候所に、如レ右昔道見《どうけん》諷たるよし申さるゝ也。

これは文禄二年の禁中能で家康が《野宮》を演じたときのことで、しかも、『禁中猿楽御覧記』でほめられていた〔次第〕についての記事である。この記事によれば、このときの家康の《野宮》はまずシテが「花に馴れこし……」の〔次第〕を謡うと、次に地謡が「地《じ》取《ど》り」と呼ばれる低い声でそれを繰り返し、さらにシテがもう一度繰り返す、という形で謡われたらしい。これは現在の《野宮》にはない演出だが、他の能にはある演出で、「三遍返《さんべんがえ》し」と呼ばれる謡い方である。その三回目のシテの〔次第〕を家康が「地取り」と同じような呂《りょ》という低音で謡ったところ、故実を知らぬ者はそれを不審がった。禁中能のあと、細川家の能大夫のような地位にあった古津《ふるつ》宗印《そういん》（観世弥次郎長俊の子）が細川越中守（忠興）に語ったところによれば、それはかつて観世大夫道見《どうけん》（大永三年〔一五二三〕没）が同じように謡ったことがあり、故実がある謡い方だ、といったという記事である。

じつは、『諷家極秘伝』のこの記事の前には、やはり観世大夫道見が《芭蕉》の〔次第〕

を「三遍返し」で謡った時に、三回目の〔次第〕を呂で謡ったことが記されているのである。(7) つまり、家康の通常とはちがう謡い方は、じつは観世流の由緒ある謡い方だったということなのである。

この逸話はいまのところ『諷家極秘伝』にしかみえないが、『禁中猿楽御覧記』の「次第ニ音曲アリ」を介在させると、禁中能初日の《野宮》がこのような形で演じられたことはまず確実であろう。家康は観世大夫宗節やその兄の観世十郎大夫に能や謡を習っているから、家康が観世流の由緒ある謡い方を知っていたのは、とくに異とするにはたりない。しかし、『諷家極秘伝』の逸話によれば、当時すでに《野宮》の〔次第〕についての故実を知る者は少なくなっていたらしい。ここに数寄者《すきしゃ》としての家康が時代の水準を抜いた、専門的な知識と技術を持っていたことが知られるのだが、これもまた安土桃山時代の能の一面なのである。

近衛信尹の批評

これまでも、何度か『禁中猿楽御覧記』に記された近衛信尹の評言にふれてきたが、ここであらためて近衛信尹の批評の全体を紹介することにしたい。それは当時の公家の能楽理解の深さを知るのに恰好の例であるとともに、出演した武将たちの技量を知るようすがにもなると思うからである。

近衛信尹は関白近衛前久《さきひさ》（龍山）の子で、近衛家十七代の当主、「寛永の三筆」の一人としても著名である。慶長十九年（一六一四）に行年五十歳で没している。三藐院《さんみゃくいん》と号し、その日記に『三藐院記』があるが、能にたいする造詣の深さはそこからはとくにうかがうことはできない。信尹の能にたいする造詣の深さは『禁中猿楽御覧記』（『三藐院記』の別記）によってはじめて知ることができるのである。信尹の批評はシテの演技はもちろん、囃子やアイ狂言にまでおよんでいるが、全体的に囃子についての評言が多いのが印象的である。秀吉や家康についての批評はすでに紹介したので、ここではそれ以外のおもなものを紹介してゆこう。

初日に暮松新九郎が演じた《翁》については次のような評言が記されている。

一、小鼓、うち出し、観世能の初日ニ相違歟《か》。可ﾚ尋《たずぬべし》。〔A〕

一、大鼓、最初ちとまきれ候か。〔B〕

一、鈴段《すずのだん》、笛少遅クつめ候故哉らん、とめハしところニ候し。〔C〕

一、翁ノ中ヲ御用により不ﾚ見。残多し。（千歳経）〔D〕

一、さうきにか丶るへきよし、せんさいふの後ニ御下知之処、彦右衛門尉少をくれし

二、五郎二郎かゝりはしめ候し躰、きひよく功者ノしるし見え候キ。〔E〕

信尹はこのとき所用のため中心の翁舞《おきなまい》をみていない（D）。そのためか、ほとんどが囃子に関する感想である。Aの「小鼓、うち出し、観世能の初日ニ相違歟」というのは、当時の勧進能《かんじんのう》（四日が普通だった）では毎回《翁》の囃子の奏法を変える慣習があったが、その日の小鼓（《翁》は三丁の鼓の演奏で始まる）の奏法は観世の勧進能の初日の奏法と違うという指摘である。このときの小鼓は観世座の観世又次郎だったが、シテは暮松新九郎で金春流の《翁》だったから、小鼓も観世の初日の奏法をとらなかったのだろう。このほか、Bは大鼓のちょっとしたつまずき、Cは笛の詰めが遅かったために木下与右衛門の鈴の段（《翁》の三番叟《さんばそう》の後半の舞）がしどろになったこと、Eは小鼓の幸《こう》五郎次郎が床几《しょうぎ》に腰掛けるときのしぐさが巧者らしくてよかったというもの。いずれも故実をよく知った者の言という印象である。

輝元卿鼓さりとてハきとく（奇特）ニ手きゝ（手利）、諸人驚タリ。〔F〕

道知、さても〳〵今年ノ出来事、催ニ感涙一はかりにて候し。曲舞《くせまい》ノ中、「蓬《よもぎ》かもと」のかしら（頭）、めつらしき事也。可レ尋。〔G〕

これは初日の秀吉の《芭蕉》についての評言である。毛利輝元の小鼓には多くの人が驚嘆したという（F）。見る側の鑑賞眼も思うべきであろう。また、このときの大蔵道知の大鼓はよほど出来がよかったらしい（G）。その道知が《芭蕉》の「蓬かもと」というところで頭《かしら》（高音）を打ったのが珍しかったので、そういう故実があるものか聞いてみよう、としている。

高田《こうだ》、ワキ・うたい、彼是《かれこれ》珍重。平三鼓、事外《ことのほか》なりを覚候。〔H〕

これは初日の秀吉の《皇帝》についての言。ワキの甲田《こうだ》帯刀《たてわき》（秀吉の近習）が演技も謡もよかった、というのである。

ワキ如《じょ》けん、すくれ候。中入《なかいり》ノうち、物すくなニ候し。〔I〕

これは初日の前田利家の《源氏供養《げんじくよう》》について。秀吉近習の山岡如軒《じょけん》のワキがよかったというのである。「物すくな」はほめ言葉であろう。

大、新八。出来、驚けり。〔J〕

常真、御能無二比類一。扇あつかひ殊勝〳〵。〔K〕

これは初日の織田常真の《山姥《やまんば》》について。織田常真の能楽愛好は序章でものべたが、Kでは最高級の賛辞を贈られている。

ワキ、高田。罷出わたし様ニあまりはやく踞《つくばい》候事。急候故歟。〔L〕

大、樋口《ひのくち》、小舞《こまい》ノ舞とめを打かへし候事、心つけり。殊勝〳〵。〔M〕

小、彦右衛門尉　出たち、大夫のめし候き（着）たるちやうけん（長絹）とさし合、めにたち候。きねり（生練）のあはせ（袷）也。〔N〕

太、幽斎、近年ノ出来様也。〔O〕

初日の秀吉の《三輪》についての言である。Lは、ワキの玄賓《げんぴん》僧都（甲田帯刀）が三輪明神の化身である里女（秀吉の役）に衣を与えるタイミングがよくなかった、というもの。ワキが衣を渡すときには普通はシテが下居《したい》（舞台にしゃがむこと）するのだが、これによればワキの甲田帯刀が下居したように読める。それはシテが秀吉だったためではないかと思う。Mは樋口《ひのくち》石見の大鼓について。Nは囃子方の衣装についての評。信尹は衣装についてはかなり敏感で、『禁中猿楽御覧記』にはしばしば言及がある。細川幽斎は、やはり別格という感じ〔O〕。

　うちたて、平蔵。ちかひよくうちたり。〔P〕

二日目の暮松の《翁》についての言。大蔵平蔵の大鼓についての評である。「ちかひ」は大鼓の「違頭《ちがいがしら》」のこと。

　安中、出来也。〔Q〕

二日目の秀吉の《定家》の笛についての評で、伊藤安中《あんちゅう》の笛がよかったというのである。

　ワキ、長井右近。出来ますます。〔R〕
　太、幽斎。大夫あまりなか〱数舞候故、一段ヲ［　　　］ヲニソコナハレ、カシラ過タリ。出《(出端)》は殊勝〱。〔S〕

二日目の細川忠興の《遊行柳《ゆぎようやなぎ》》についての言。Rは家康側近の永井右近のワキが無難だったこと。Sはシテの細川忠興が序の舞を長く舞ったため、幽斎の太鼓の魅力が十分に発揮されなかったことを指摘している。親子でもうまく合わなかったわけである。しかし、さすがに〔出端《では》〕の太鼓はよかった、という。

楊貴妃、備前宰相。所存之外見事也。〔T〕

これは二日目の宇喜多秀家の《楊貴妃》についての評である。意外によい能だったというのである。

このほかアイ狂言についての批評がかなりあって、それは信尹の能についての蘊蓄《うんちく》ばかりでなく、当時のアイ狂言のすがたが知られる興味ぶかいものだが、信尹の鑑賞眼の高さについては、以上の紹介で十分だろう。

3　その後の禁中能

文禄三年の禁中能

前代未聞の大がかりな禁中能から半年もたたないうちに、秀吉はまたしても同様の催しを思い立っている。この二度目の禁中能の当初の構想については、『駒井日記』の文禄三年（一五九四）三月十三日条から詳しく知ることができる。そこにはまず、秀吉が二度目の禁中能を計画していることについて連絡してきた、大坂の木下大膳（秀吉の馬廻）からの手紙（やはり三月十三日付）が掲載されているが、その手紙にはつぎのようなことが記されている。

このたび太閤様は参内して能をなされるよしですが、その出演予定などをお送りします。これはまだ披露されていないので、私がさしあげたことが洩れ聞こえたら具合が悪いのですが、太閤様は《吉野詣》や《源氏供養》などを演じるご予定のようです。また、もし禁中で所望されたら、《関寺小町《せきでらこまち》》を演じられるおつもりです。この禁中での能のために、太閤様は十七日ころに伏見へお上りになるようです。禁中能の初日には金春大夫が《高野参詣》、暮松新九郎が《明智《あけち》討《うち》》を演じるので、そのため十五日に本丸で能が催されます。これは女房衆までもが見物を許されています(8)。

ここで上演が予定されている《吉野詣》《高野参詣》《明智討》は、これよりすこし前に秀吉が大村由己に命じて作らせた新作能（豊公能《ほうこうのう》）である。また、秀吉自身は秘曲の《関寺小町》を演じるつもりだったらしい。秀吉はこの一ヵ月前の二月上旬に石川法賀邸や大坂城で《関寺小町》を演じ、ひき続いて三月一日に吉野の花見のおりにも演じていたが、さらに禁中でも演じるつもりだったのである。そして、『駒井日記』にはこの手紙に続いて、二度目の禁中能の予定番組がかかげられている。『駒井日記』のままに紹介すると、つぎのとおりである。

○初日、関白様二番、常真一番、岐阜中納言様一番、備前宰相殿一番、羽柴与市郎一番、羽柴飛騨一番、今春大夫一番、已上八番。
○二日、大閤様三番、家康一番、大和中納言殿一番、丹波中納言殿一番、筑前一番、暮松あけちうち一番、已上八番。
○三日、今春大夫一番、観世大夫一番、金剛大夫一番、宝生大夫一番、少進一番、

わう(隆巴)(り)は一番、しゆんにち(春日)大夫一番、已上七番。

信尹の遠流

このときにはまだ具体的な演目は決まっていなかったようだが、これによって、二度目の禁中能も三日間の催しで、秀吉をはじめ武将が出演するという点は前年の禁中能と同じであることがわかる。しかし、いま述べたように、このたびは秀吉が作らせた新作能と、秀吉による秘曲《関寺小町》の上演が予定されていたりと、演目は前年以上に破格である。また、演者をみると、前年の禁中能では大和猿楽四座《よざ》の大夫でシテとして舞台に上がったのは金春大夫安照だけだった（三日目の《翁》）のが、こんどは四座の大夫がそろって出演する予定になっている。これだと、専業猿楽は禁中に参上できないという古来の慣習が前年よりいっそう目立つ形で破られることになる。また、前回の禁中能には出演していなかった関白秀次も出演する予定だった。こうして二度目の禁中能を前年の禁中能にくらべてみると、秀吉の能楽熱がいっそう昂じていることがよくわかる。しかし、秀吉のもくろみは、予定の半分くらいしか実現しないで終わったのである。

　この二度目の禁中能は、ちょうど近衛信尹が薩摩に流されるという出来事のさなかだった。近衛信尹はこの数年来、後陽成天皇の制止を振り切って名護屋に赴き高麗に渡ろうとしたりするなど、数々の常軌を逸する奇行を重ねていて、この年の四月十二日に、秀吉は七ヵ条からなる覚書を朝廷に送り、信尹の遠流を上奏している。二度目の禁中能が秀吉の構想とはおよそ違ったかたちで催されることになったのは、この事件のためではないかと思われる。そして、当初はさきのような予定だった二度目の禁中能は、結局、四月十一日と十二日の両日に、つぎのような番組で催された。

〔初日〕《白髭《しらひげ》》金春大夫、《江口》観世大夫、《調伏曾我《ちょうぶくそが》》金剛大夫、《羽衣》宝生大夫、《高野参詣》金春大夫、《融《とおる》》春日大夫、《養老《ようろう》》観世大夫

〔二日目〕《矢立鴨《やたてかも》》暮松新九郎、《明智討》暮松新九郎、《井筒》下間少進《しもつましょうしん》、《天鼓《てんこ》》虎屋隆巴、《熊野《ゆや》》暮松新九郎、《鵜飼《うかい》》下間少進、《志賀《しが》》虎屋隆巴

三日間の予定だったものが二日間になり、武将は秀吉をはじめひとりも出演していない。新作能は《高野参詣》と《明智討》が演じられたものの、当初の予定とははなはだしく隔たったかたちで催されたのである。秀吉がひそかに上演を期していた《関寺小町》も上演されなかった。もちろんこれは、さきにのべたような事情のためと思われるのであって、秀吉の能楽熱がさめたためではもちろんない。秀吉の能楽熱はこれ以後もつづくのである。

そして、二年後の慶長元年（文禄五年。一五九六）にも、秀吉は三度目の禁中能を行っている。

慶長元年の禁中能

不本意な結果に終わった文禄三年四月の禁中能の二年後、秀吉は三度目の禁中能を慶長元年五月に催している。この間、文禄四年七月には関白秀次が高野山に追放され切腹を命じられる事件が起き、慶長元年五月の禁中能のすぐあとの閏七月には伏見城が大地震で被害を受け、九月には明との講和が破れて秀吉はふたたび諸将に朝鮮半島への出陣を命じている。一方、この間の秀吉は、下間少進に自身の能を見物させて悪いところを批評させたりして（二二五頁）、引き続き能の面白さにとりつかれていた。慶長元年五月の三度目の禁中能も、そうした能楽三昧の事例のひとつなのである。

もっとも、この三度目の禁中能は文禄の二度の禁中能のように単独で催されたものではなく、四歳になった秀頼がこの年の五月に従五位下に叙せられたことに付随して催されたものだった。秀吉は五月十三日に秀頼とともに参内し、めでたく叙爵の儀式を終え、そのあとあらためて五月十五日に御礼のために参内し、そこで秀吉みずからも出演しての能が催されたのである。この三度目の禁中能は五月十五日と五月十七日の二日にわたって催された。当初は十五日と十六日の予定だったが、十六日の能が一日のびてこのようになったものである。

この催しについては、『義演准后日記《ぎえんじゅごうにっき》』や『言経卿記《ときつねきょうき》』によってその概略が把握できる。まず、『義演准后日記』の記事をかかげよう。

（五月十五日）於二禁中一御能八番。脇能大御所御沙汰。主上南殿出御。諸家諸門跡不レ残出仕。……御能之時、従二禁裡一生帷猿楽者共二尽《ことごとく》被レ下候。奉行徳善院《とくぜんいん》。……
花麗難レ及二言語一。

（五月十七日）御能在レ之。予参内……御座敷紫宸殿如二一昨日一、……御能七番。大御所四番御沙汰。

これによると、場所はやはり紫宸殿の前庭で、舞台の設営は文禄二年と同様、徳善院（前田玄以）の担当だった。「花麗難レ及二言語一」とあるように、ずいぶん華やかな催しだったらしい。演目はわからないが、初日に八番、二日目が七番で、合計十五番の能が演じられた。秀吉はこのうちの五番（初日に脇能一番、二日目に四番）を演じている。初日には禁裡から「猿楽者共《ども》」に「生帷」（生絹のまんまく）が下されているから、専業役者（猿楽共）も出演したようである。『義演准后日記』から知られるのはこのようなことだが、もうひとつの『言経卿記《ときつねきょうき》』にはつぎのように記されている。

〔五月十五日〕禁中ニテ大閤・同若公等御参。御能有レ之云々。
〔五月十七日〕禁中ニテ大閤・同若公・江戸内府・前田大納言等御能有レ之云々。新公家衆各被レ参也云々。御能已後伏見へ御帰了。御能七番有レ之云々。

演目はやはり不明だが、これによって、武将では、豊臣秀頼・徳川家康・前田利家が出演したことが知られる。さきにも述べたが、このときの秀頼は四歳である。また、『言経卿記』の五月十六日条には、山科言経《やましなときつね》が家康の宿所に立ち寄ったところ、家康は京の町衆の亀屋栄任のところに謡の稽古に出向いていて不在だったことが記されている。これは家康が禁中で能を演じる前日であるから、この謡の稽古はおそらく翌日の禁中能の準備だったのだろう。

以上が三度目の禁中能の概略だが、秀吉はこのころもあいかわらず、みずから能を演じることを楽しみにしていたことが知られる。『言経卿記』によると、秀頼の叙爵の儀があった五月十三日には、禁中の三献の席で謡が歌われたが、そのおり、秀吉は家康などとともに舞を舞っている。『言経卿記』の記事は「謡有レ之。大閤・内府等扇ニテ御舞也」とある。ときに秀吉は六十歳、逝去のほぼ二年前のことである。

第四章　能楽三昧の日々

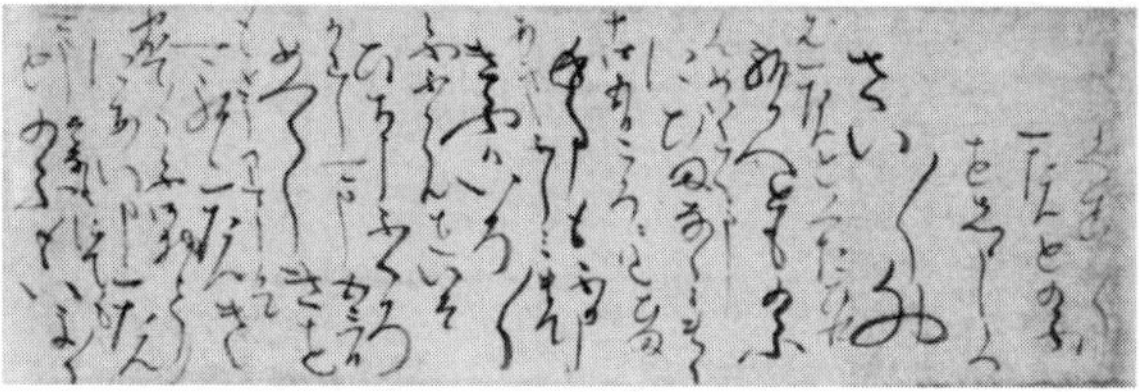

1　のふにひまなく候

北政所への手紙

最初の禁中能があった文禄二年（一五九三）十月以降、秀吉の能楽愛好はいっそうの高まりをみせる。たとえばそれは、自身の事績を能に仕立てさせた豊公能《ほうこうのう》の制作、その豊公能の自身による上演、数度にわたる秘曲《関寺小《せきでらこ》町《まち》》の自演、吉野や高野へ参詣しての演能、などに端的に示されている。また、これ以外にも、秀吉の能楽愛好を伝える資料は少なくないのであって、秀吉のそうした能楽三昧《ざんまい》の日々は、慶長三年（一五九八）の逝去まで資料のうえに継続してたどることができる。[1]この章では、禁中能以後のそうした秀吉の能楽三昧のようすを紹介してゆくことにするが、まず手はじめに、この時期の能とのかかわりを象徴する北政所《きたのまんどころ》あての手紙から紹介しよう。

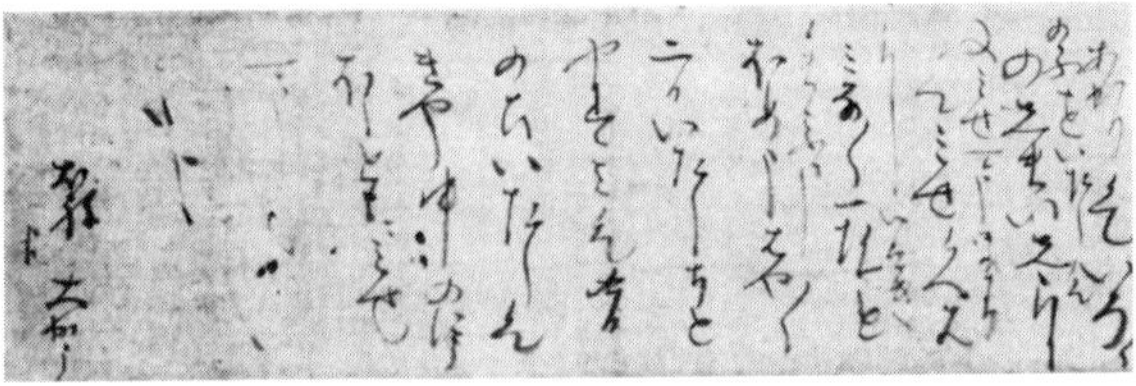

北政所宛秀吉自筆書状（文禄３年初頭、大東急記念文庫蔵）

かへす〳〵、一たんと、のふをし申候へは、一たんとくたびれ候て、めいわく申候。十四、五日ころにわ、ひまあき、ふしみまて参、ふしんをいそかわし可ㇾ申候。五三日もとうりう候て、やかて〳〵参、御物かたり可ㇾ申候。そなたにても、のふをいたし候て、又みせ可ㇾ申候。御まち候へく候。いそき候て参申候。

さい〳〵文給候へとも、のふにひまなく候まゝ、返事も不ㇾ申候。きふはいろ〳〵ひちうふくろ《燧袋》めつらしきを可ㇾ給候。一たん、きにあい申候。一たんと、のふもいよ〳〵あかり候て、いろ〳〵のしまい《仕舞》しまいらせ候て、みせ候へは、みな〳〵一たんとほめ申候。はや〳〵二日いたし、ちとやすみ候て、九日のひいたし候て、きやう中のにうほう《女房》ともにみせ可ㇾ申候。かしく。

大かう

〔切封上書〕
おね
まいる

この手紙は現在は大東急記念文庫の所蔵。秀吉の自筆で、その能楽愛好を伝えるものとしてよく知られた手紙である。京都の秀吉から大坂城の北政所にあてたもので、伏見城の普請《ふしん》のことがみえるから、文禄三年（一五九四）のはじめころのものと推定されている。

これによると、このとき秀吉は京都にあって、連日のように能の稽古をしていた。そのため、再三手紙をくれた北政所への返事もままならぬ状態にあったようである。このときは、北政所から燧袋《ひうちぶくろ》を送られてようやく礼状を書いたのだが、その礼もそこそこに、あとは能のことばかりが書かれている。能もいよいよ上達して、周囲のものがほめたこと、近いうちに能をして「京中」の女房たちにも見せること、そのあとは伏見で城の普請を督促してから、すぐに大坂に帰る予定だが、帰ったらまた能をしてみせてやろう、と綴《つづ》っている。比較的長い手紙はほとんど能のことに終始していて、秀吉が能の面白さのとりこになっているようすがじつに生き生きと伝わってくる。

二度目の禁中能に備えて

ところで、このときの秀吉の能の稽古は、いったい何のための稽古だったかが、いささか気になる。もっとも、これが稽古だということは文面には明示されていないが、文末に「はや〳〵二日いたし、ちとやすみ候て、九日のひいたし候て、きやう中のにうほうともにみせ可レ申候」とあり、追而《おって》書《がき》に「十四、五日ころにわ、ひまあき」とあるから、この月の上旬あたりに能の催しがあり、能で寧日《ねいじつ》もない状態なのはその準備だったと考えられる。そこで、あらためて、このときの秀吉が京都にいたらしいこと、この手紙が文禄三年のはじめころのものと推定されていることをふまえて、そのころの秀吉の動向と重ねてみると、秀吉が異常な熱意をもって準備しているこの催しは、どうも文禄三年四月の二度目の禁中能だったのではないかと思われる。

　さきに述べたように、文禄三年の禁中能は、最終的には四月十一日と十二日の二日間催されているが、もともとは三日間の予定だった（↓一九四頁）。右の秀吉の手紙に、二日間能をしてすこし休み、九日には京中の女房たちにみせるつもりだ、とあるのは、『駒井日記』にみえる三月十三日ころに立てられていた禁中能の予定にきわめて近いのである。「きやう中のにうほうとも」は「宮中の女房共」の書き誤りの可能性もあろう。また、右の手紙では、秀吉はその催しが終わったあと伏見に行くとしているが、文禄三年の禁中能のあとも、秀吉はただちに伏見に戻っている[2]。

　こういうわけで、この手紙は文禄三年の二度目の禁中能直前のものかと考えられる。そうだとすると、このような能の稽古に寧日もない状態は、禁中能という特別な催しの準備のためであって、これをただちに秀吉の日常とすることはできなくなりそうだが、しかし、このあとに紹介するさまざまのエピソードに接するならば、この手紙はやはりこの時期の秀吉の能楽愛好の象徴と位置づけてさしつかえないと思われる。

役者に詰番を命じる

文禄三年(一五九四)の一月二十三日に、秀吉の近習の山中《やまなか》山城守から、金春大夫をはじめとする二十四人の役者にたいして、一通の文書が回覧された。次頁にかかげた『富岡文書』がそれで、その内容は、二十四人の役者や能謡《のううたい》に堪能な近習に交替で大坂城に詰めることを命じたものである。

この文書は戦前から知られているものだが、これまで長いこと、秀吉が肥前名護屋に役者を召し下したときのもので、文禄二年一月の文書とされていたものである。それが最近になって、法政大学の片桐登氏によって、発給者の山中山城守長俊《ながとし》が「山城守」を名乗ったのが文禄二年十月であることから、この文書はそれ以降のもので、おそらく文禄三年一月に秀吉が役者にたいして大坂城に詰めることを命じた文書であろうという指摘がなされたのである。(3) その指摘は肯綮《こうけい》にあたるものと思われるが、その結果、ここに禁中能以後の秀吉の能楽三昧を伝える資料があらたに一つ加わることになったわけである。

秀吉によって、大坂城に詰めることが命じられた役者は、総勢二十四人。その内訳は、

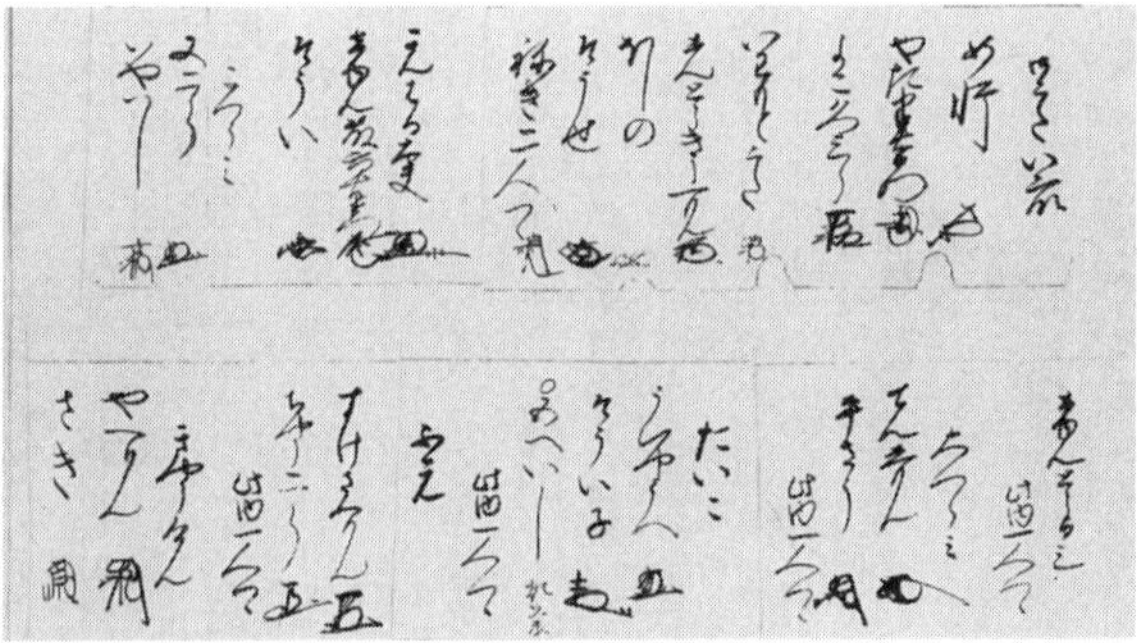

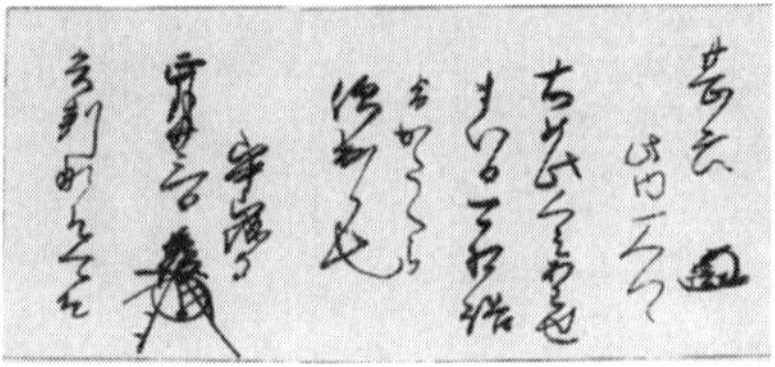

富岡文書
（東京大学史料編纂所影写本）

「御謡衆」が十一人、小鼓が三人、大鼓が二人、太鼓が三人、笛が二人、狂言が三人である。「御謡衆」以外の、囃子や狂言の役者については、役者の名前のあとに「此内一人つゝ」という注記がある。つまり、囃子や狂言の役者はそのうちの一人が詰めていればよい、ということだろう。これにたいして「御謡衆」は全員が詰めることを命じられたものと解される。末尾に、「右如レ此くみあわせまいる。可二相詰一旨、かたく被二仰出一候也」とあって、このような態勢で秀吉の近くに詰めるべきことが命じられている。

さて、その顔ぶれをみると、「御謡衆」には、金春大夫安照・進藤久右衛門・春藤六右衛門といった専業役者や、山岡如軒《やまおかじよけん》・岩本雅楽《いわもとうた》といった秀吉の近習、あるいは禰宜《ねぎ》役者などがみえ、小鼓には観世又次郎(道叱)、大鼓には大蔵平三、太鼓には山崎衆の津田右兵衛、笛には同じく山崎衆の八幡《やわた》助左衛門、狂言には大蔵弥右衛門(虎政)などがみえる。これらは肥前名護屋に召し下されたり、前年の禁中能に出演していた役者である。全体的に金春座の座衆が多いが、秀吉愛顧の観世又次郎や弥石《やいし》といった観世座の役者もふくまれている。おそらく、これが金春大夫を中心とする秀吉愛顧の役者群のほぼ全体で、これが名護屋で能に熱中して以来(あるいはそのすこし前から)秀吉の周辺にいた役者だったのだろう。文禄二年以降、日常的に秀吉の能の相手をしていたのは、これらの役者たちだったと思われるのだが、秀吉の能楽愛好はこの時期には、これらの役者を常時身辺において能の相手をさせるほどに昂じていたことになる。

詰め番の性格

ところで、ここでいささか問題になるのは、これが恒常的な詰番制度を定めたものか、それとも、なにか特定の催しがあって、その準備のための命令なのか、ということである。四座の役者が大坂城に詰める制度は秀吉時代からあったと考えられる(徳川幕府は慶長十四年〔一六〇九〕に四座の役者の「大坂詰め」の廃止を命じている）から、この命令はその初期のものである可能性も高かろう。しかし、その一方で、これが一時的な命令だったことも十分考えられるところで、この文書が文禄三年一月のものであることを指摘した片桐登氏も、これをその年の四月に催された二度目の禁中能とかかわらせて、その準備のためかという推測をされている。そこで、あらためてこのころの秀吉の動向をみると、この命令の直後から、能にかかわる大がかりな催しがつづいていることに気づく。

すなわち、秀吉は文禄三年の一月二十九日から二月十日まで、秀次を大坂城に招いて、その間、三度も能を催している。そこでは秀次も能を演じているが、秀吉は秘曲《関寺小町》や豊公能《ほうこうのう》《吉野詣《よしのもうで》》を演じて、秀次に見せている。このあと、秀吉は、吉野と高野に参詣し、三月一日に蔵王《ざおう》権現宝前で《関寺小町》《吉野詣》などを演じ（大坂城での演能はその予行）、三月五日には高野山青巌寺《せいがんじ》門前で《老松《おいまつ》》《井筒《いづつ》》などを演じている。そして、四月には二度目の禁中能が催されているのである。

文禄三年の初頭は、このような催しが連続しているのである。こうした状況をふまえると、ひとつの可能性として、この命令は秀次を一月末から大坂城に迎えるにあたっての処置とみることもできるだろう。これが大坂城に詰めることを命じているらしい点も、それを思わせる。しかし、大坂城での一連の催しは吉野や高野での能の予行だったのだから、その場合、この命令は、吉野・高野での演能のためということにもなろう。そうすると、片桐登氏の推測のように、四月の禁中能まで視野にいれての命令だったことも十分に考えられることになる。一月二十三日付の文書が直接的には秀次を大坂城に迎えるための処置だったかどうかは断定できないが、いずれにせよ、この命令はこうした連続する催しとかかわらせて理解されるべきものと思う。

この命令が制度的なものだったか、一時的なものだったかは容易に判断はできないが、どちらかといえば、最初から恒常的な制度が意図されていたというより、右にみたような連続する催しに対応するためにとられた処置とみるのが自然であろう。そうした処置がやがて制度化され、金春大夫を中心とした役者だけでなく、四座《よざ》の役者が大坂城に詰める態勢へと展開していったのだろう。

ともあれ、以下に紹介する秀吉の能楽三昧の裏には、こうして多くの役者や能好きの近習が常時身辺に詰めるという態勢があったものと思われる。

2　吉野・高野での能

豊公能と秘曲

文禄三年（一五九四）の春、秀吉は吉野蔵王権現に参詣して花の吉野山に遊び、続いて両親の菩提《ぼだい》を弔うために高野山に参詣した。そして、吉野と高野のいずれにおいても能を催し、また、みずから能を演じた。しかも、吉野で秀吉みずからが演じた《吉野詣》と高野山で演じられたらしい《高野参詣》は、秀吉が自身の事績を大村由己《おおむらゆうこ》に作詞させ、金春安照に作曲させた新作能——いわゆる豊公能——であった。秀吉は、文禄三年に吉野と高野に参詣するにあたって、この《吉野詣》と《高野参詣》の二曲を作らせたのである。寺社・名所への参詣に際して、そこを舞台にした、自身の事績を仕組んだ能を新作させ、それを当地で自身で上演する、というこりようなのである。こうした趣向をこらすようになるほど数寄《すき》が昂じていたのが、このころの秀吉だった。

『駒井日記』によると、秀吉は二月二十五日に大坂を出発して、二十六日に当麻《たいま》寺に泊り、二十七日に吉野蔵王権現に到着している。そして、二十九日には秀吉の宿所（吉水《よしみず》院《いん》）で歌会が催され、三十日には花見があり、翌三月一日には「御能有レ之」とあって、

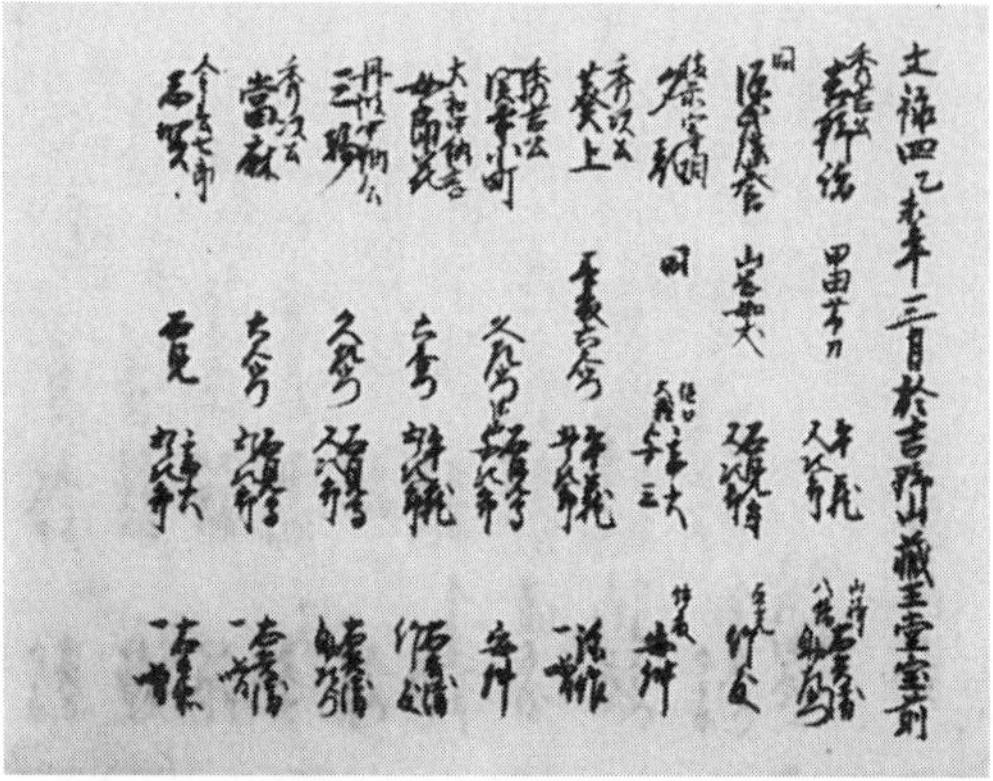

『吉野蔵王堂宝前能番組』（文禄３年３月１日、大倉三忠氏蔵）

能が催されている。そのときにどのような能が演じられたかは長らく不明だったが、近年、そのおりの詳細な番組が見いだされて、その全容が知られるにいたった。上欄にかかげた番組がそれである。

この番組は「文禄四（三の誤り）乙未《きのとひつじ》年三月於㆓吉野山蔵王堂宝前㆒」と題され、秀吉による《吉野詣》《源氏供養》《関寺小町》、秀次による《葵上》《当麻《たえま》》など、九番の演目と演者を伝えている。秀吉・秀次以外には、備前宰相（宇喜多秀家）の《夕顔》、大和中納言（豊臣秀保《ひでやす》）の《女郎花《おみなめし》》、丹波中納言（小早川秀秋）の《三輪》、金春七郎氏勝《うじかつ》（安照の子）の《志賀》が演じられた。タイトルが示すように場所は蔵王堂宝前である。秀吉が演じた《吉野詣》は、さきに述べたように吉野参詣を能に仕立てた新作能であり、《関寺小町》はいうまでもなく秘曲中の秘曲の老女物

『豊公吉野花見図屏風』（部分・細見美術館蔵）の能舞台

である。

吉野での能は、秀吉自身が新作能《吉野詣》や《関寺小町》のような秘曲を演じるという大胆な内容の催しだったのである。

宿所に能舞台を設ける

さて、この秀吉の吉野参詣については、能との関係でもうひとつ興味ぶかい資料が存在している。細見美術館蔵の『豊公吉野花見図屏風』（六曲一双。重文）がそれである。この屏風絵は狩野光信の筆かとされている作品で、全山これ桜の吉野山を秀吉一行が登ってゆくさまが描かれているが、その左《さ》隻《せき》の蔵王堂の左下の吉水院《よしみずいん》とおぼしきところに能舞台が描かれているのである。吉水院は秀吉の宿所となったところで、『甫庵太閤記』の二月二十七日条には、「秀俊卿（豊臣秀保）より旅館并舞台を立ておかれけるによつて、立ち寄らせたまへり。されども御能はなし」と記されている。この日はここで能は演じられなかったらしい。この舞台は地謡座がない、安土桃山時代のかたちで描かれている。描かれているのは人々が庭や舞台を掃除しているさまで、演能風景ではない。いうまでもなく、能に夢中になっていた秀吉の参詣ということで、このように宿所に能舞台が設けられたのである。

なお、三月一日の蔵王堂前での能は、文字どおり蔵王堂の前で催されたもので、この吉水院の舞台で催されたものではないようである。吉水院は蔵王堂とはいささか距離もあり、そこを「蔵王堂宝前」と呼ぶことはまずないと思われるからである。このあとの高野山での能も青巌寺前で催されている。吉水院の舞台は、せっかく秀吉のために建てられたのだが、このときにはまったく使用されなかった可能性も高いように思われる。しかし、この能舞台は秀吉の能数寄《ずき》をよく物語るものであり、その舞台をほぼ同時代の絵画によって見ることができるのは、やはり貴重というべきであろう。

高野参詣

吉野の花見を終えた秀吉は、ひきつづいて高野山に参詣する。秀吉は蔵王堂宝前で能を催した三月一日の翌二日に吉野を出発して、郡山に向かう秀次と大和の太田で別れ、三日に高野山に登山、四日に母堂大政所《おおまんどころ》の法事を営んだあと、五日に大政所の没後にその供養のため建立された青巌寺門前で能を催している。

さて、この青巌寺門前での能であるが、『駒井日記』には三月六日条に「五日ニ御能。老松、井筒、皇帝、松風被レ成由」とあって、《老松》《井筒》《皇帝》《松風》の四番の能を秀吉が演じたと伝聞で伝えている（このとき駒井重勝は秀次に従っていて高野に登山していない）。この四番のうち《井筒》以外は、これ以前に秀吉が演じているなじみの曲であるが、これによって、三月五日に青巌寺門前で秀吉がこれら四番の能を演じたことはまず確実と思われる。ところが、『甫庵太閤記』をみると、このときの上演曲については、『駒井日記』とはいささか異なった記述になっている。その『甫庵太閤記』の記事を要約すると、つぎのようになる。

四日夜に秀吉公が、このたびできた新作の五番を演じて一山の衆徒《しゅと》にみせようといいだしたので、能が催されることになった。その旨が金春大夫ら随行の役者に伝えられ、役者たちは五日の未明から門前に参集した。その日は風もなくおだやかな天候だったので、舞台の役者がずいぶん映えてみえた。能と聞いて、めずらしさに、大勢の衆徒たちが集まった。能がはじまると、ことのほかできがよく、舞いぶりなどもたっぷりとしていたが、見物の衆徒たちはみな興醒《きょうざ》めのていだった。というのも、高野山では音曲は弘法大師によって禁じられていて、このような音曲の沙汰はなかったからである。そして、《高野詣》という新作能の舞の途中から、空のけしきがにわかに変わり、天地が震動し雷電が鳴り、疾風甚雨《しっぷうじんう》のありさまとなった。見物の衆徒はたがいに目を見合わせて、大師の怒りかと身の毛もよだつ思いだった。秀吉公は、神仏の罰などということは実際にはないものだと思って、能を演じられたのだが、この霊験に驚いて、急ぎ下山して橋本の護国寺にお泊りになった。秀吉公は、このたび高野山にたいして善をつくしたのだから、大師も感謝なさるかと思いきや、このように祟りをなされるとはさすがに尊い権者《ごんじゃ》だと、感心なさった(4)。

以上が『甫庵太閤記』が伝える高野山での能の顚末《てんまつ》であるが、ここに記されたことは、『駒井日記』とはかなり食い違っている。『駒井日記』には四番の能が演じられたとあったが、ここには新作能ばかり五番を上演するつもりだったとあって、演じられた番数も演目もちがっているのである。実際に演じられた曲については『駒井日記』が信じられるから、五番すべて新作能の上演というのは秀吉の思いつきだったかで、実現しなかったものだろう。問題は、ここで『甫庵太閤記』が青巌寺門前の能において《高野詣》（《高野参詣》）が演じられたとしていることで、この《高野参詣》が実際に演じられたのかどうか、ということである。しかも、『甫庵太閤記』は、この《高野参詣》を「秀吉公も……御仕舞なされ候へ共」と、秀吉自身の演能としているのである。《高野参詣》は大村由己の作になる豊公能で、母堂の三回忌の追善に高野山に登った秀吉一行の前に亡き大政所の霊が現われて秀吉の孝行を称えるという内容の能である。かりに『甫庵太閤記』が説くように、これを秀吉が演じたのであれば、秀吉は母の亡霊に扮することによって、自身の孝行をみずから称賛したことになるわけである。

しかし、高野山で秀吉が《高野参詣》を演じたのかどうか、これを決定づける資料は現在のところ知られていない。現在、尊経閣《そんけいかく》文庫の所蔵で、題簽《だいせん》が後陽成天皇の宸筆《しんぴつ》になる《高野参詣》は、この高野登山のおりに秀吉が金剛峰寺《こんごうぶじ》に贈ったものであるが、その奥書の日付は青巌寺前で能があった三月五日になっている。これも《高野参詣》が上演されたことを示唆する材料になるかもしれないが、もとよりそれは決定的な証拠ではない。この点は、秀吉の所演ということもふくめて、あらたな資料の出現をまつしかないのだが、秀吉は吉野の蔵王堂前でも新作能の《吉野詣》を自身で演じているから、『駒井日記』の伝える四番のあとに秀吉が《高野参詣》を演じた可能性はかなり高いのではないかと思われる。

なお、『駒井日記』によると、秀吉は三月五日の青巌寺門前での能のあとは、六日に奥院《おくのいん》に入堂し連歌会を催して、七日に堺まで帰る予定だった。しかし、この予定は変更されて、実際には、五日の午後に橋本下兵庫の護国寺に入り、翌六日に大坂に戻っている（『駒井日記』）。このように、秀吉は五日の青巌寺門前での能のあと、すぐに下山しているのであって、この点、さきの『甫庵太閤記』の記事は事実を伝えていることになる。ただし、秀吉の五日の下山が『甫庵太閤記』の記すように、弘法大師の祟りをおそれたためかどうかは、もちろんさだかではない。

3　能を楽しむ日々

《関寺小町》を演じる

文禄三年（一五九四）の春に吉野山に登った秀吉は、三月一日に蔵王堂宝前でみずから《関寺小町《せきでらこまち》》を演じている。

《関寺小町》は、逢坂《おうさか》の関寺あたりに住む老残の小町の、「嘆老」と「懐旧」をテーマにした世阿弥晩年期の作品である。成立当時には秘曲として扱われてはいなかったと思われるが、能の古典劇化にともなって老女物にたいする崇拝が進行した結果、室町後期にはほとんどすたれていた。その《関寺小町》が天正（一五七三〜）初年ころからぼつぼつ上演されはじめ、秀吉の周辺でも文禄元年（一五九二）四月に秀次の命令で下間少進《しもつましょうしん》が演じ、文禄二年十二月には秀次自身が演じている。この秀次による《関寺小町》の上演はすでに秀次の能楽愛好に関してのべたが、周辺のこのような動きを目のあたりにすれば、前例のない禁中能まで催して、いよいよ能の魅力にとりつかれていた秀吉が、この《関寺小町》に注目しないはずはなかった。

吉野での《関寺小町》は、じつは秀吉の《関寺小町》の初演ではない。その約一ヵ月前の文禄三年二月七日と九日に、秀吉は連続して《関寺小町》を演じていた。七日は石川法賀なる人物のところで、九日は大坂城の本丸能舞台である。七日の能は九日の大坂城での能や、三月一日の吉野の蔵王堂宝前での《関寺小町》のリハーサルらしい。その二月九日の大坂城での能について『駒井日記』はつぎのように伝えている。

一、大坂御本丸於二御舞台一、大閤様被《あそばさる》レ遊。

一番　吉野詣、二番　田村、三番　関寺小町、四番　源氏供養、五番　老松

右何も大閤様被レ遊。関白様御見物。

このとき秀吉は前月の二十九日から京都の関白秀次を招いていた。その二日後の二月一日には、秀吉の所望で秀次は《江口》と《呉服《くれは》》のキリ（一曲の後半）を舞っている。秀次を招いてのそうした一連の催しのなかで、この日、秀吉が五番の能を演じたのだが、その三番目に《関寺小町》が演じられたのである。

これは秀吉の能楽愛好がいっそう昂じた結果ではあろうが、すでに前年に《関寺小町》を演じている秀次への対抗意識によるところも大きいのであろう。このときの秀吉は、秀次を前に、五番の能すべてをみずから演じているのであり、秀次への対抗意識は、《関寺小町》だけでなくこの催し全体からも感じられる。このあと、秀吉は吉野や高野に参詣する。吉野には秀次も同行しているから、秀次は予行と本番の二度にわたって秀吉の《関寺小町》をみせられたことになる。

こうして一ヵ月足らずのうちに三度も《関寺小町》を演じた秀吉だが、秀吉はその後も何度か《関寺小町》を演じようとしている。たとえば、すでにのべたように文禄三年四月の二度目の禁中能では、朝廷から要望があれば《関寺小町》を演じるつもりだった。しかし、これは予定が大幅に変わって、秀吉の《関寺小町》上演は実現しなかった。また、『駒井日記』の文禄四年四月十日条には、伏見城と聚楽第で予定されていた、それぞれ二日ずつの武将能の番組が掲載されているが、それによると、秀吉は伏見城と秀次の聚楽第でそれぞれ《関寺小町》を舞う予定だった。これら予定として記された番組やリハーサルとして演じたものも含めると、秀吉が演じた《関寺小町》はつごう五回にのぼっている（↓二二三頁）。

《関寺小町》の上演状況については、雑誌『観世』に連載された表章氏と牛尾美江氏の「〈関寺小町〉演能史」があり、そこには天正初年から昭和六十年までの上演記録が集成されている[5]。このように一つの能の上演状況が大きな研究対象になるのも、《関寺小町》が秘曲で上演が稀だったからにほかならない。その調査によると、その間の《関寺小町》の上演回数は九十回である（明治維新以前は六十八回）が、このうちの二例は秀吉の所演例で、右に紹介した文禄三年の大坂城と吉野での上演がそこに数えられている。

また、そこには文禄二年十二月に関白秀次が前田玄以《げんい》邸で演じた例、宇喜多秀家が慶長三年（一五九八）に演じた例、柳生宗矩《やぎゅうむねのり》が寛永年間（一六二四〜四三）の後半に四回演じている例が報告されている。こうして、安土桃山時代から近世初期の一時期、秀吉や秀次のような素人による上演が、秘曲《関寺小町》の上演史の一角をになってもいたのである。

観世大夫を折檻

花の吉野山で秘曲の《関寺小町》や新作能の《吉野詣》を演じて、秀吉はさぞ得意だったろうが、その後まもなく、秀吉は能のおりに落ち度があった観世大夫身愛《ただちか》を折檻《せっかん》（譴責）している。観世大夫の落ち度というのは、演能のさなかに居眠りをしたことであるが、この事件は秀吉の能楽愛好にまつわる、まことに興味ぶかい逸話である。そのことを伝える『駒井日記』によって、その顚末《てんまつ》を紹介しておこう。

二度目の禁中能が終わったばかりの文禄三年（一五九四）四月二十日、秀吉は大坂の備前宰相宇喜多秀家邸に御成りあって、四座《よざ》の大夫らを中心とする能を催した。前述のように、宇喜多秀家はみずから《関寺小町》を演じるほどの能好きだった。その日の番組はつぎのようなものだった。

《翁》金春大夫、《東方朔《とうぼうさく》》金春大夫、《八島《やしま》》観世大夫、《野宮》宝生大夫、《善界《ぜがい》》春日大夫、《源氏供養》秀吉、《杜若》備前宰相、《鉢木《はちのき》》暮松新九郎

金春・観世・宝生・金剛の四座の大夫に、専業役者として春日《しゅんにち》大夫と暮松新九郎が加わり、それに秀吉と宇喜多秀家が加わるという編成だった。《翁》と脇能は金春大夫安照《やすてる》が勤めていて、ここでも金春座が四座筆頭の位置にあることが印象づけられる。この時、秀吉は《源氏供養》を演じている。接待を受けるべき主客が、みずから能を演じているとこ

ろにも、秀吉の能への耽溺が示されているが、観世大夫が居眠りをしたのは、どうやらこの秀吉の《源氏供養》のときのことだったらしい。『駒井日記』はこの出来事と観世大夫の処分について、事件翌日の四月二十一日条につぎのように記している。

一、観世大夫御折檻之由。家をは御たやし有間数候之間、道具・書物以下誓紙に而、有次《ありし》第《だい》家康・浅弾正へ符を付、可二相渡一由。座中も無二異儀一候。御はいたう（配当）は御おさへ可レ被レ成由。昨日之御能にねふり申ての事故之由。

観世大夫は「御能」のときに居眠りをしたとあるが、この「御能」はたんにこの日の「催し」を意味するのではなく、秀吉の《源氏供養》をさしているとみてよいであろう。万人が注視するはずの自分の能のときに居眠りをされたために、怒りが爆発して、右のようなきびしい処罰となったものと思われるのである。

二度の不始末

秀吉がくだした処罰は、能道具や伝来の書物を召し上げて、家康と浅野弾正のもとに預け、秀吉から与えられていた配当米の支給を停止する、というきびしいものだった。秀吉以外の能のときに居眠りをしたくらいでは、これほどきびしい処罰はなされなかったはずで、観世大夫の居眠りが秀吉の《源氏供養》の最中だったろうことは、なによりも処罰のきびしさが物語っている。

考えてみれば、御成り先の備前宰相邸で、秀吉が得意になって能を演じている最中に居眠りをした観世大夫身愛は、いくら秀吉の能が退屈だったにせよ、やはりうかつだったというべきであろう。観世身愛は、この事件から十六年後の慶長十五年（一六一〇）五月にも、家康が梅若大夫をひいきすることに腹を立て、駿府《すんぷ》での能の前夜に出奔《しゆつぽん》するという事件をおこして、家康から処罰を受けている。そのときも、やはり伝来の秘伝書を召し上げられ、剃髪《ていはつ》のうえ高野山に蟄居《ちつきよ》を命じられている。伝来の秘伝書の召し上げというのは、観世家の断絶にもつながりかねないきびしい処分だが、身愛は同じような不始末を生涯に二度も引き起こしているわけで、いささか軽率なところのある大夫だったようである。

このあと観世大夫身愛は、秀吉が十月二十一日に秀次の聚楽第に臨んだときの能に出演しているから、それまでには許されたものとみえる。

なお、これら二度の不始末で、他にあずけられた世阿弥伝書をふくむ観世家伝来の秘伝書類は、その後はよく保存されて、現在は観世宗家や財団法人観世文庫の所蔵として、世阿弥以来の貴重な能楽資料をいまに伝えている。

下間少進に批評を乞う

文禄四年（一五九五）五月の二十一日と二十四日の両日、秀吉は伏見城に関白秀次や前田利家を招き、ともに能を演じて楽しんだ。これは秀次による『謡之抄』の編纂が進められているころのことである。そのとき、秀吉は秀次が後援している本願寺の下間少進《しもつましょうしん》も招いたが、少進はこの時は能を演じていない。能を演じないのに少進が呼ばれたのは、秀吉や秀次などの能を少進に批評させるためであった。そのことは少進の演能メモである『能之留帳《のうのとめちょう》』の五月二十一日の項につぎのようにみえている。

> 五月廿一日、ふしミ城、従《より》二太閤様一法印めして、致二見物一、悪所を可二申上一候御意にて、正面ニて見物いたし候。

下間少進は、当時、素人ながら金春大夫安照と肩をならべるほどの役者だったが、その少進にたいして、これから能を演じるから悪いところを申し上げよ、と命じたのである。少進は正面から秀吉たちの能を見物したらしい。このときの秀吉は能を演じはじめてから、二年半ほどの時期である。この間の秀吉が驚くべき勢いで能に没頭していたことは、これまで述べてきたとおりだが、その結果、この時期には、みずから演じる能にもかなりの自信が生まれていたのだろう。禁中能のときのような「ほめ役」ではなく、「悪いところを申しあげよ」というあたり、相当の自信を感じさせる。秀吉たちの能を批評すべく、下間少進が正面からながめていた、このときの番組はつぎのとおりである。

《金札《きんさつ》》秀吉、《唐船《とうせん》》秀吉、《黒塚《くろづか》》秀次、《井筒《いづつ》》秀吉、《半蔀夕顔《はじとみゆうがお》》前田利家、《皇帝《こうてい》》秀吉

このときに秀吉が演じた能は《金札》《唐船》《井筒》《皇帝》の四番。いずれも秀吉がすでに演じたことがある能である。これらの能にたいして、このとき少進がどのような批評をしたかは不明だが、秀吉は三日後の五月二十四日にもふたたび下間少進を招いて、同じ趣旨の能を催している。このときの演目は、

《高砂》秀吉、《頼政《よりまさ》》秀吉、《江口》秀次、《源氏供養》秀吉、《山姥《やまんば》》織田常真《じようしん》、《邯鄲《かんたん》》秀吉、《杜若《かきつばた》》前田利家、《当麻《たえま》》秀次、《大会《だいえ》》秀吉

というものであった。このときは前のメンバーに織田常真が加わった。秀吉は《高砂》

《頼政》《源氏供養》《邯鄲》《大会》の五番を演じたが、三日前とは異なって、ここではこれ以前に秀吉の所演が知られていない《高砂》《頼政》が演じられている。また、《邯鄲》は四月ころに伏見城と聚楽第で初めて演じたようで（『駒井日記』の四月十日条に予定番組が載る）、これも新たに演じるようになったばかりの能らしい。少進に批評させるに際して、最初は安全策をとって手に入った能を選び、二度目には新たに手掛けた能を演じたものだろうか。少進はこのときも、前回同様に正面から秀吉たちの能をみていたが、今度は、少進の批評の一部を知ることができる。『能之留帳』につぎのようにある。

五月廿四日、又、太閤様召使候て如《さきのごとく》レ前正面ニて見物。《邯鄲》出来申候由申上候ヘバ、《邯鄲》ニめされ候唐織《からおり》拝領。

少進がほめたのは、秀吉が演じるようになったばかりの《邯鄲》だった。少進が《邯鄲》をほめたところ、少進は秀吉から《邯鄲》で身につけていた唐織をたまわったというのである。《邯鄲》は『枕中記《ちんちゆうき》』や『太平記』にみえる青年盧生《ろせい》の「一炊《いつすい》の夢」の故事を材料に、人生の「無常」をテーマにした能である。盧生は夢のなかで楚の国の王になって栄耀栄華《えいようえいが》をつくすが、夢がさめてみれば、その五十年の歓楽は、ただ黄粱《こうりよう》が炊けるまでのわずかなあいだに過ぎなかった、という内容の能である。前述のように、秀吉はこの上演もふくめて、このころ《邯鄲》を集中的に三回演じているが、このとき五十九歳の秀吉は、そうしたテーマになる《邯鄲》に心ひかれる心境だったのかもしれない。このあたりは、秀吉の辞世としてよく知られている「露と落ち露と消えにし我が身かななにわのことも夢のまた夢」を連想させるものがある。

少進が秀吉の《邯鄲》のどういうところをほめたかは不明である。夢のなかの場面で盧生が楚国の王として舞う〔楽《がく》〕などをほめたか、あるいは、夢さめた盧生が邯鄲の里の茶店で人生のはかなさを悟って呆然とする最後の場面をほめたものだろうか。ほめられた秀吉は《邯鄲》で用いた唐織を少進に与えている。

このエピソードはたまたま少進の『能之留帳』のおかげで、われわれの知るところとなったのだが、みずから演じる能に自信を深めていたこのころの秀吉は、少進だけでなく、金春安照などにも同じように批評を求めていたのではないかと思われる。

秀吉筆録の『豊公能舞一点書』

戦災で焼失したためにいまは存在していないが、秀吉の筆になるとおぼしき『豊公能舞一点書』という書が戦前まで徳川公爵家に所蔵されていた。その内容は、たとえば、

一、かんたん。「よろこびのうたお」とゆう所にひやうし有。〔邯鄲〕
一、「ゆきの内のはせう（直下）」とゆう所にならい有。〔芭蕉〕
一、あま。「ちよかとみれどもそこもなく」のおもてつかいの事。〔海士〕

というもので、このような形で約九十五箇条にわたって能の習事《ならいごと》や演技の要点が記されている。対象となっている能は三十七番、能楽資料としての分類からいえば「能伝書」にあたるものである。

この『豊公能舞一点書』は焼失してしまったが、さいわいなことに川瀬一馬氏の『続日本書誌学之研究』に解説とともに全文が紹介されている。それによると、この書は焼失前には巻子《かんす》本《ぼん》に仕立てられていたが、もとは紙片に随時書きつけられていただけのものだったらしい。「豊公能舞一点書」という書名も、この紙片を巻子に仕立てるときに仮につけられたようである。「豊公……」とつけられたのは、それが秀吉の書いたものと判断されたからだろうが、川瀬一馬氏の解説によれば、字体には二種の筆跡があって、そのうちの一種は秀吉自筆の書状などと比較すると明らかに秀吉の筆であり、もう一種は祐筆《ゆうひつ》の補筆であろうという（『続日本書誌学之研究』ではその二種の筆跡を区別して掲載）。原本が焼失して写真も残されていないため、いまあらためてその筆跡が秀吉のものかどうかを確かめることはできないが、秀吉の字体は比較的判別しやすいものであり、能伝書『豊公能舞一点書』の筆者はまず秀吉とみてよさそうである。

また、『豊公能舞一点書』が秀吉の筆になるものだろうことは、『続日本書誌学之研究』に掲載された翻字からもうかがえる。というのは、この書には口語そのままの表現とか、書き誤り、あるいは仮名遣いの誤りなどが散見されるが、それは秀吉の自筆の書状などの書き癖とよく似ているからである。たとえば、さきにかかげた部分でいえば、《邯鄲》と《芭蕉》にみえる「……とゆう」というような口語そのままの表記などがそれである。この「……とゆう」という表記は『豊公能舞一点書』では七例あるが、それはいずれも川瀬氏が秀吉の自筆と推定された部分のものである[6]。

こうして、秀吉が『豊公能舞一点書』のような能伝書を書き残していたらしいことが知られる。もちろん、これも能への熱中の産物であろう。おそらく、能に夢中になっていた秀吉は、金春大夫安照や暮松新九郎などから聞いたことを、みずから筆録し、あるいは祐筆に補筆させたものだろう。それには自身が演じる場合の参考にするという実際的な要請もあったろうが、どちらかといえば、ひろく能の習事全体にたいする秀吉の関心が、このような能伝書風の覚書の筆録になったのではないかと思う。ちなみに、ここで演技の要点が記されている能は三十七番であるが、このうち秀吉が演じたことが判明している能は十

一番である。(7)

秀吉が演じた能

次頁にかかげた写真は、京都南禅寺の野村美術館の所蔵になる能の番組である。「のふの事」とあって、《弓八幡《ゆみやわた》》《芭蕉《ばしょう》》《融《とおる》》《杜若《かきつばた》》《大会《だいえ》》という曲名が記されている。これは秀吉の自筆とされているが、その特色ある筆跡はまさしく秀吉のものである。《大会》のあとが空白で、その下に「ちくせん」とあるのは、羽柴筑前すなわち前田利家が演じることはきまっていたが、演目は未定ということであろう。つまり、それ以外の五番の能は秀吉の所演と理解される。これがいつのものかは不明だが、秀吉が能楽三昧の状態にあった文禄二年(一五九三)の秋以降、大坂城か伏見城における、ある日の秀吉の催しであることは確実であろう。

このような番組に接すると、秀吉が演じていながら、記録に残されていない催しが数多くあったことが思われるのだが、ここで文禄二年以後の秀吉がどのような能を演じたのかを展望しておきたい。

まず、秀吉が演じた能を曲目別に整理すると、つぎのようになる(数字は上演回数)。

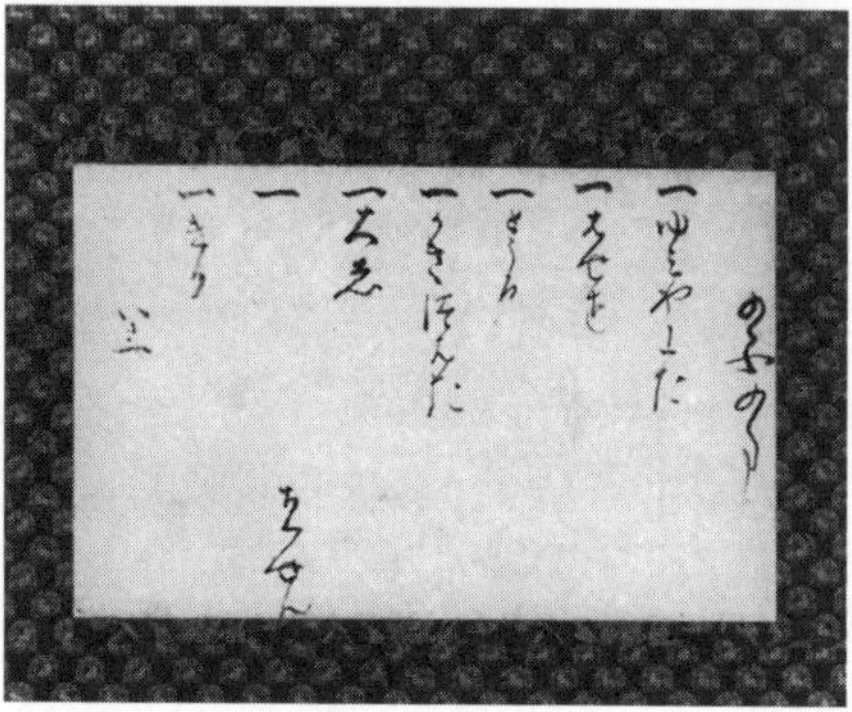

秀吉自筆の能番組（野村美術館蔵）

明智討1　井筒4　江口1　老松7　杜若4　邯鄲3　金札3　呉服3　源氏供養7　皇帝6　高野参詣2　柴田1　関寺小町5　大会6　高砂1　田村6　定家3　唐船2　融2　芭蕉3　北条1　松風4　通盛2　三輪3　弓八幡3　吉野詣5　頼政1

秀吉がいつ、どのような場で、どのような能を演じたかを整理すると、次頁の表のようになる。

曲目数は二十七番で、所演回数は演目が判明しているものは九十回となる。当初、五十日ほどで十番をおぼえたことを考えると、その後、レパートリーはあまり広がらなかったともいえるが、それが五十七歳～六十二歳という晩年期にあたっていたことを考えれば、この程度が自然であろうか。五十八歳だった文禄三年四月十五日の夜には、気分が悪くなって小便を漏らしたり（『駒井日記』）、また、文禄四年十一月～同五年一月や慶長二年（一五九七）十一月ころには病臥しているが、秀吉の場合はそうした晩年の衰弱期における能への熱中だったのである。若い秀次が二年ほどの間に四十一曲（上演回数は八十八回）もの能を演じているのと単純に比較することはできまい。

◎文禄二年
一月～八月〔名護屋〕
松風　老松　三輪　芭蕉　呉服　定家
融　杜若　田村　江口　唐船
九月十七日〔大坂城西の丸〕
皇帝
九月十八日〔大坂城西の丸〕
老松　通盛　松風　三輪　金札
閏九月三十日〔前田利家邸〕
定家　田村
十月二日〔浅野弾正邸〕
井筒　大会
十月五日〔禁裡〕
弓八幡　芭蕉　皇帝　三輪
十月七日〔禁裡〕
老松　定家　大会（※狂言も演じる）

秀吉が演じた能

演じた曲目が少ないということは、同じ曲を繰り返し演じていることを意味しているが、このうち所演回数が多い曲を拾ってみると、もっとも多いのが《老松》《源氏供養》の七回、つぎが《皇帝》《大会》《田村》の六回、そのあと《関寺小町》《吉野詣》の五回、《井筒》《杜若》《松風》《金札》の四回と続く。

世阿弥風の能を好む

秀吉がもっとも多く演じた《老松》は、天満《てんまん》天神を祀《まつ》った太宰府《だざいふ》の安楽寺

十月十一日〔禁裡〕
呉服　田村　松風　杜若　金札
◎文禄三年
二月七日〔石川法賀邸〕
吉野詣　源氏供養　関寺小町　田村
二月九日〔大坂城本丸〕
吉野詣　田村　関寺小町　源氏供養　老松
三月一日〔吉野蔵王堂宝前〕
吉野詣　源氏供養　関寺小町
三月五日〔高野山青巌寺前〕
老松　井筒　皇帝　松風　高野参詣（?）
三月十五日〔大坂城本丸〕
吉野詣　高野参詣　明智討　柴田　北条
四月二十日〔宇喜多秀家邸〕
源氏供養
五月十日〔大坂城本丸〕
源氏供養　吉野（《吉野詣》なるべし）
九月十八日〔大坂城西の丸〕
田村
◎文禄四年

を舞台にした世阿弥作の脇能で、シテは北野社の末社の老松《おいまつ》の神。冒頭の〔次《し》第《だい》〕に「げに治まれる四方《よも》の国、げに治まれる四方の国、関の戸ささで通《かよ》はん」と謡われ、終曲部に「これは老木《おいき》の神松《かみまつ》の、千代に八千代にさざれ石の、巌となりて苔のむすまで、苔のむすまで、松竹鶴亀の、齢《よわい》を授くるこの君の、行く末守れとわが神託の、告げを知らする松風も梅も、久しき春こそめでたけれ」とある。このような天下泰平や御代の永遠を祈る内容が、絶対的な為政者だった秀吉の気に入ったものであろうか。

同じく七回の《源氏供養》は、『源氏物語』を書いた罪によって、地獄に落ちている紫式部の成仏を描いた能。紫式部

四月ころ〔聚楽第〕
老松　源氏供養　邯鄲　大会〔初日〕
弓八幡　関寺小町　皇帝　杜若　呉服キリ〔二日目〕
四月ころ〔伏見城〕
金札　井筒　邯鄲　大会〔初日〕
老松　通盛　関寺小町　皇帝〔二日目〕
五月二十一日〔伏見城〕
金札　唐船　井筒　皇帝
五月二十四日〔伏見城〕
高砂　頼政　源氏供養　邯鄲　大会
◎慶長元年
五月十五日〔禁裡〕
演目不明（脇能一番）
五月十七日〔禁裡〕
演目不明（四番）
◎年次・場所不明のもの
弓八幡　芭蕉　融　杜若　大会
祝言能（曲不明）

は主人公の光源氏を供養しなかったために中有《ちゅうう》に迷っているという設定で、場所は『源氏物語』ゆかりの石山寺。そこを訪れた安居院《あぐい》の聖覚《せいかく》（鎌倉時代の説法の名手）がワキ。全体が「無常」というテーマで貫かれている作品だが、秀吉はこうした内容の能を七回も演じているのである。

六回を数える《皇帝》は、《船弁慶》や《紅葉狩》などの活劇風の能の作者として知られる観世小次郎信光《のぶみつ》（音阿弥の子）の作。楊貴妃にとりついた病鬼を鍾馗《しょうき》が退治するという筋の能である。シテは鍾馗で、場所は唐の宮殿。信光の作品らしく玄宗（ワキ）や楊貴妃（子方）や病鬼（後《のち》ヅレ）など多くの人物が登場する。舞台には玉座などを示す二種の台や、病鬼を映す明王鏡も出る。《大会》も同趣の能である（↓一七九頁）。同じく六回の《田村》は、延暦年中（七八二〜八〇五）にしばしば東夷を平定した坂上田村丸《さかのうえのたむらまる》をシテとした能。田村丸が清水寺の創立者であった関係で、春たけなわの清水寺が舞台になっている。春宵一刻値《あたい》千金の清水寺を舞台に、清水寺ゆかりの田村丸の武勲の再現を通して、観音の広大な慈悲を描こうとした能である。

五回の《関寺小町》はすでに何度かのべた秘曲。《吉野詣》は自身の事績を能に作らせた豊公能《ほうこうのう》である。このような特異な能を五回も演じているのも、秀吉の演じた能の特色といえよう。

四回の《井筒》《杜若》《松風》は、いずれも世阿弥風の閑雅な女体《によたい》の遊舞能である。《井筒》は『伊勢物語』の「筒井筒」の物語をもとに、在原業平《ありわらのなりひら》の妻（紀在常《きのありつね》の女）をシテとした「恋慕」「懐旧」をテーマとした世阿弥の名作。《杜若》は業平の恋人の皇后高子《たかいこ》を杜若の精として描出して、執心からの解放を草木《そうもく》成仏思想と重ねあわせた、いかにも禅竹らしい能。《松風》は須磨の海女《あま》である松風・村雨《むらさめ》姉妹の亡霊が恋人の在原行平《ゆきひら》をしのぶ「恋慕」がテーマの能である。

こうして、秀吉が演じた能を通覧してみると、全体としては、世阿弥風の歌舞能が比較的多いのにたいして、《安宅《あたか》》のような活劇的な作品や人情物の能をほとんど演じていないことがわかる。家康が好んだ《鉢木《はちのき》》のような武士の気概を描いた能なども、秀吉は好きではなかったらしい。

4　秀吉の能舞台

大坂城本丸の能舞台

秀吉が作ったり、秀吉のために作られた能舞台については、これまでに二つの例を紹介している。肥前名護屋城の山里に作られた舞台と、吉野花見のおりに宿所の吉水院《よしみずいん》に作られた舞台がそれである。しかし、秀吉関係の能舞台はこれだけではない。たとえば、秀吉は伏見の御香宮《ごこうぐう》にも能舞台を建てていたし、興福寺の金堂前にも能舞台を建てていた。また、頻繁に能が演じられた大坂城や伏見城、あるいは天正十九年（一五九一）以後は秀次の居城だった聚楽第などには、当然、能舞台があったと考えられる。しかし、これらの舞台についての資料ははなはだ少なく、その実態はほとんどわかっていない。とくに伏見城や聚楽第の舞台についてはまったく不明である(8)。興福寺金堂前の能舞台についてはこのあと第六章でのべるので、ここでは大坂城本丸の能舞台と伏見の御香宮の能舞台について紹介しておこう。

大坂城の本丸には、最初は能舞台はなかったようである。(9) しかし、秀吉が能に熱中してから能舞台が作られたらしく、文禄三年(一五九四)二月九日に、秀吉が秀次を招いて《関寺小町》などを演じたのは「大坂御本丸於二御舞台一」であった(『駒井日記』)し、『能之留帳』の慶長九年(一六〇四)十月二十七日の項には「秀頼様ニて。大坂本丸之舞台にて」とある。後者は秀吉没後の記事であるが、その大坂城本丸の舞台のようすを具体的に伝えた記事がジャン・クラッセの『日本西教史《にほんせいきょうし》』にみえる。『日本西教史』は元禄二年(一六八九)の編纂で、編者のジャン・クラッセはフランス人イエズス会士である。その慶長元年(一五九六)六月の項をみると、明使の沈惟敬《しんいけい》が大坂城で秀吉に謁見したときの記録のなかに、本丸能舞台のことがつぎのように記されている。

斯《か》くて太閤殿下は頻《しき》りに支那の使者を迎ふる用意を命じ、畳千枚を敷るゝ程の宏大美麗なる会同館を建て、此畳は細く美しき草筵にして、長さ四尺計《ばか》り、幅之《これ》に半ばし、金或は絹の縁をつけ、格子形を置きたり。木材は尽《ことごと》く良品を用ひ、其内に入れば、只金色の光り耀然たるを見るのみ。城外には湟《ほり》を隔てゝ長さ六丈、幅二丈五尺の舞台を設け、床下に数多の柱を立て並べ、或は白木のものあり。或は溝彫したるあり。舞台の柱は巻柱にして、欄干は最上の漆を以て塗り、之れを種々に彫画し、或は梨子地《なしじ》の格子を精細に粧ひしものあり。舞台の往来を便にせんと湟を越して橋を架す。長さ僅かに拾間計りにして、其価一万五千金なりとぞ。鍍金したる瓦を以て屋を葺《ふ》き、柱欄干甃石等も金箔を以て覆はざるなし。其頃大坂に在て此荘厳を目撃せし耶蘇《やそ》教師も、此の如き結構は世に類なしと云へり。

『日本西教史』は、編者のクラッセが日本の事情にうとかったことや、明治十一年に太政官の翻訳係によってなされた邦訳にも誤まりが少なくないことから、現在では安土桃山時代史料としての生命は終わっているとされている書である。しかし、大坂城本丸の舞台については唯一具体的な記述資料なので、ここではしばらく、その記述を追ってみたい。

本丸舞台の面影

秀吉が建てた「畳千枚」の「会同館」というのは、千畳敷《せんじょうじき》と呼ばれた本丸の対面所のことと思われるが、能舞台はそこから見物できるように堀をへだてて建てられていたようである。その規模は長さ（奥行きのことか）六丈（約十八メートル）、幅二丈五尺（約七・五メートル）。柱は「巻柱」（真木柱？）で、欄干（地謡座の欄干だろうか）は豪華な装飾がほどこされ、橋掛りは十間ほどの長さで、これまたきわめて豪華だった。また、屋根は金メッキをほどこした瓦で葺かれていた。

およそ、このような記述である。舞台の「長さ」が十八メートルというのが、いささか長すぎるが、これは舞台後方の後座《あとざ》をふくめた長さとみれば、そう不自然ではない。『日本西教史』のこの記事は、ある程度、大坂城本丸舞台の面影を伝えているとしてよいのではないだろうか。しきりに強調されている舞台の豪華さなども、よく事実を伝えているように思われる。

ところで、つい最近まで、大阪城の天守閣内にある大阪城天守閣（博物館）の展示コーナーには、大坂城本丸の能舞台の推定復元模型が置かれていた。模型の製作は『豊臣秀吉の居城—大阪城編』の著者である城郭史研究の桜井成広氏で、桜井氏は右の『日本西教史』の記事をもとにこの模型を製作されたのである。その模型は右の著書にも写真が掲載されているが、舞台は正方形ではなく、横長の形になっている。そして、その横長の舞台の正面には、目付柱と脇柱のあいだに、さらに二本の柱が立っている。屋根は瓦葺きで入《いり》母屋《もや》造り、柱には彫刻が施され、土台は石垣。正面は堀割になっていて、その堀をはさんで手前が本丸の対面所で、正面に向かって右側に対面所と舞台をつなぐ橋掛りがかかっている。

この模型で、舞台を横長の形にしたことと、橋掛りを向かって右手につけたことは、かならずしも賛成できないが、そのほかは『日本西教史』に忠実である。大坂城本丸の能舞台については、『日本西教史』の記事の、どれを取り、どれを捨てるかは、なかなかむつかしい問題だが、ここには秀吉がしばしば能を演じた大坂城本丸舞台のようすが、かなり記し留められているように思われる。

伏見御香宮の能舞台

晩年の秀吉の居城があった伏見には、御香宮《ごこうぐう》が鎮座している。御香宮は『看聞御記《かんもんぎょき》』などによって室町時代の春秋の神事《しんじ》能《のう》がよく知られている社だが、秀吉は伏見城の本格的な普請があった文禄三年（一五九四）に、御香宮を伏見城の丑寅《うしとら》（北東）の隅の狼谷《おおかめ》山に移して、その神前に能舞台を建てている。この舞台は、その後、慶長十年（一六〇五）に家康が御香宮を旧地（現在の鎮座地）に戻したときに社殿とともに移築され、伝統ある九月の神事能もその舞台で行われていた。そして、明暦元年（一六五五）を最後に神事能が中絶してからは朽損が進み、宝永五年（一七〇八）に解体されている。

秀吉が御香宮にも能舞台を建てていたこと、および右に述べたその能舞台のその後の推移については、御香宮神主の三木《そうぎ》家蔵の『文化八年能舞台奉納一件』によって知ることができる。この『文化八年能舞台奉納一件』は、文化八年（一八一一）に氏子である伏見の町人が、おりおり能を催したいがために御香宮に能舞台を奉納しようとしたことにかかわる詳細な記録で、そこに秀吉が文禄三年に建てた能舞台のことが記されているのである。この記録によって秀吉が建てた能舞台を紹介しておきたい。

伏見の町人が能舞台の奉納のことを御香宮に申し出たのは文化八年五月上旬のことであった。御香宮側もこれを了承して、ちょうど取り払われることになっていた京都の祇園社の能舞台を移すということになって、八月上旬ころまでには、高瀬川を利用して運搬することや、場所を神輿《みこし》蔵の北にすることなどが決まり、伏見奉行へも願書を提出するところまでことが進んだ。

ところが、神社と奉行所との折衝の過程で、御香宮にはかつて文禄三年に秀吉が建てた能舞台があり、慶長十年の家康による遷座で舞台も旧社地の拝殿前に移築され、さらに宝永五年に解体されたことが判明する。秀吉や家康にかかわる舞台ということで、奉行所は解体された舞台の古材や土台の石は残っていないかとの調査を命じてくる。神社で調べてみると、「柱三本」「破風口《はふぐち》弐ツ」「棟瓦《むねがわら》壱ツ」「柱根石弐ツ」「高欄」「菊御紋八ツ」「升形《ますがた》壱ツ」「肘木《ひじき》四組」の存在が確認された。「破風口」は狐《きつね》格子、「棟瓦」は獅子、「菊御紋」は金箔、「升形」「肘木」は極彩色だった。そこでそれまでの舞台奉納願いは、これらの遺物を利用しての、秀吉建立の舞台の再建願いに切り替えられることになり、改めて八月十三日付で奉行所に再建予定の舞台絵図をそえた再建願いが提出された。

その絵図によると、舞台は北向きで二間五尺四方、屋根は板葺《いたぶき》で入母屋造り、後方（南側）に九尺の下家（後座《あとざ》）、幅三尺の地謡座、長さ四間五尺・幅九尺の橋掛り、二間四方の鏡の間というものである。橋掛りは組み立て式で、ふだんはとり払われる形式だった。場所はもとあった拝殿前から西の空地で、柱や破風口など秀吉時代の舞台の遺物はそれぞれの部所に利用された。

このあと、再建予定地での測量や、家康が舞台を移築したことについての旧記の確認のことなどがあって、十月から十一月にかけて江戸の寺社奉行に申請するため、すでに提出済みの再建願いの文面があらためて検討され、江戸の寺社奉行からの問い合わせにたいしての返答を伏見奉行に差し出して、いささか紆余曲折《うよきょくせつ》のあった秀吉建立の能舞台再建の手続きはすべて終わったのである。

以上が『文化八年能舞台奉納一件』から秀吉が御香宮に建てた能舞台について知りうることがらである。意外なことに、これだけ時間をかけながら、この能舞台再建は結局実現しなかったらしいのだが、それはともあれ、奇跡的に残っていた棟瓦・菊紋・升形・肘木などからは、かすかながら、秀吉が建てた舞台の豪華さがしのばれる。また、秀吉が御香宮にこのような舞台を作っていた事実は、伏見城にも確実に能舞台が作られていたことを思わせる点でも貴重である。

第五章　豊公能の新作

1　豊公能と大村由己

豊公能の成立

冒頭でも紹介したように、秀吉は能に熱中のあまり、自分の事績をもとにした能を新たに作らせた。いわゆる豊公能がこれで、現在、テキストが伝わっているのは《吉野詣《よしのもうで》》《高野参詣《こうやさんけい》》《明智討《あけちうち》》《柴田《しばた》》《北条《ほうじょう》》の五番である。詞章の作者はいずれも秀吉の祐筆の大村由己《おおむらゆうこ》である。大村由己は天正八年（一五八〇）に秀吉の播磨三木《みき》城攻略の記録である『播磨別所記』をまとめて以来、秀吉の数々の事績をまとめてきた実績を持つ文人である。それに金春大夫安照が節付をほどこした。権力者が自身の事績を能に作らせるということは他に例がなく、その点で豊公能は秀吉の能楽愛好のなかでも異彩をはなっているが、その制作意図や制作経過については、つぎにかかげる尊経閣《そんけいかく》文庫蔵の《高野参詣》の奥書に簡潔に説かれている（すこし表記をあらためた）。

高野参詣の能は、新作十番の内、その一なり。大閤大相国《だいしょうこく》治世の間、忠孝・武勇・幽玄・奇瑞《きずい》等、その傑出の事をもつて十番となす。故人作る所の能、巧詐《こうさ》これ多し。

今や大相国これを改め、由己《ゆうこ》法印《ほういん》をして贋偽《がんぎ》を除き、実事を記さしめ、金春大夫をして音節を付せしむ。まことに踏舞の楽しみ、何をもつてこれに加へん。民人衢《ちまた》に謡ひ、後代、相国の恩恵を忘れざる者、ことにこれを翫ぶべし。よつて叡覧に備へ、これを禁中に留む。季世、能の規模と為す者か。この一番、金剛峰寺興山上人、これを興山寺に遺し、万世の宝秘とすべしと云々。懇求によって、金印を押し、これを賜ふものなり。

文禄三年三月五日　　〔「豊臣」の金印〕

これは文禄三年（一五九四）三月に秀吉が高野山に参詣したおりに、高野山金剛峰寺に献上した豊公能《高野参詣》（巻子本）の奥書である。題簽が後陽成《ごようぜい》天皇の宸筆、本文は聖護院門跡道澄《しょうごいんもんぜきどうちょう》の筆になる本で、この奥書も道澄の筆らしい。奥書のあとには「豊臣」の大きな金印が押されている。この金印はこのほかには外交文書の『豊太閤与高山国書』にしかみえないもので、その点でも豪華な印象を与える本である。

この奥書によると、秀吉が大村由己に作らせた能は十番で、秀吉の「忠孝」「武勇」「幽玄」「奇瑞」を描いたものだという。また、この十番は「巧みなうそ」が多い従来の能の欠点をただしたもので、能の模範（規模）となすべく禁中にも献上された、という。十番の新作能の節付が金春大夫の担当であったことも、ここに記されている。

もっとも、ここには十番とあるが、現在はさきにあげた五番が知られているだけである。『言経卿記《ときつねきょうき》』や『甫庵太閤記』に「新作」「新謡」としてみえる豊公能も、現在知られている五番と重なるものばかりである。となると、ここに十番というのは五番の誤りかとも思われるが、宸筆を題簽に戴いたこの本の奥書はやはり信ずべきものだろう。「能の規模」をめざしたという点も、五番より十番のほうがふさわしい。『言経卿記』の文禄五年（慶長元年）四月十三日条によると、山科言経《やましなときつね》は大村由己作の《この花》という謡本を鳥養新蔵（車屋本の筆者鳥養道晣《どうせつ》の子）から借りているが、これなどは残る五番のうちなのかもしれない。

また、これら豊公能の成立時期であるが、右の《高野参詣》の奥書によって、文禄三年三月以前であることはたしかである。《吉野詣》や《高野参詣》は文禄三年春の吉野と高野への参詣のために作られたと思われるから、この二番の制作時期は吉野への花見の計画が持ち上がった一月末から二月はじめ以後と考えられる。ほかの豊公能もそれとあい前後して作られたのではないだろうか。

豊公能の上演

こうして作られた豊公能は、いずれも秀吉賛美を内容とする特殊な能であり、その上演は秀吉の生前にかぎられている。能としても一般的ではなかったし、これら秀吉賛美の能が親豊臣感情に敏感だった徳川政権下で演じられるはずもなかったからである。貞享～宝永（一六八四～一七一〇）ころ、能に熱中した将軍綱吉や将軍家宣《いえのぶ》の周辺では通常の能にあきたらず、百番を優に越える稀曲が復活上演されていることが報告されているが、そのなかにも豊公能は含まれていない。豊公能は秀吉の逝去とともにその存在意義を失ったといってよいだろう。

もっとも、秀吉の生前においても、豊公能の上演はそう多くはなかった。すでにのべたように、吉野蔵王堂宝前で上演するためのリハーサルとして文禄三年（一五九四）二月七日に石川法賀邸で、また、二日後の二月九日に大坂城で《吉野詣》が上演されたのが豊公能の上演としては早いものである。それ以後では、文禄三年三月に吉野と高野で《吉野詣》と《高野参詣》が上演され、文禄三年三月十五日に大坂城で秀吉によって現存の五番が演じられ、同年四月の禁中能で暮松新九郎によって《明智討》が演じられ、五月に大坂城で秀吉によって《吉野詣》が演じられている程度である。これも豊公能の特殊性を考えれば当然のことであろう。また、近代になって、明治三十一年（一八九八）に《柴田》が、昭和六十一年（一九八六）に《明智討》がそれぞれ復活上演されている（二六九頁、二六六頁）が、いずれもそのときかぎりの上演で、継続的に上演されるにはいたっていない。

これらの豊公能の上演のうち、文禄三年三月十五日の大坂城本丸での上演については、そのようすがすこし伝えられているので、『甫庵太閤記』（巻十六「於二大坂一新謡御能之事」）によって、それを紹介しておこう。

同三月十五日、大坂本丸において、由己《ゆうこ》法橋《ほつきよう》播州人也新作の謡、《芳野花見》《高野参詣》《明智》《柴田》《北条》、この五番、金春八郎に仕舞《しまい》を沙汰し候へと、かねて仰せつけらる。その伝を受けさせ給ひ、御能をあそばし簾中がたへ見せまいらせられ候はんためとかや。五番ののち金春二番舞へども、さすがものなれたる上手なるによつて、出来《しゆつたい》しはべらざりし。いよいよ吉公《きつこう》御気色にてありつる。

ややわかりにくい文章だが、秀吉はこれ以前から、大村由己新作の五番の能の仕舞（所作）の沙汰（工夫）を金春安照に命じていたのだろう。安照からそれを伝授された秀吉が、この日、婦人たちを前にみずから演じてみせた。そのあと安照が（豊公能を？）二番舞ったが、安照は秀吉に配慮してわざとでき悪く演じたので、秀吉はいよいよご機嫌だった、ということであろう。(1) 安照が演じた二番が豊公能なのかどうかが曖昧《あいまい》ではあるが、ここには秀吉という権力者に仕える役者安照の心遣いもうかがえて面白い。

こうして、秀吉は自身の事績を描いた五番の新作能を一挙に演じたのである。これはうちうちの催しだが、演目と演者の特殊性という点で、長い能の歴史のうえでも特記してよいことだろう。

大村由己

秀吉の命をうけて豊公能を新作した大村由己は、天正（一五七三〜）の初年ころから側近として秀吉に仕えていた文人である。播州三木の出身で、相国寺の仁如《にんじょ》集尭《しゅうぎょう》の会下《えげ》に参じ、藤原惺窩《ふじわらせいか》・九条稙通《くじょうたねみち》・細川幽斎《ほそかわゆうさい》・松永永種《まつながえいしゅ》（松永貞徳の父）・里村紹巴《さとむらじょうは》・里村昌叱《しょうしつ》といった文人たちとの交流を通じて、漢学・和歌・連歌・俳諧、さらには狂歌などで幅広く活躍し、慶長元年（一五九六）に六十歳あまりで没した。また、天正十年（一五八二）ころから没するまで、大坂天満宮の連歌会所の別当職にあり、連歌の宗匠として大坂連歌界の中心にあった。『鷹筑波集《たかつくばしゅう》』のなかの松永貞徳の詞書に、「その世にかくれなき大才の人、歌道達者にて幽斎・由己と呼ばれ給ひしこと、今のやうにぞ侍る」とあるとおり、細川幽斎とならんで当代を代表する文人だった。

この由己は天正八年（一五八〇）には秀吉の近づきを得ていた。秀吉による播州三木の別所長治《べつしょながはる》攻めを記した『播磨別所記』が由己によって天正八年正月に書かれているから、秀吉との縁はそれ以前からになる。この『播磨別所記』を手はじめに、以後、由己は秀吉の数々の輝かしい事績を記録してゆく。それらは『天正記』と総称され、もとは十二編あったが、現存するのは八編である。それを成立順にかかげると、『惟任謀反記《これとうむほんき》』『柴田合戦記』『紀州御発向記《きしゅうごはっこうき》』『関白任官記』『四国御発向并北国御動座記』『聚楽行幸記《じゅらくぎょうこうき》』『小田原御陣』となる。由己と秀吉との関係はこうした著作に端的に示されているが、これらはいうまでもなく秀吉の事績を称揚するために書かれたものであり、由己がそうした著作を継続的に行ってきたことが、文禄年間の豊公能の新作につながったのである。

『惟任謀反記』は明智光秀討伐の記録であり、『柴田合戦記』『小田原御陣』とともに、それぞれ豊公能の《明智討》《柴田》《北条》と素材が共通している。さきにものべたように、新作能の制作にそう長い時間がかけられた形跡はないが、それはすでに由己の筆にかかっていたものが多かったためでもあろう。

また、由己による豊公能の新作については、秀吉の命で由己が幸若舞《こうわかまい》を新作していることが注意される。秀吉は天下統一をはたした天正年間から幸若大夫に保護を加えていたようだが、『幸若系図之事』によると、『三木』『本能寺』『金配』の三曲は秀吉の命令で名人だった幸若小八郎などが節付をしたものだという。これらが由己の作であると明記した資料はないが、『三木』『本能寺』はそれぞれ『播磨別所記』『惟任謀反記』と文辞が共通しており、由己の作とされている。つまり、秀吉は自分の事績を、作詞は大村由己、作曲はその道の専門家というかたちで、幸若舞と能において新作させたのである。確実な証拠はないが、おそらく、それは幸若舞のほうが先行しており、そうした前例をふまえて豊公能の新作が由己に命じられたものかと思われる。

なお、さきにのべたように、大村由己は和歌・連歌では当代の一流の文人であった。能の詞章は素材においても表現においても和歌・連歌的な教養を基盤にしているが、この点においても、由己は能を新作するにふさわしい資質の持ち主だったといえる。近代の新作能も、その多くが高浜虚子・土岐善麿《ときぜんまろ》といった韻文作家によって作られているのは、理由のないことではないのである。換言すれば、豊公能には由己の文人としての力量がかなり正確に現われているということにもなるであろう。豊公能はそのような点でも興味ぶかい作品なのだが、そうした点の具体的な検討はつぎの項にゆずることにする。

2　豊公能を読む

安土桃山時代の能の質

豊公能は、その存在は知られてはいるものの、作品の分析はあまり行われていない。[2] 豊公能は、能の新作が終わった時代の、しかも、大村由己という本来の能の作者ではない一文人が、秀吉という権力者のために作った能であるから、それは当然だろう。

しかし、安土桃山時代という時代に作られた能の質、換言すれば、安土桃山時代という時代の能の創作力を知るには、豊公能は絶好の材料であろう。もちろん、それも安土桃山時代の能の一面ということになる。そこで、ここでは信頼できるテキストによってこれら豊公能をすこしていねいに読み、その構想や詞章を検討してみることにする。[3]

もっとも、豊公能は秀吉の晩年期に演じられただけで、アイ狂言の詞章や型付《かたづけ》（演出資料）といった上演にかかわる資料はほとんど現在に伝わっていない。豊公能を演じたことが確実なのは秀吉と金春安照と暮松新九郎だけであり、演出関係の口伝や資料は秀吉愛顧の金春座にも伝わらなかったらしい。こうして、豊公能については台本（詞章）だけが残されているのである。したがって、以下の豊公能についての検討では、人物の動きや作り物（舞台装置）など舞台面のことは推定に頼らざるをえないところも多いのだが、安土桃山時代という時代に作られた能の質については、そのおおよそは把握できるものと思う。

秀吉賛美の優品――《吉野詣》

《吉野詣》は、天下泰平をことほぐ祝言能《しゅうげんのう》（脇能）として作られている。『甫庵太閤記』には「芳野花見」とあるが、「吉野詣」が本来の曲名と思われる。まず、当今《とうぎん》の臣下（ワキ）が登場して、

影あきらけき日の本の、影あきらけき日の本の、国民《くにたみ》ゆたかなりけり

と、世の泰平と豊饒《ほうじょう》を賛美する〔次第《しだい》〕があり、続いてつぎのように文禄の役《えき》以後の秀吉の事績とこのたびの吉野参詣のことが説明される。

ワキ「そもそもこれは当今《とうぎん》に仕へたてまつる臣下なり、さても太閤大相国《だいしょうこく》、本朝を心のままに治め三韓を平らげ、あまつさへ唐土《もろこし》よりも懇願《こんがん》を入るるにより、武勇功を終へ還御《かんぎょ》ならせたまひ、山城国伏見の里に大宮作《おおみやづく》りしたまへり、またこの春は吉野の花

見としてご参詣のことなれば、ただ今供奉《ぐぶ》つかまつり候

いわゆる大臣ワキである。脇能ではふつう朝廷からの使者として臣下がある場所に出向くのだが、ここでは臣下が秀吉の吉野詣の供をするという設定になっている。もちろん、それは実際の秀吉の吉野山参詣にあわせた結果である。ワキの臣下には、にぎにぎしく複数の随臣（ワキヅレ）が伴って登場したろう。以下、吉野までの行程が歌われる。

ワキ〽ころははや、花の都の春の空、花の都の春の空、風ものどけき淀川や、船さしくだすあけぼのの、月を江口のあとにみて、大江の岸や住吉の、松の木《こ》の間の淡路島、堺の津をもうちすぎて、信太《しのだ》の森の梢より、なほ白雲《しらくも》の立田山、越えてほどなく名にし負ふ、吉野の山に着きにけり、吉野の山に着きにけり

秀吉一行の都から吉野までの行程である。実際の吉野の花見では、秀吉は大坂から出発しているが、ここでは都を始発とする脇能の形式にあわせたのであろう。この道行の文章は古来の能にくらべても遜色《そんしょく》はない。「住吉の、松の木の間の淡路島」は《弱法師《よろぼし》》などにも引かれる源頼政の詠歌「住吉の松の木間《こま》よりながむれば月落ちかかる淡路島山」をふ

まえている。

「花の都の客人」

吉野に着いた一行の前に二人の老人（前ジテ・前ヅレ）が現われる。後《のち》ヅレが天女だから、前ヅレは老媼かもしれない。この二人が登場するときの詞章はつぎのようなもので、これも花の吉野山を髣髴《ほうふつ》とさせるなかなかの美文である。

シテ〽春はまた、花の都となりにけり、桜に匂ふ吉野山　ツレ〽嵐も白き白雲の

シテ・ツレ〽梢をつつむ高嶺《たかね》かな

シテ・ツレ〽雲漠々《ばくばく》花満々、大守花に問へば花に語《ご》あり、君がために、開けはじめしあめつちの、久しき代々《よよ》の花の色、浅からざりける匂ひかな

シテ・ツレ〽時つ風、枝を鳴らさぬ春の日に

シテ・ツレ〽鶯の、声ほころぶる朝もよひ、声ほころぶる朝もよひ、木々の梢のいろいろに、かすみわたれる川づらの、波にも山路近ければ、花のうつらぬ水もなし、花のうつらぬ水もなし

ここで臣下と二人の老人との問答になるが、臣下の言葉に「これは都の人にて御座候ふが、当山の花はじめてご覧ぜられ候、このあたりの旧跡、または千本《せんぼん》の桜の謂われなど聞こしめさるべく候間、近づきて言上いたし候へ」とある。この「都の人」は当然秀吉であろう。あとにものべるが、この能には、子方《こかた》（子供の役）などで秀吉が登場していた可能性がある。この問いかけにたいして、老人二人は、「昔たれかかる桜の種を植ゑて吉野を春の山となしけん」という藤原良経の歌をあげ、すでに良経の時代（鎌倉初期）に吉野山の桜の謂われはわからないと詠まれているのだから、われわれが知るわけはないなどと答えるが、さらに説明を求められて、吉野の桜の謂われを語ることになる。このあたりのやりとりは『古今集』の「吉野川岩きりとほし行く水の……」をふまえた手慣れたものになっている。また、その謂われを語る直前には地謡《じうたい》（合唱）の担当で、「花の都の客人《まれびと》の、花の都の客人の、衣の色も唐錦《からにしき》、おりから花のかざしにて、かざり車の下簾《したすだれ》、なほただならぬ気色かな、なほただならぬ気色かな」という文句があるが、この「かざり車」にのった「花の都の客人」はもちろん秀吉である。

桜の一枝を差し出す

さて、老人は求められて吉野山の謂われを語る。ここは〔クリ〕〔サシ〕〔クセ〕という節の部分だが、老人は座したまま吉野山の謂われを語る。そこでは、吉野が唐土の五台山《ごだいせん》にもつづく幽境で、それゆえ古来、世の隠れ家ともなっていることなどが語られている。これらは同じく吉野を舞台にした《国栖《くず》》（壬申の乱のおりの大海人皇子のエピソードを描いた能）や《吉野琴《よしのごと》》（天武天皇の御代に吉野山に天女が舞いおりたことを素材にした能）でも説かれていることだが、こうした故事は、和歌・連歌世界の常識でもあって、当然、和歌連歌作者としての大村由己にはしたしい知識だったと思われる。

老人二人の風雅な謂われ語りに臣下が素性をたずねると、二人は「今はなにをか包み井の、この瑞垣《みずがき》の内に住む、神とはいはじ千早ふる、みやつことご覧ぜよ」と吉野の神（蔵王権現）であることをにおわせて高嶺の雲に消える。

ここでアイ（間《あい》。狂言の役）の所《ところ》の者が登場する。アイの詞章は知られていないので、その詳細は不明だが、そこでは、さきに老人が語った吉野山の謂われや、老人が吉野山の蔵王権現であることなどが語られたはずである。その形態は居語《いがた》り（正座しての語り）だったろうか。

そこで臣下たちが蔵王権現の来現を待っていると、舞台には、まず天女（後ヅレ）が登場して、

天つ少女《おとめ》の天くだり、天つ少女の天くだり、五節《ごせち》の舞の真袖《まそで》を返せば、花の色香《いろか》はみちみちたり

と謡って、天女の舞を舞う。前ヅレの老人は、この天女の化身だったのだろう。この天女の舞は、天武天皇が吉野に御幸されたとき、天から五人の天女が舞いおりて、美麗な舞をお目にかけた、それが宮中の五節の舞の起源だという伝説（『源平盛衰記』）をふまえている。この天女の舞のあと、蔵王権現（後ジテ）が登場して、神々しく立ちまわって、桜の一枝を御貢《みつぎ》として差しだす。その文句は、

地〽……蔵王《ざおう》権現も、形をあらはし、はこぶ歩みもみつぎなれや、もとより吉野は千本の桜、なかに色よき一枝を、君にささぐる、まのあたりなる奇特かな

というものである。「君にささぐる」の「君」は秀吉のことである。この蔵王権現は舞などは舞わないようである。同じく蔵王権現が登場する《嵐山《あらしやま》》や《国栖《くず》》でも、シテには舞がない。そのあと、天女は雲路にあがって天上に帰るが、蔵王権現は秀吉一行の「都に還御《かんぎょ》の道を守り」の神として吉野の宮に留まって、一曲は終わる。

このように、《吉野詣》は花の吉野に舞台をとり、吉野の伝説や歴史をからめつつ、秀吉の治世を賛美するという構想になる能である。秀吉賛美という目的をもった特殊な作品であるが、文章もまずまず深みがあり、蔵王権現が満開の千本の桜のうちの色よき一枝をささげるという趣向などはなかなか効果的で、それなりの優品といってよいであろう。実際に秀吉役が舞台に出たかどうかは確認できないが、詞章ではしばしば秀吉への言及があるから、舞台には子方が秀吉に扮して登場していたのではないかと思う。蔵王権現が一枝の桜をささげる場面などは、子方などで秀吉が登場していないと具合が悪かろう。

この《吉野詣》は文禄三年二月七日の石川法賀邸、二日後の二月九日の大坂城、同年三月一日の吉野、同年三月十五日の大坂城、同年五月十日（これは曲名が《吉野》）の大坂城と五回の上演が知られるが、シテはいずれも秀吉自身である。豊公能のなかでは秀吉の所演がいちばん多く、秀吉のお気に入りの能だったらしい。

菩薩となった大政所――《高野参詣》

《高野参詣》は文禄三年（一五九四）三月五日に高野山で上演されたようだが、まさしくその日付をもつテキストが伝存している（↓二四六頁）。テキストとしては最良のものが伝存しているわけだが、これをもとに読んでゆくことにしよう。

まず、秀吉の家臣（ワキ）が登場して、

花を手向けの山の名の、花を手向けの山の名の、高野《たかの》の奥を尋ねん

と〔次第〕を歌う。これは、「母堂の菩提《ぼだい》を弔《とむら》うために、霊山である高野に登り、奥の院をたずねよう」というほどの意味である。つづいて、つぎのような状況説明がある。

ワキ「そもそもこれは太閤御所に仕へたてまつる者なり、さてもこの御所三韓ご退治のため九州にご在国のみぎり、北堂《ほくどう》ご不例もつての外なるよし聞こしめされ、いま一度のご対面と思しめし時日をうつさず、おん急ぎなされ候へども、無常のならひにて空しくなりたまひぬ、力及ばせたまはず御詠歌に、〽亡き人の形見の髪を手にふれて、包むにあまる涙悲しも「とあそばされ、ご葬礼を勤めかさねてご下国あり、三韓ご退治にて文禄二年八月の末還御《かんぎょ》候、春立ち返へりすでに三回にあたり候へば、高野山に御登りなされ、いよいよ御菩提をも弔はせたまふべきにて候ふあひだ、御供つかまつり候

ここにみえる「北堂」は、文禄元年七月二十二日に八十歳で逝去した秀吉の母大政所のこと。秀吉は名護屋に出陣中に大政所の病が篤《あつ》いことを聞き、急遽、帰京したが、大政所は秀吉が名護屋を出発した日に聚楽第で亡くなっている。一年後の文禄二年七月には、その菩提を弔うために秀吉によって高野山に青巌寺（現在の金剛峰寺）が創建されている。右は、その三回忌のための登山だというのである。「還御」などと天皇なみの言葉を用いているのは《吉野詣》と同じ。あとにものべるが、他の家臣（ワキヅレ）とともに秀吉も登場しているらしい。

京から高野山までの道行は、「小車《おぐるま》に、法《のり》の門出のはるばると、法の門出のはるばると、かへり都に立つ雲の、迷はぬ道は世の中の、よしあしびきの大和路や、末を急ぎて紀の国の、高野の山に着きにけり、高野の山に着きにけり」と手慣れている。「人々が迷わないのは世の中がよいからだ」と、秀吉の治世賛美も忘れていない。

そこに一人の老尼《ろうに》（前ジテ）が、子を思う道に迷うことなく悟りの境地にあることを呟《つぶや》きつつ登場する。女人禁制《きんぜい》の山のはずだが、という家臣の問いかけに、老尼は、この高野山が浮世の罪科を免してくれるから女人でもかまわないのだと答えて、高野山の由来を語る（ここは〔クリ〕〔サシ〕〔クセ〕という節で歌われる）。この場面では、『平家物語』や能の《高野物狂《こうやものぐるい》》などの高野山縁起にのっとりつつ、秀吉による青巌寺の創建までがのべられる。

成仏と孝行

老尼が語り終えると、前場の最後の場面で、シテと「地謡」の掛け合〔〈ロンギ〉と呼ばれる〉となる。〈ロンギ〉の「地謡」はふつうはワキのセリフであるが、この場合は、「地謡」の文句は秀吉のセリフと解される。すなわち、「地謡」が老尼に、なぜこの高野にいるのかと問うと、老尼は、天下を治める雲上人が孝心から登山されたからだ、と答える。すると、「地謡」は「いまののたまふ言の葉は、生ふし立てたるわが行方、千代もと祈るたらちねの、春岩《しゅんがん》にてましますか」と応じている。「春岩」は大政所の戒名だが、この「生ふし立てたるわが行方」から「地謡」の文句が秀吉のセリフであることが明らかである。ここは秀吉と大政所の亡霊との対面の場面であり、秀吉が登場していないと、具合が悪い。おそらく、子方の役で秀吉が登場していたのだろう。このあと、「昔に返る心地して、袖の涙は石《いそ》の上《かみ》、降るや雨夜の春の月、霞にまぎれ失せにけり、霞にまぎれ失せにけり」とあって、老尼が退場して中入りとなる。

ここで高野山の衆徒《しゅと》が呼ばれて大政所の菩提が弔われる。アイ狂言のかたちは不明だが、衆徒にたいして菩提を弔うよう触れる役をしたものだろうか。そこに七宝《しっぽう》の玉のかんざしなどをつけた菩薩姿の大政所（後ジテ）が登場し、このように菩薩となることができたのも秀吉の孝行のゆえだと感謝し、昔、釈迦説法のおりに迦葉尊者《かしようそんじや》が舞った舞を舞うことになる。舞は〔楽《がく》〕らしい。かくて、花の高野に瑞雲たなびき、霊香薫《れいきよう》じ、荘厳な音楽とともに三十七尊（の菩薩）が影向し、さながら釈迦が説法した霊山《りようぜん》のありさまとなり、「この楽しみを譲りおく、君が齢《よわい》は万歳《ばんぜい》の、守護を加ふる志、ただ孝行の道による、ただ孝行の道による、行末こそは久しけれ」と、秀吉の長久を祈って終わる。

このように、《高野参詣》は大政所の成仏と秀吉の孝行を描いた能である。成仏した主人公が菩薩の姿で現われて舞うというのは《海士《あま》》や《当麻《たえま》》に先例があるが、霊場高野を天竺《てんじく》の霊山会場《りようぜんえじよう》になぞらえて、菩薩となった大政所に舞を舞わせるという趣向はなかなか巧みである。一部しか紹介できなかったが、文辞もこなれている。

また、前場《まえば》で秀吉の前に大政所が現われて秀吉と対面するが、後場《のちば》の詞章によると、この前場は秀吉が夢に見たことだという説明がなされている。《高野参詣》のような複式夢幻能の前場は現実の場面で、前ジテは後ジテの化身（仮の姿）というのがふつうの設定である。そうした類型を破って、前場での大政所の出現を秀吉の夢としたのは、大政所を化身としたくなかったためではないかと思う。化身とすると、大政所は成仏できずに、高野山中をさまよっているという印象を与えることになるが、由己はそれをきらったのだろう。

上演の記録は、文禄三年三月五日の高野山青巌寺門前（秀吉の所演か）、同年三月十五日の大坂城（秀吉所演）、同年四月十一日の禁中能（金春安照所演）の三回である。

光秀追討の切組物――《明智討》

《明智討》はいうまでもなく秀吉の明智光秀征伐に材をとった能で、はやく天正十年（一五八二）に『惟任謀反記《これとう》』を執筆している由己にはなじみの題材であった（惟任は光秀のこと）。《明智討》は、シテが秀吉、ワキが光秀、他にそれぞれ数名ずつの随兵が出て、合戦の場面（切組《きりくみ》）がある切組物である。

冒頭に、本能寺の変を聞いて備中高松から上洛せんとする秀吉（シテ）が登場して、

急ぐ行方はひまの駒、急ぐ行方はひまの駒、雲居にかける心かな

の〔次第〕をいう。そのあとにつぎのような〔名ノリ〕が続く。

これは羽柴筑前守秀吉なり、さてもわが君征夷将軍信長公、西国ご追伐のことその仰せを蒙り、天正十年の春より備中表《おもて》に敵軍対陣候ふところに、明智日向守光秀逆心を

かまへ、将軍を討ちたてまつるよし注進候ふあいだ、時刻を移さず馳せのぼり光秀が首を刎ねうずるにて候

このあとは、高松から摂津芥川（山崎付近）までの道行となる。敵陣を目前にした秀吉は諸卒を集めて、高松城攻めから上洛までのことを語り、唐土の故事を引用して、仇討の決意を語る（〔クリ〕〔サシ〕〔クセ〕）。そのなかの高松城攻めのくだりでは、「一首の歌にかくはかり」とあって、秀吉が詠んだ歌が紹介されている。それは、

ふた川の、ひとつになりて落ちゆけば、毛利高松も藻屑《もくず》なりけり

というもので、〔クセ〕のなかの上ゲ端《あげは》（〔クセ〕の中ほどにあるシテの謡）で謡われる。この歌は『惟任謀反記』にみえるものだが、『惟任謀反記』ではそれは信長の訃報を聞いた秀吉が作った狂歌となっているのである。「ふた川」は、高松城救援に駆けつけた毛利方の小早川隆景《こばやかわたかかげ》と吉川元春《きつかわもとはる》のことで、秀吉は信長の死を毛利方にさとられぬようにして、この狂歌を城中に送って、停戦にこぎつけたのである（『惟任謀反記』）。その狂歌がここに用

いられているのだが、狂歌が〔クセ〕の上ゲ端に用いられたのは、まずこの能くらいであろう。

武勲顕彰

このあと秀吉が山崎に打って出ると、光秀（ワキ）が登場して名乗りをあげ、切組の場面となる。そのあとの光秀追伐の場面はつぎのような文章となっている。

シテ〽そのとき光秀は　地〽そのとき光秀は……敵の人数《にんじゅ》にうちまぎれ、淀鳥羽さして落ちゆくを、秀吉追つかけたまひつつ、いづくまでかはのがすべきと、兜のまつかうち割りたまへば、足弱車のめぐる因果は、これなりけりと思ふ敵《かたき》に、白波の寄りては討ち、返りては討ちたたみ重ね、百《もも》たび千《ち》たび打つ太刀に、いまぞ恨みも晴れてゆく、天下に名をもあくる身の、忠勤ここにあらはるる、威光のほどこそゆゆしけれ

こうして光秀が討たれて本曲は終わるのだが、ここでは秀吉が直接光秀を討っていることが注意される。というのは、これは史実ではないからである。『惟任謀反記』によれば、光秀はかつての居城である坂本城に向けて落ちてゆくところを討たれたとしているが、そ

の場面は描かれてはいない。秀吉は翌日三井寺で集められた首のなかに光秀の首を見いだしているのである。それがこのように秀吉が直接光秀を討つかたちになったのは、秀吉の武勲顕彰のためもあるだろうが、やはり切組物の類型に合わせた結果であろう。

この作品はとくに凝った文章でもなく、構成も単純で、たんに筋を追ってゆくだけの印象が強い。そもそも切組物にはそういう傾向があるのだが、それにしても前半に秀吉の語りがあるだけで、すぐに切組の場面になるのは、ひどくあっけない気がする。

上演の記録は文禄三年三月十五日の大坂城（秀吉所演）と同年四月十二日の禁中能（暮松新九郎所演）がある（後者は『能之留帳』では「あけちくづれ」と記されている）。以後は埋もれたままだったが、近年になって、平成元年九月に「橋の会」の手で観世流の能として復活された。シテは観世流の浅見真州氏で、このときは草月ホールと東京駅丸ノ内北口ホールの二ヵ所で上演されている。

勝家夫妻哀惜の能――《柴田》

本能寺の変のあとの信長の後継者争いで、秀吉は柴田《しばた》勝家《かついえ》や信長の三男の織田信孝らと対立する。秀吉は天正十一年（一五八三）四月に賤《しず》ヶ岳《たけ》に柴田勝家を破って、その対立に決着をつけるが、その秀吉による柴田討滅に材をとった能が《柴田》である。大村由己は賤ヶ岳の合戦からまもない天正十一年十一月に《柴田》とふかくかかわる『柴田合戦記』を著している。《柴田》は、シテが柴田勝家、ワキが尾張から出た勝家ゆかりの僧。賤ヶ岳の合戦とその後の勝家の自害のさまを勝家の側から描いた修羅能《しゆらのう》（軍体能《ぐんたいのう》）である。尾張国末森《すえもり》を出た旅の僧（ワキ）が北国行脚《ほっこくあんぎゃ》を志し、越前北の庄《きたのしょう》に着く。北の庄は現在の福井市で、勝家の城があったところ。その北の庄までの道行文は、

行く末は、まだ越えなれぬ不破の関、まだ越えなれぬ不破の関、関の藤川うち渡り、宿はと問へば木の本に、草の枕を賤ヶ岳、あとに心は帰る山、憂き身のはては白露の、玉江の橋をはるばると、北の庄にも着きにけり、北の庄にも着きにけり

というもので、それとなく勝家ゆかりの賤ヶ岳が配されている。

そこにひとりの老翁（前ジテ）が現われる。その登場の謡は「胡蝶夢中の春も過ぎ、杜《と》鵑枝上《けんしじよう》の夏は来て……」と、杜鵑《ほととぎす》に言及する。柴田勝家の最後は四月二十四日であり、杜鵑（郭公）は『柴田合戦記』で勝家夫妻の辞世に詠まれている景物なのである。老翁は僧を勝家の墓所から自分の庵へと案内し、〔サシ〕〔クセ〕で僧にたいして、つぎのように勝家最後のさまを語る。

シテ〽されば羽柴筑前守秀吉は　地〽花の都を敷島に、望みのありと白糸の、解けし心をひきかへて　シテ〽彼一人《いちにん》を滅ぼさば　地〽我をあざむく人あらじと

地〽にはかに謀叛を企てて、近江の国に切て入り、ただ一戦にうち負けて、またこの城に立て籠もる、さてわが妻を近づけて、運命すでに尽きはてて、この暁を限りなり、よしよしおん身は、なす罪科もあらばこそ、敵のゆかりを頼みつつ、夜半にまぎれて落ちたまひ、しばしこの世にながらへて、亡きあととひてたびたまへ、北《たい》の方《かた》は聞きたまひ、一樹の陰の宿りさへ、他生の縁と聞くものを

シテ〽いはんやもろともに

地〽比目《ひぼく》の枕翡翠《ひすい》のふすま、かさねし夜々の私語《ささめごと》、尽きせじとこそ契りしに、思ひもよらぬただ今の、言葉の末を恨みつつ、同じ心に自害せし、憂き身のはてぞあはれなる

近江の国での一戦というのが賤ヶ岳の合戦のことである。つづく、北の庄の城での自害の場面は『柴田合戦記』にも詳細に描かれている。ともに自害した妻は有名なお市《いち》の方（信長妹）である。あまりに詳しい物語に不審をいだいた僧に、老翁は自分は勝家の化身であることを告げて、「頃は卯月の末つ方、むなしくなりし年月も、今日にめぐり来にけ

り、五月待つ、花橘《はなたちばな》の香をかげば、昔の人の袖にただ、名残はなほも有明の、月の陰野《かげの》の草がくれに、かき消すやうに失せにけり」と退場する。

このあと、所の者（アイ）が登場して老翁が勝家であることを告げ、僧に最前の墓所で弔うようすすめるらしい。

僧の弔いに勝家の亡霊（後シテ）が甲冑姿で登場し、あらためて賤ヶ岳での敗戦と北の庄での自害のさまを語り、最後は「み法《のり》の功徳に夜の月、かげ暗からぬ修羅道の、かげ暗からぬ修羅道の、苦をのがるるこそありがたけれ」と成仏を示唆して終曲となる。

『柴田合戦記』を踏襲

この能は豊公能のなかでは秀吉賛美の傾向がもっとも希薄であることが注意される。それは勝家をシテとしていることにもよるのかも知れないが、同じく敵方の北条氏政《ほうじょううじまさ》をシテとした《北条》は秀吉賛美色が濃厚なのである。じつは、このように勝家に同情的な視点は『柴田合戦記』にも認められる。『柴田合戦記』では、勝家が天守に一族郎党を集めて最後の酒宴を催したこと、そのあとの勝家夫妻の語らいと自害を、哀惜と称賛をもって描いている。

《柴田》はそうした『柴田合戦記』の勝家像を踏襲しているのである。そもそも柴田勝家は信長の後継者としてふさわしい実力と人格をもった武将であったようで、『柴田合戦記』や《柴田》の勝家像はそうしたことに由来しているのだろう。

このように、《柴田》はその勝家夫婦のあわれにもりりしい最期を、修羅能として描いた能である。時を柴田最期の初夏に設定したことも効果的で、修羅能としてなかなかの出来栄えを示している。

《柴田》は文禄三年三月十五日に秀吉が大坂城でみずから演じている。秀吉時代の上演

(上)《明智討》(橋の会復曲)・シテ浅見真州
(下)《柴田》(『風俗画報』による)

はそれしか知られていないが、明治三十一年（一八九八）になって京都東山の太閤坦《たいこうだいら》で催された秀吉三百年祭能で金剛謹之輔が演じている。写真にかかげたのは、そのときの舞台を描いた絵である。

濃厚な禅的色彩——《北条》

《北条》は天正十八年（一五九〇）七月の秀吉による小田原攻めに取材した能である。大村由己は小田原攻めの直後に、その顛末を記した『小田原御陣』を著している。《北条》はそのおよそ四年後に書かれたのだが、由己はこれを《柴田》と同様、亡ぼされた北条氏政をシテとした修羅能に仕立てている。

内典外典《げてん》を求め東西に行脚している京の禅僧（ワキ）が小田原までたどりつく。

花洛を出でて逢坂の、山の東の鳰《にお》の海、伊吹おろしに荒れ残る、不破の関屋もあとにまた、鳴海の浦をうち過ぎて、三河の国の八橋《やつはし》や、なほ行く末は遠江《とおとうみ》、なほ行く末は遠江、駿河の富士を北にみて、伊豆の三島を伏し拝み、足柄箱根越えくれて、小田原ちかくたどりけり、小田原ちかくたどりけりこのような道行のあと、僧は一夜を明かそうと、ある辻堂に落ち着く。そこに一人の老人（前ジテ）が現われ、禅僧と知って教えを求めてくる。老人は、僧の「心外《しんげ》無別《むべつ》法《ぽう》、満目青山」という言葉にひかれて堂内に入り、そこで北条氏政の最期を語ることになる。老人は「さても当家は先祖より、東の方を残らずも、従へ来つつあたりには、おそれをなさん人もなく、心にまかせ居たりしに、秀吉公は日の本の、世の政事《まつりごと》あづかりて、なびかぬ草木もなかりけり……」と語りはじめ、北条氏の滅亡までの経緯を語る〔〔クリ〕〔サシ〕〔クセ〕〕。語りおえた老人は、僧に素性を問われて、「身は朽ちはてて跡にしも、名は残りつつ武士《もののふ》の、八十《やそ》氏《うじ》びとの氏政が、幽霊なれや今ここに……」と正体を明かして、退場する。

アイ狂言は所の者の居語《いがた》りであろうか。それが終わり、水鳥樹林おのずから弔いの声となるような雰囲気のなかに、氏政の亡霊（後ジテ）がなお参禅の志あって登場してくる。そこで氏政の亡霊は、僧を前にあらためて自身の最期のさまを物語る。そこではまず秀次の活躍が語られ、ついで秀吉の活躍と氏政の自害が語られる。この部分は『小田原御陣』の記述に忠実である。物語が終わると、つぎのような〔キリ〕をもって一曲が締めくくられる。

これより相国《しょうこく》は、関八州《かんぱっしゅう》従へ、陸奥までご動座にて、蝦夷《えぞ》が千島にいたるまで、心のままに治めおき、還御なるこそ奇特なれ、われもお僧の教化にて、現成脱体本分《げんじょうだつたいほんぶん》の、道に入りぬる嬉しさよ、道に入りぬる嬉しさよ

同じ修羅能である《柴田》とほぼ同一の構成であるが、この《北条》の特色は、ワキが禅僧で、詞章にも禅にかかわる文句が多く、氏政の亡霊もその教えによって成仏するというように、禅的色彩で一貫している点であろう。右にかかげた「心外無別法、満目青山」も『碧巌録《へきがんろく》』などにみえる偈《げ》として有名なものである。いうまでもなく、由己の禅的教養は相国寺の仁如集尭の会下に参じて以来のもので、そうした素養が《北条》に効果的に用いられたわけである。やや秀吉賛美の傾向が強いものの、修羅能としてそう悪いできではないと思う。

《北条》は秀吉時代には文禄三年三月十五日に大坂城で秀吉によって演じられているだけであるが、昭和六十一年（一九八六）十月に小田原市の市民文化祭で観世流の節付で素謡《すうたい》として復活されている。

これまで読んできた豊公能は題材のうえで二つに分けることができる。すでに『天正

記』で扱われている合戦を題材とした《明智討》《柴田》《北条》と、『天正記』以後の出来事を題材とした《吉野詣》《高野参詣》の二つである。前者は由己にはなじみの題材であるのにたいして、後者は新しい題材である。後者はしかも、秀吉が吉野山や高野山に参詣する前に作ることを求められたもので、由己には未体験の題材だった。総じて、後者のほうができがよいのも、題材の新しさが制作に緊張感をもたらした結果だろうか。

それにしても、これら豊公能は、秀吉賛美という要素を除けば、それ以前の能にくらべても、そう違和感を持つことなく読むことができる。つまり、これらには能として、その構成や詞章に大きな違和感がないということである。それは文禄時代が、能が新作されていた時代とそう遠く隔たっていないことにもよるのだろうが、直接的には、やはり能と深くかかわる和歌連歌を専門とする大村由己の手になったことによると考えてよいのではあるまいか。

第六章　秀吉の能楽保護

1　南都両神事能の復興

両神事能の歩み

これまで述べてきたことは、秀吉の私的な趣味に属することであり、秀吉が死んでしまえば消えてしまうていの一過的なものである。しかし、秀吉のさまざまな能楽愛好のなかには、その後の能界の慣習や制度に大きな影響をおよぼしたものもある。その代表的なものが南都両神事能《りようしんじのう》（興福寺薪能と春日若宮祭能）の復興と大和猿楽四座《やまとさるがくよざ》にたいする配当米の支給であろう。もっとも、これらについては、秀吉にはとくに能界への寄与という意識があったわけではなく、熱烈な能楽愛好が結果としてそうした余慶をもたらしたものと見るべきものだろう。しかし、これらはその後の能の歴史においては、貴重な慣習であり重要な制度となっているのであって、その発端となった秀吉の能楽愛好は、やはり能楽史における大きな功績として記憶されるべきであろう。

南都両神事能とは、興福寺の薪能（薪猿楽）と春日若宮祭の能のことである。興福寺薪能は本来は興福寺西金堂《さいこんどう》の修二会《しゆにえ》（現在は廃絶）に付随していた催しで、その創始は鎌倉時代前期ころにまでさかのぼる。それが南北朝ころから規模を拡大して幕末まで継続的に催されていたのである（現在の薪能は戦後の再興で規模も縮小され形態も変化している）。能が演じられる場所は興福寺の南大門前が中心だったが、若宮社の拝殿などでも演じられた。中心である南大門前での能は室町中期から幕末までは七日間という規模だった。一方、春日若宮祭は平安後期の保延二年（一一三六）の創始になる由緒ある祭礼だが、そこでは、祭礼当日には御旅所の神前で舞楽などとともに《翁》が演じられ、後日《ごにち》に同じ場所で能が演じられていた。これは現在もほぼ同じ形で催されている。

この両神事には、はやく鎌倉時代から観世・宝生・金春・金剛の大和猿楽四座が参勤の義務を負っていた。現存する結崎《ゆうざき》座や円満井《えんまんい》座の座規に両神事参勤についての規定がこと細かく定められているのも、その義務の重さを物語っている。ところが、応仁・文明の乱以降は春日興福寺の勢力が低下し、役者が地方の武将を頼って遠国に下向したりしたため、両神事とも四座がそろって参勤することがまれになっていた。とくに秀吉が復興する直前の天文～天正（一五三二～九二）ころは、両神事参勤の中心だった金春座しか参勤していないことや、四座すべてが参勤しないことが多く、伝統あるこの両神事能は「田舎の秋祭の風情」（『多聞院日記』天正十三年二月の薪能についての記事）といわれるまでにさびれていた。

秀吉の役割

そうした廃絶寸前の状態にあった両神事能を本来の四座皆参《かいさん》の姿にもどしたのが秀吉なのである。秀吉は、孤軍奮闘の状況にあった金春座の安照《やすてる》あたりから両神事のようすを聞いてもいたのだろう。しかし、秀吉によって復興された両神事能は、しばらくは四座揃っての参勤が続いたが、秀吉の没後には、ふたたび参勤状況が悪化する。それにたいして、徳川幕府は寛文二年（一六六二）に両神事能参勤の制度を改めるという処置をとった。その結果、観世座は参勤を免除され、残る金春・金剛・宝生三座が二座ずつ交替で参勤することとなり、さらに両神事能への参勤費用として米五百石が幕府から支給されることとなった。寛文三年以降の両神事能は幕府からの保護を受けつつ、このような形態で幕末まで続いたのである。

もっとも、秀吉による復興がなくても、徳川幕府はお抱えの四座が古来義務としていた両神事能にたいしてはなんらかの支援をしていたかもしれない。しかし、秀吉による復興がなかったならば、近世初期の両神事能はさらに衰微していたはずで、徳川幕府による保護や参勤制度の改訂も寛文二年の改革とはよほど異なるものとなっていたのではないだろうか。七百年を越えるこの両神事能の歩みにおいて、秀吉がはたした役割は決して小さくはないのである。

文禄二年十一月の春日若宮祭能の復興

若宮祭は南北朝ころまでは九月十七日に催されていたが、室町時代のごく初期からは十一月二十七日に催されるようになっていた。秀吉時代の若宮祭も、もちろん十一月二十七日が祭日だった。秀吉は文禄二年（一五九三）八月二十五日に肥前名護屋から大坂にもどっているが、早速、その年十一月の若宮祭について四座に参勤を命じたようである。『多聞院日記』文禄二年十一月二十八日条はその間の事情をつぎのように伝えている。

後日能《ごにちのう》在レ之。中納言見物云々。四座猿楽一円調了。金春・金剛申事《もうしごと》四十余年先ノ事也。其以来四座揃事全無レ之。今度於二名護屋一大閤芸能不断御慰ニテ御沙汰故、四座ノ猿楽悉《ことごとく》被二召寄《めしよせられ》一、種々御扶持ニテ善政ノ式也。悉《ことごとく》可レ勤二神事一由、堅固被二仰付一、如レ此相揃ト云々。神光無双ノ事也。

つまり、この日は若宮祭の後日の能が四十余年ぶりに四座の皆参で催され、郡山城主の大和中納言（豊臣秀長の養子秀保）が見物したが、それは秀吉が名護屋で能に熱中したため、四座に神事への参勤を命じた結果であるというのである。ここには「於二名護屋一大閤芸能不断御慰」と肥前名護屋における秀吉の能への熱中のようすが伝えられ、また、四座そろっての若宮祭参勤が秀吉の命令によって実現したことが明記されている。これは後日の能についての記事だが、前日の祭礼にも四座がそろって参勤したことはいうまでもあるまい。

また、ここに「金春・金剛申事」とあるのは、天文十年（一五四一）と同十三年の若宮祭のおりに、金春大夫喜勝《よしかつ》（岌蓮）と金剛大夫の鼻金剛《はなこんごう》（鼻が腫れていたのでこの異名がある）が松の下の儀（「弓矢の立合」などが舞われた）の席次をめぐって諍《いさか》いをおこした事件をさしている。『四座役者目録』によれば、天文十三年のときには鼻金剛が脇差を持ちだしたりする場面もあったようである。天文十三年は文禄二年の四十九年前であるから、右の『多聞院日記』の「四十余年先」はほぼ正確であることがわかる。そして、その事件以来、四座が揃って若宮祭に参勤することはなかったというのもほぼ事実なのである。つまり、秀吉による若宮祭への参勤命令は、そうした長きにおよぶ若宮祭への参勤状況を一気にあらためた画期的なものだったわけで、『多聞院日記』が「神光無双ノ事」としているのは決して誇張ではないのである。

なお、秀吉による文禄二年の若宮祭への参勤命令は翌文禄三年二月の薪能の復興と一体のものであった。くわしくは次項で述べることにするが、『多聞院日記』によると、秀吉は若宮祭の直前の文禄二年十月五日に翌年二月の薪能についての指示を出しているからで

『興福寺薪能図』(春日大社蔵)

ある。これはちょうど第三章で紹介した文禄二年の禁中能初日の当日のことだが、秀吉はこのころには伝統ある両神事能に関心をいだき、両者を一体のものとしてその復興を考えていたのである。

文禄三年二月の薪能の復興

いまのべた『多聞院日記』にみえる文禄三年(一五九四)の薪能についての秀吉の指示というのは、つぎのようなものである。その文禄二年十月五日条をみると、

中坊《なかのぼう》事々敷《ことごとしく》作事《さくじ》、舞台以下用意云々。薪能ヲ大閤可ㇾ有㆓沙汰㆒云々。南大門ハ狭少之間、於㆓金堂前㆒可ㇾ在ㇾ之用意、舞台并西東ニ楽屋《がくや》桟敷《さじき》可ㇾ有ㇾ之通云々。珍事々々。

とある。つまり、〝衆徒《しゆと》の中坊が大規模な作事（建設工事）をして、舞台などを用意しているということだが、これは太閤が薪能を取り仕切ろうとしているためだという。南大門前は狭いので、その場所は金堂前とし、舞台だけでなく東西に二つの楽屋と桟敷を作るということである。前代未聞の珍事である〟という内容の記事である。

薪能の中心的な催しである南大門前の能は、舞台を設けずに芝のうえで催されるのが古来の慣例だった。それを舞台を設け、場所も南大門前から金堂前（南大門の内側になる）に変更して催そうというのであるから、秀吉の復興は、たんに四座そろっての参勤を命じたというだけではなく、長きにわたる薪能の慣習の大幅な変更を伴っていたことになる。『多聞院日記』が「珍事々々」と書きつけているのはそのためなのである。

この金堂前の舞台は、以後、『多聞院日記』につぎのように書き留められている。

○於二金堂ノ庭一、来薪能大閤可レ有二御沙汰一トテ、東西桟敷舞台以下事々敷用意也ト。珍事々々。〔文禄二年十一月二十日条〕

○於二金堂前一舞台立レ之。来薪能大閤可レ有二御沙汰一用意云々。東西楽屋用意了。不浄火事、一大事。〳〵時刻到来也。〔文禄二年十二月十日条〕

金堂前には舞台だけでなく桟敷や楽屋が作られた。南大門前の能では鞍掛《くらかけ》という簡単な見物席が設けられる慣習だったが、ここでは桟敷が作られている。楽屋も南大門前では幕で仕切る程度のものだったのが、ここでは建造物として楽屋が作られたらしい。『多聞院日記』はここでも「珍事々々」と批判的である。このあと、薪能を直前にひかえた文禄三年の一月十六日には完成した舞台の検分が行われている。

ところが、二月六日から始まった薪能ではこの金堂前の舞台は使われず、旧来のように南大門前の芝のうえで演じられたようである。

たとえば、『多聞院日記』をみると、二月六日条には「薪之能従《より》二入逢之時分一始レ之。四座相揃云々」とあり、七日条には「能在レ之」、八日条には「社頭金春能在レ之云々」とあり（「社頭」は若宮社のこと）、九日条には「社頭へハ金剛上《のぼり》、五番沙二汰之一云々」とあり、十日条に「門能在レ之。社頭へハ観世上《のぼる》。一向下手也云々」とあり、十三日条に「薪能今日ニテ成就了。珍重々々」とあるだけで、金堂前の舞台が使われた形跡はまったくない。とくに十日条には「門能在レ之」とあるから、この日は南大門前の能が従来通りの場所で催されたことはまず確実であろう。ともあれ、前年十一月の若宮祭にひきつづいて、この薪能も四座がそろって参勤し、南大門の能もおそらく古来の場所で催されたのである。二月十三日条の「珍重々々」は、伝統ある薪能が本来の姿で催されたことにたいする満足感の現われとみてよいだろう。

自演のための舞台

しかし、ここで気になるのは、やはり新たに作られた舞台のことである。これだけ時間をかけて建てられた舞台を、いったい秀吉はどのように使うつもりだったのだろうか。そんなことを考えて、文禄三年二月の薪能が終わってからの『多聞院日記』をみてゆくと、このあと秀吉が何度も興福寺に下向しようとして、そのつどそれが延期されていることが注意される。秀吉のこの動きは、金堂前に建てられた舞台とかかわっているように思われるからである。

『多聞院日記』にみえる秀吉の下向計画は四度である。最初は文禄三年二月下旬で、秀吉は吉野への花見の途中に立ち寄る予定だった。このときは関白秀次が興福寺に立ち寄って舞台を見物している。二度目は同年八月下旬、三度目は文禄四年二月の薪能のおり、四度目は同年三月である。この間、金堂前の舞台が解体されたという記事はみえない。

三度目の薪能のおりはもちろんだが、このようなたび重なる秀吉の下向計画は、この舞台とかかわっているのではないかと思うのである。

こうした状況を総合すると、どうやら秀吉は文禄三年二月の薪能では、金堂前に作らせた舞台でみずから能を演じるつもりだったのではないかと思われてくる。文禄三年二月の薪能で、せっかく完成していた舞台が使われなかったのは、なんらかの事情で秀吉が下向しなかったためで、その後の四度におよぶ下向計画は、この舞台での演能を目的としたものだったのではないか、ということである。桟敷や楽屋の建造ということも、それを思わせる。『多聞院日記』には文禄三年の金堂前の舞台については、しばしば秀吉の「御沙汰」と言っているが、この「御沙汰」は、秀吉みずからの演能という意味に解してよいのではないだろうか。

そうだとすると、秀吉が思い描いていた文禄三年二月の薪能は、場所を南大門前に移して舞台をつくり、そこで秀吉自身も能を演じるという、まことに破天荒なものだったことになる。それが、秀吉の下向がなかったために、文禄三年や文禄四年の薪能は結果として四座がそろって本来のかたちで催されたわけで、まさに怪我の功名というべきものだったことになる。

ともあれ、秀吉が薪能の旧習をあまり尊重していなかったことは、金堂前に舞台を建設しようとしたことに明らかである。秀吉による「薪能復興」にはこうした一面もあったのだが、これは禁中能をはじめ秀吉の能楽愛好全体にみられる傾向でもあろう。

なお、『多聞院日記』には、以後この舞台についての記事はみられなくなるが、この舞台と楽屋は、文禄三年（一五九四）から四年後の慶長三年（一五九八）三月に、秀吉の命令で醍醐寺の五重塔前に移建されている（『義演准后日記』）。

2　猿楽配当米

徳川幕府の配当米制度

徳川幕府は抱えていた五座（古来の大和四座に元和以後喜多《きた》座が加わった）にたいして配当米・扶持《ふち》米《まい》・切米《きりまい》といった形で経済的な保護を加えていたが、その中核となっていたのが配当米（猿楽配当米）である。徳川幕府の配当米制度は、他の俸禄である扶持米や切米にさきだって、元和四年（一六一八）ころに整備されたようだが（『徳川実紀』）、いま近世末期における五座にたいする配当米の石高《こくだか》を、弘化年間（一八四四〜四七）に編纂された五座の由緒書である『重修《ちょうしゅう》　猿楽伝記《さるがくでんき》』によってかかげると、後掲の表のとおりである。

これら配当米は諸大名に負担が割り当てられる方式であり、各座の内部では大夫《たゆう》以下の座衆が受け取る石高がほぼ定まっていた。あとから加わった喜多座の分はその母体である金剛座の分の四割ほどを回したもので、古来の四座のなかで金剛座が極端に少ないのはそのためである。ここにかかげたのは近世末期の数字だが、この総石高と五座の石高の割合は近世初期以来大きな変化はなかった。この配当米をはじめ扶持米・切米などの手当にたいして、各座は定期的に江戸城に詰めて、将軍宣下能《せんげのう》、公家衆接待能、謡初《うたいぞめ》、世継の誕生・元服・婚姻の際の能といった幕府の公的な催し、あるいは、大名邸などへの将軍の御成《おなり》の際の能や奥での慰み能といった私的な催しに出勤する義務を負っていた。これが幕府が五座を抱えているということの実質なのだが、徳川幕府のこの猿楽配当米の制度は、じつは秀吉が創始した制度を踏襲したものなのである。

また、徳川幕府が踏襲したのはそうした方式だけではない。右の各座の配当米の石高《こくだか》は合計で三千四百二石になるが、それは秀吉が四座に与えた配当米の総石高に近いのであり、徳川幕府は配当米の石高についても秀吉時代の実績を踏襲しているように思われる。

つまり、秀吉が四座にたいして配当米というかたちで与えた保護は、徳川幕府に継承されて、その猿楽支配の根幹を形成したわけだが、この点で、秀吉の配当米制度は大きな功績として能楽史に銘記されるべきものであろう。以下では、そうした秀吉による配当米制度が整備される経緯をのべることにする。

文禄二年閏九月の配当米制度

秀吉による四座《よざ》の役者への配当米支給については『当代記』の文禄二年(一五九三)と

観世座	一五一二石
金春座	七三五石
宝生座	五四七石
金剛座	三七三石
喜多座	二三五石

猿楽配当米（幕末の『重修猿楽伝記』能楽資料集成11による）

思われる項に、

於㆓名護屋陣中㆒、専《もつぱら》能繁多《のうはんた》。是四座之猿楽被㆓召下㆒、如㆑此。自《より》㆓此年㆒、猿楽何も相分《あいわけ》、大名衆に被㆑預、被㆑加《くわえらる》㆓扶持㆒。

という記事がある。この前半はさきに紹介したものだが、文禄二年に秀吉が名護屋に四座の役者を召し下したことをきっかけに、この年から四座の役者に「扶持」を加えるようになった、との内容である。ここには秀吉の四座保護が、その能楽愛好の結果であることが記されている。この「扶持」の内容を伝えるのが、つぎの『駒井日記』の文禄二年閏《うるう》九月十六日条の記事である。

一、座のものともに御はいたう被㆑下候。
一、こんかう千石。
一、ほうしやう千石。是ハ預りの衆ゟ被㆑下候。

一、くハんせ・こん春さハならと京にて被レ下候。今春おやこに四百石、くハんせにハ弐百石被レ下候。

これは秀吉の側近の木下半介が書状で伝えてきたことで、秀吉から四座の役者に配当米が下されたことを伝えたものである。名護屋から帰坂して二ヵ月ほど、最初の禁中能を目前に控えた時期である。これによると、金剛座と宝生座には千石ずつが与えられ、観世座と金春座には石高不明の配当米に加え、金春大夫親子（金春大夫安照と当時十八歳の金春七郎氏勝）に四百石、観世大夫に二百石が与えられたという。つまり、金剛座と宝生座の場合は座が「扶持」の対象であるのにたいして、金春座や観世座には座だけでなく大夫個人にも「扶持」が与えられているわけで、金春座と観世座が金剛座や宝生座より優遇されていることになる。秀吉が金春座にもっとも厚い愛顧を加えていたことはいうまでもないが、この時期には観世座もそれにつぐ待遇を受けていたのである。「扶持」の与え方も、金剛座と宝生座については「預りの衆」を通じての支給だったようであり、金春座と観世座については奈良と京にて支給される形であったのも、そのことを示している。金剛・宝生両座は大名からの支給、金春・観世両座は秀吉からの直接の支給ということだったのであろうか。

もっとも、この秀吉の四座保護については、不明な点も少なくない。たとえば、ここには金春座と観世座への配当米が何石だったかが明記されていない。これは金剛・宝生両座と同じ千石だった可能性も高いと思うが、よくわからない。また、金春大夫親子への四百石と観世大夫への二百石は配当米ではなく、知行（領地）として与えられたと考えられているが、この点も明確ではない。秀吉は文禄四年と文禄五年（慶長元年）に金春大夫安照につごう五百石の知行を与えているが、この点に留意すると、このときの金春父子への四百石と観世への二百石は知行ではなかったのかもしれない。

能楽界全体の保護

このように不分明な点はあるが、ともあれ、秀吉は文禄二年閏九月に金春座と観世座を優遇する形で四座にたいして保護を加えたのである。そして、この配当米については、つぎのようなことが注意される。

第一に、この配当米はこのとき一回かぎりのものではなく、継続的な支給だったこと、である。そのことは次項で紹介する慶長二年の配当米支給制度の整備を伝える朱印状からもうかがえる。また、文禄三年四月二十日の宇喜多秀家邸での能で観世大夫が居眠りをした時、「御はいたうは御おさへ可レ被レ成由」（『駒井日記』）と配当米の支給が停止されているが、これも文禄二年以来、配当米が継続して支給されていたことを示している。

第二に、この配当米はたんなる役者の後援ではなく、『駒井日記』に「座のものともに御はいたう被レ下候」とあるとおり、座を対象としたものだということ、である。

第三に、支給の方法が基本的に大名の負担だったらしいこと、である。このことは『駒井日記』に「預りの衆ゟ被レ下候」とあり（「預りの衆」は大名のことだろう）、『当代記』に「猿楽何モ相分、大名衆ニ被レ預」とあることからうかがえる。

これらは秀吉による四座の役者にたいする配当米支給が場当たり的なものではなく、当時の能楽界全体の保護を視野に入れた、長期的な展望を持つものであったことを示している。秀吉の配当米支給は、まずこうしたかたちではじまったのである。

配当米支給制度の整備

文禄二年の配当米支給から四年後の慶長二年（一五九七）十二月になって、秀吉はそれまでの制度をさらに整備している。そのことは、後掲の写真にかかげたような、秀吉朱印状によって知ることができる。この朱印状は、現在、観世座・宝生座・金剛座あてのものが伝存している。これは秀吉の最晩年で、その能楽愛好にかかわる事績もこの時期にはいささか少なくなっている。さすがの秀吉も寄る年波には勝てず、みずから演じることは少なくなっていたのだろうか。しかし、猿楽配当米の整備を伝えるこの朱印状は、秀吉の能楽愛好がこの時期にもなお継続していたことをよく示している。

さて、現在知られている三座への三通の朱印状はいずれも同一の形式になっている。写真にかかげた観世座の分でみると、「くハんせ座支配之事」という題目があり、以下、一ツ書で配当米の石高とその負担者が記され、最後に、

合九百九拾五石

右、任二御書付一、毎年けたいなく令二京着一、京升《きょうます》を以可二計渡一也。

慶長弐年十二月朔日（朱印）

という奥書がある。

つまり、観世座への配当米の総石高は九百九十五石であり、これは江戸内府（徳川家康）以下十九人の武将たちの分担であるから、各武将は毎年まちがいなく京都まで届け、観世座には京升《きょうます》で渡せと命じている。他の二座についての朱印状も、宝生座の石高が九百六十石、金剛座が八百十五石となっているが、それ以外は同じ形になっている。題目の「支配」は「統制」とか「統治」の謂《いい》ではなく、「分配」「分担」といった意味なのであろ

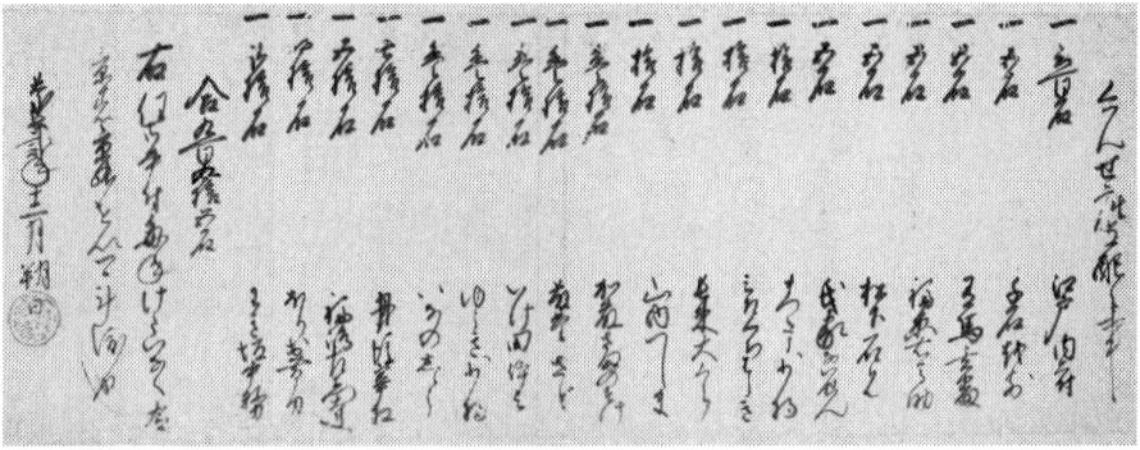

慶長２年『観世座支配之事』（観世宗家蔵）

う。ともあれ、文禄二年（一五九三）にはじまった四座への保護が、慶長二年（一五九七）になってこうしたかたちで整備されたと理解してよいであろう。文禄二年の制度発足時には金剛座と宝生座への支給がそれぞれ千石だったのが、ここでは石高が両座とも千石を割っていて端数になっているのは、座衆の数などをもとにしたためかと思われ、これも制度整備の結果ではないかと思われる。

また、この朱印状で注意されるのは、観世座では家康の分担が、金剛座では安芸中納言（毛利輝元）がとびぬけて大きいことである（宝生座にはそうした現象はない）。家康の分担が大きいのは、いうまでもなく家康がまだ浜松城にいた時代から観世大夫をひいきにしていたためであろう。毛利輝元が金剛座を後援していたことを示す資料はとくに知られてはいないが、これによって毛利輝元と金剛座の間にも家康と観世座のような関係を想定してもよいのかもしれない[1]。

なお、さきにものべたが、この配当米支給を命じた朱印状は、秀吉の愛顧を得ていた金春座の分が知られていない。これについては、従来は金春座についても同様の朱印状が発給されていたと考えられてきたが、秀吉の絶大な金春安照びいきを考えると、金春座については他の三座とは異なる形で後援がなされたもので、金春座の分だけが伝存していないのはそのため、と考えることもできよう。現に、秀吉は文禄四年九月と文禄五年（慶長元年）七月に、金春大夫安照に大和の中川村と坊城村にあわせて五百石の知行を与えている（この知行は幕末まで金春家と分家金春八左衛門家に継承されている）。文禄二年閏九月の配当米支給でもそうだったが、慶長二年十二月の制度整備に際しても、金春座は秀吉直属の座として、他の三座とはことなるかたちで後援を受けていたのではないだろうか。

配当米の支給と暮松新九郎

『観世座支配之事』など三通の秀吉朱印状からは、各座への配当米は諸武将の分担であったこと、それがいったん京都に集められて、それから各座に渡されたこと、などが知られるが、そうした手続きの責任者のような位置にあったのが秀吉の能楽愛好のきっかけを作った暮松《くれまつ》新九《しんく》郎《ろう》であるらしい。それを端的に伝えるのが、次頁にかかげる宝生家旧蔵になる暮松越後あての五奉行連署書状である。

態《わざと》中入候。如二例年一、
宝生座支配之
事、任二御朱印旨一、
其方急度《きつと》被二肝煎《きもいり》一候而、
彼座中へ可レ被二相届一候。
恐々謹言。
十二月廿五日
長大　正家《？？》（花押）
増右　長盛（花押）
石治　三成（花押）
浅弾　長政（花押）
徳善　玄以（花押）
暮松越後殿

暮松越後宛五奉行連署書状

これは前田玄以・浅野長政ら五奉行が暮松越後にたいして肝煎《きもいり》（責任者）となって宝生座へ配当米を渡すよう命じた書状である。「宝生座支配之事、御朱印の旨に任せて」とある「御朱印」は、さきに紹介した『宝生座支配之事』をさすのであろう。つまり、この書状は慶長二年十二月一日付の『宝生座支配之事』を受けたもので、慶長二年十二月二十五日の書状と認められる。他の座についても当然同種の命令書が出されたはずだが、ここで注目されるのは、五奉行から宝生座への配当米支給の肝煎を命じられているのが「暮松越後」つまり暮松新九郎だということである。

　つまり、暮松新九郎は秀吉に近侍の素人役者であると同時に、配当米支給の肝煎といった四座や素人の能役者を統制するような職掌も担っていたことになる。文禄二年の禁中能のおりに、山中山城守や松浦伊予守とともに暮松新九郎が観世大夫・宝生大夫・金剛大夫にたいして二日目の地謡《じうたい》に出るよう命じているのも、これと同じ事例である

（↓第三章注2）。このような暮松新九郎の職掌は、家康の内衆で「役者奉行」のような立場にあった永井《ながい》右近大夫直勝（寛永二年〔一六二五〕没）の職掌によく似ている。この、永井右近の職掌は、のちに若年寄《わかどしより》の担当になる徳川幕府の能役者の監督・統制制度の母体と考えられているが、暮松新九郎はそうした徳川幕府の能楽統制制度の源流的な位置にもあるわけで、徳川幕府の能楽制度はこんなところでも秀吉時代の慣習を継承しているように思われる。(2)

秀吉の能楽保護の意義

配当米支給という秀吉の能楽保護は、それが大和猿楽の四座《よざ》全体を対象としていたところに大きな意味があった。秀吉の金春大夫びいきからすれば、ひいきの金春座だけが保護の対象になってもおかしくはなかったのだが、事実はそうならなかった。かりに配当米が金春座だけに支給されたとしたら、それは能楽保護ではなく、たんなる役者個人の後援の延長であり、徳川幕府による四座のお抱えという制度も生まれなかったかもしれないのである。考えてみれば、室町幕府が後援したのは観世だけであり（義満時代はやや事情が別）、秀吉の四座保護には先蹤《せんしょう》というものがみあたらない。こうしてみると、秀吉の四座保護はじつに画期的な政策だったことになる。しかも、それはみてきたとおり、一時の思いつきといったていのものではなく、長期的な視野に立った制度だった。

そもそも、秀吉は名護屋に四座の役者を召し下しているのであって、その能楽愛好の最初から能を四座という単位でとらえていた。四座に古来の慣習通り、南都両神事への参勤を命じたのも同じ発想だろう。そうした発想を秀吉がどうして持つようになったのかはよくわからない。『甫庵太閤記』によれば、天正十五年正月には四座の大夫による謡初《うたいぞめ》を催しているから、この記事が正しいとすれば、秀吉が能を四座単位でとらえるようになった時期は比較的早いことになろう。また、金春大夫安照などから大和猿楽四座の由緒を聞いて、四座全体を召し抱えることが太閤たる自分にはふさわしいと考えたことも想像される。能楽史における意義の大きさを考えると、秀吉の保護がどうして大和猿楽四座全体におよんだのかはぜひ知りたいところだが、この問題は秀吉の他の政策ともあわせて考えてみる必要があるのではないだろうか。

ともあれ、秀吉が配当米というかたちで四座を保護したことは、能の歴史にじつに大きな影響をおよぼすことになった。いうまでもなく、配当米支給制度が徳川幕府に継承されて、徳川幕府の能楽保護政策の根幹になったことがそのひとつだが、もうひとつ、四座にたいする配当米の支給が、結果的に山城の長命《ちようめい》猿楽とか丹波の矢田《やた》猿楽や梅若《うめわか》猿楽など、当時も活動していた大和猿楽以外の役者の四座への吸収につながり、非大和猿楽系の座の解体を招いたことがあげられる。非大和猿楽系の座が解体して、その座衆が大和猿楽四座に吸収されたことは、近世の五座の座衆に「梅若《うめわか》」「日吉《ひよし》」「矢田《やた》」「幸《こう》」「長命《ちょうめい》」といった非大和猿楽系の役者が数多く含まれている事実から想定されていることだが、そうした能楽史上最大の変動のきっかけになったのが、秀吉による四座の保護だったのである。

以上を要するに、秀吉の四座にたいする配当米の支給は、その後、能が今日まで存続するための有力な基盤ともなる一方で、それまでに存在していた群小の座の解体を促し、能界を大和猿楽四座のもとに一元化するという結果をもたらしたわけである。秀吉による四座保護はそうした二つの意義をもっている(3)。この二つとも、おそらく秀吉の意図したところではなかったと思われるが、いずれにせよ、秀吉の四座保護は、多くの座が畿内各地に本拠をかまえてその技を競うという、鎌倉時代以来の能の上演形態に終止符を打つことになった。その結果、つぎに訪れたのは、大和猿楽の系譜につらなる役者が、座とは別に多くの流儀や家を派生させて、既成の作品をくりかえし演じて洗練してゆく古典劇の時代であった。秀吉の四座保護は、そうした能楽史における大きな転換のきっかけになったのである。

終章　秀吉以後

秀吉最晩年の愛好

慶長三年（一五九八）八月十八日、太閤秀吉は伏見城で没し、その六十二年の生涯を閉じた。この年の三月には秀頼などと醍醐寺で盛大な花見をしているが、その後まもなく病の床につき、不帰の客となったのである。

これまで、秀吉の能楽愛好については、文禄四年（一五九五）五月に下間少進《しもつましょうしん》に自身の能をみせて批評を求めたことや、翌慶長元年五月に三度目の禁中能を催したことあたりまでを紹介してきた。巻末の年表に明らかなように、秀吉の能楽愛好を伝えるエピソードは文禄二年～三年がとびぬけて多く、文禄四年あたりから数としては少なくなるが、その愛好熱は慶長三年八月に没するまでほとんど衰えることがなかったようにみえる。

たとえば、秀吉六十歳の慶長元年（一五九六）十二月には勅使が大坂城に出向いて秀吉と秀頼に太刀を進上したときには、秀吉は家康とともに舞台で「静之舞」を舞っている（『左大史孝亮記』）。これは吉野山を舞台に二人の静御前（亡霊と亡霊が乗り移った里女）が登場する《二人静《ふたりしずか》》の相舞《あいまい》（二人舞）の部分を舞ったものかと思うが、《二人静》の相舞は〔クセ〕から〔序の舞〕までの長丁場の舞で、名手が二人そろわないと具合が悪い舞である。また、六十一歳の慶長二年五月には伏見城で能を催したが、このときは伏見城の普《ふ》請《しん》を休ませ、普請の衆に能をみせている（『義演准后日記《ぎえんじゅごうにっき》』）。これなどはいかにも秀吉らしい振る舞いだが、おそらくこのときは秀吉自身が能を演じたものであろう。

また、没年である慶長三年の三月には、四年前にみずからが建てさせた興福寺金堂前の能舞台と楽屋を、醍醐寺の五重塔の前に移築させている（『義演准后日記』）。これは秀吉による大がかりな醍醐寺の修復造営のさなかでのことだが、この興福寺から移した楽屋の一部は三宝院《さんぽういん》の「常の御所」の楽屋としても用いられたという。『義演准后日記』慶長三年の四月十八日条によれば、秀吉はその「常の御所」の楽屋で近いうちに能を演じるつもりだったらしいが、やがて秀吉は病に倒れ、結局それは実現せずに終わった。このすこし前の三月十五日に行われた有名な醍醐の花見では自演も鑑賞もふくめて能の上演はいっさいなかったようだが、五十七歳からはじまった秀吉の能楽愛好は、こうして没する直前まで衰えることがなかったのである。

豊国神社祭礼能

秀吉の遺骸は東山の阿弥陀ガ峰に葬られ、翌慶長四年四月には秀吉を祀《まつ》った豊国《ほうこく》神社が東山山麓に創建されたが、その豊国神社では、慶長二十年（元和元年。一六一五）に同社が破却されるまで、春秋の祭礼のおりに四座による能が催されていた。『豊国祭礼図屏風』に描かれた躍動的な風流の群舞で著名な慶長九年の祭礼は、その七回忌の状況を描いたもので、このおりには大和猿楽四座がそれぞれ《橘《たちばな》》（金春）、《武王《ぶおう》》（観世）、《孫思邈《そんしばく》》（金剛）、《太子《たいし》》（宝生）という新作能を上演したこともよく知られている。この新作能の上演は秀頼の命令だった。

この豊国神社祭礼能は、三十三間堂の北に建てられた常設の能舞台において、春が観世座と宝生座の担当で四月十九日に（祭礼日は秀吉の命日の十八日）、秋は金春座と金剛座の担当で八月十九日に（祭礼日はやはり十八日）催されたが、これは秀吉の保護を受けた四座の役者がその恩顧にむくいるために催したものだった[1]。

たとえば、豊国神社が創建された慶長四年には、まず四月二十四日に四座による遷宮《せんぐう》の能があり、二日後の二十六日に新設の常舞台《じょうぶたい》で同じく四座による法楽能《ほうらくのう》が催されているが、『義演准后日記《ぎえんじゅごうにっき》』によれば、二十六日の能は秀吉が所持していた能装束が二十四日にすべて四座の役者に分け与えられたことにたいする返礼として催されたものであった。また、『兼見卿記《かねみきょうき》』慶長十五年（一六一〇）四月十九日条には、観世大夫身愛《ただちか》が駿府にいて春の祭礼能が催されなかったことを歎いて、

惣別、申楽之作法、非二神事之儀一。大明神御存命之時、四座大夫加二扶持一。為二冥加《みょうがのため》一、致二舞曲一義也。

と記されている。この能はたんなる神事ではなく、秀吉の扶持にたいする報恩の催しであるというのである。これらから、この能が秀吉の恩顧にむくいるためのものであったことが知られるのである。『兼見卿記』にみえる「扶持」はいうまでもなく秀吉による配当米の支給を意味しているが、ここには配当米による保護が四座にとっていかにありがたいものであったかがよく示されていよう。

豊国神社祭礼能のその後

こうした趣旨ではじまった春秋二度の豊国神社祭礼能は、《翁《おきな》》と祝言能《しゆうげんのう》以外に五、六番という編成で慶長十三年ころまでは順調に催されている。慶長六年の秋には桂離宮の造営で知られる八条宮智仁《としひと》親王がお忍びで見物し、細川幽斎も女房衆とつれだって見物におとずれている。幽斎はこの後も慶長七年の春と秋、そして同八年の春と三回連続して見物している。東京国立博物館蔵の舟木家本『洛中洛外図屏風』には「とよくに／ぢやうふたい」という貼紙のある舞台で《松風《まつかぜ》》と思われる能が演じられている場面が描かれているが、これはこうした豊国神社祭礼能の盛況ぶりを伝えたものであろう。七回忌にあたる慶長九年の秋の祭礼には、神前に大きな舞台が設けられ、四人の翁の立合《たちあい》で、十六人もの小鼓によって演奏された《翁》と、四座による前述の新作能が演じられた（『豊国祭礼図屏

舟木家本『洛中洛外図屛風』（東京国立博物館蔵）

風』）が、これなどは特異な《翁》の演式といい、新作能の上演といい、能楽史上に特筆される出来事となっている。

しかし、徳川幕府が開かれ、慶長十四年（一六〇九）に家康が、四座の役者にたいして、それまでの大坂城詰を廃して駿府に詰めるべきことを命じたことによって、豊国神社祭礼能も大きな影響をうける。結局、慶長十三年の秋以降は、能の上演が不順になり、とくに観世と宝生の担当だった春の能が満足に催されなくなったらしい。記録に現われたところでは、慶長十五年春と同十八年春には観世大夫身愛が、同十七年秋には金春大夫安照が駿府に滞在中で祭礼に参勤していない。

こうして秀吉の恩顧にむくいるためにはじまった催しも、徳川幕府の成立という新しい時代の到来とともに低調になり、豊国社の廃絶とともに消滅する。
慶長十九年秋の金春と金剛による能が最後の豊国神社祭礼能である。

大坂から駿府へ

秀吉の没後、慶長五年（一六〇〇）九月の関ヶ原の戦い、慶長八年二月の徳川幕府の開創と、時代の状況はめまぐるしく変わり、それにつれて秀吉を中心にしてきた能界も大きな影響をこうむらざるをえなかった。それは基本的には、能の最大の保護者が秀吉から家康あるいは徳川幕府に代わったことにかかわる変化であるが、それを象徴する出来事が慶長十四年（一六〇九）三月に家康が四座《よざ》の能役者にたいして発した駿府への滞留命令であろう。

この命令についてはさきにもすこしふれたが、そのことを伝える『当代記』慶長十四年三月二十六日条の記事をつぎにかかげてみる。

古太閤御時より猿楽共大坂に令㆓詰番㆒相詰。於㆓向後《きょうこう》㆒者、大坂番を相止、駿河に可㆓相詰㆒由、今日大御所《おおごしょ》仰也。

「大坂番」というのは、四座の役者の大坂城への詰番のことで、これは大御所家康が従来の大坂城詰を止めて、駿府城に詰めるべきことを命じたものである。これによって四座の役者の大坂城への詰番制度があったことが知られる。おそらくそれは秀吉時代からの制度と思われる（その先蹤らしきものについては二〇六頁以下に述べた）。それが秀頼時代にも継承されていたのが、この時期に家康によって廃止されたのである。秀吉没後の秀頼の周辺では、慶長六年三月十一日〜十二日に家康を大坂城に迎えたときの四座の能、慶長八年の七月三十日に大坂城で催された金春・観世による秀頼礼祝賀能、同年八月四日に大坂城本丸の千畳敷《せんじょうじき》舞台で催された四座の能（これも秀頼の婚礼祝賀能）、慶長九年十月二十七日に大坂城本丸で催された金春・金剛と下間少進《しもつましょうしん》の能、慶長十年十月四日に北政所のために大坂城で催された金春・金剛の能、などが知られているが、これらの催しも秀吉以来の詰番制度を基盤に催されたものであろう。ともあれ、この命令は、能役者の活動の場が、長年にわたって基盤としてきた上方《かみがた》から駿府に、さらには江戸に移ることを意味していた。

有力役者の演能状況などは江戸時代の前期までは確実に上方が優位であり、その後も上方における演能は盛んであったが、家康のこの命令は、四座の活動基盤がやがて江戸に移ってゆく、その端緒となる歴史的な決定であった。四座の活動の基盤が江戸に移ったことの影響は、ただちに遠隔地で行われる南都両神事への参勤不順という形で現われているが、遠く鎌倉時代に大和に生まれた大和猿楽四座はこうして関東に基盤を移し、能は近世という時代に入っていったのである。

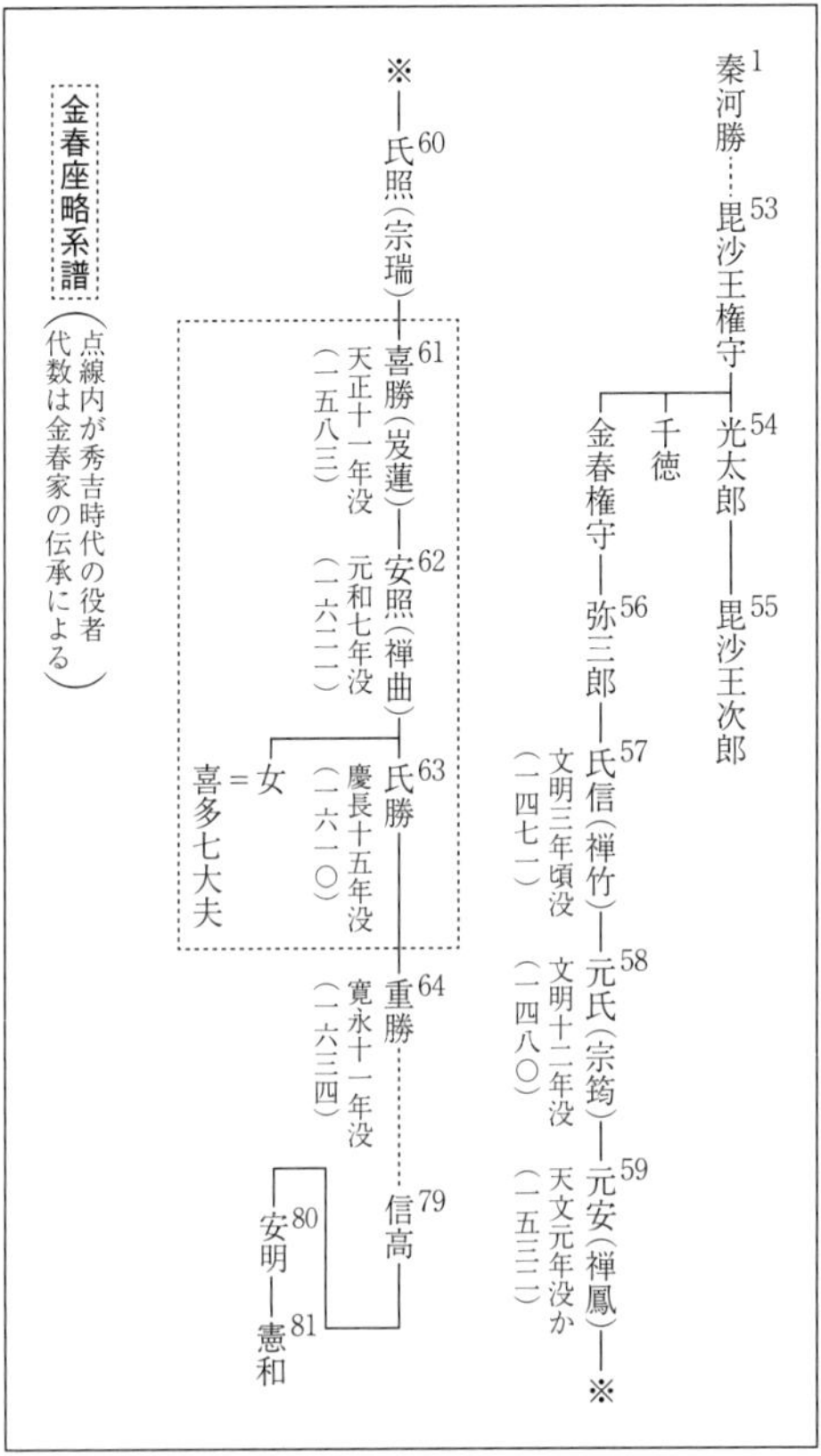

金春座略系譜（点線内が秀吉時代の役者　代数は金春家の伝承による）

保護者の交代

家康のこの命令をうけて、同年の秋にはさらにあらたな処置が四座にたいして取られている。『当代記』の慶長十四年十月二十七日条につぎのような記事がみえる。

於二大坂一太閤御時より、猿楽芸ノ能者に、一人に付、或五十石、或は卅石被二宛行《あてがわるる》一間、去年迄自《より》二秀頼公一不二相替一被二出下一。当秋被レ止二此儀一。是は去春大御所《おおごしょ》仰に、在大坂止、駿河可レ令二祗候一由曰故歟。

すなわち、秀吉公の時代から能役者に五十石あるいは三十石の扶持を与えるようになり、それは秀頼公の時代になっても昨年まで続いてきたが、それはこの秋をもってお取りやめになった。これは大御所（家康）がこの春に、能役者の大坂城詰をやめさせ、駿府に詰めるよう命じられたためであろうか、という意味の記事である。

秀吉時代からの扶持というのは、いうまでもなく文禄二年閏《うるう》九月に定められ、さらに慶長二年十二月ころに整備された四座役者への配当米のことであるが、それが大坂番の廃止とともに取りやめになったというのである。ここには、豊臣家からの扶持の停止だけが記されているが、後代の徳川幕府の猿楽配当米制度から考えても、当然これに代わる扶持を徳川幕府が与えることになったはずである。この慶長十四年の時点では、豊臣家はなお存続していたが、制度的にも実質的にも四座の保護者は、これを境に豊臣家から徳川幕府に代わったのである。

金春座から観世座へ

秀吉没後における能界の大きな変化をもうひとつあげておこう。その変化とは、秀吉時代には四座筆頭の座は金春座だったのが、徳川時代には観世座に代わったことである。

秀吉が金春大夫安照《やすてる》をもっともひいきにしていたことはこれまで述べてきたとおりである。秀吉による安照びいきは、配当米とは別枠の知行の付与（→二九四頁）、番組編成上の扱い（最初の脇能やキリの祝言能の担当など）、新作能たる豊公能《ほうこうのう》の節付（→二四七頁）などに端的に現われているが、それはそのまま、秀吉時代の四座の筆頭が金春座だったことを意味している。それが家康の時代になると、浜松在城時代以来ひいきにしていた観世座が金春座に代わって四座の筆頭となる。それを端的に示すのが慶長八年（一六〇三）四月の家康の将軍宣下《せんげ》能《のう》の番組である。

家康の将軍宣下式は慶長八年二月に行われたが、その祝賀の能は四月四日から二条城で三日間にわたって催された。以後、将軍宣下にともなう能は安政五年（一八五八）の十四

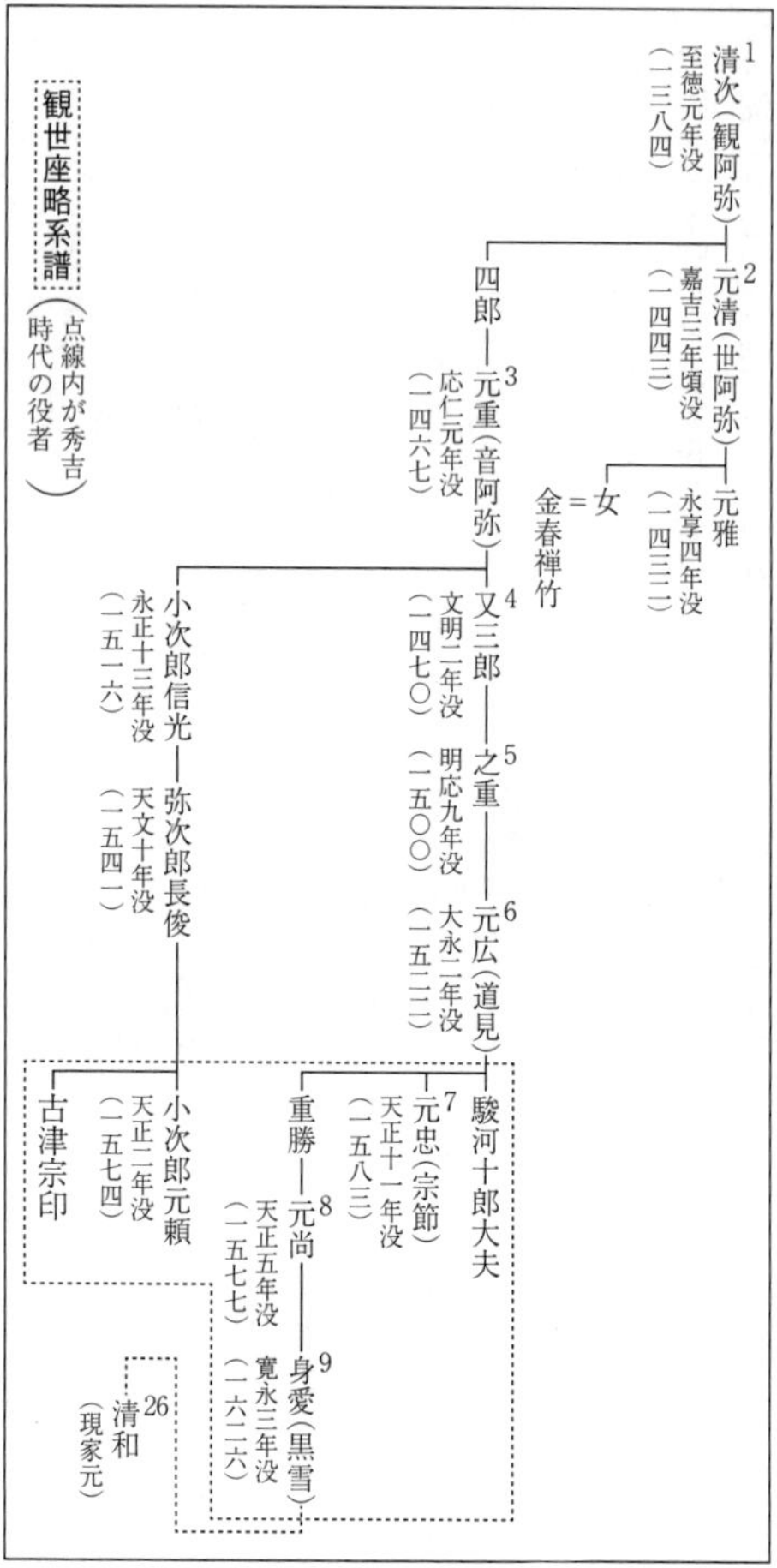

代家茂《いえもち》の宣下式までかならず催されることになるが、将軍宣下式は徳川幕府の表能《おもてのう》（公式の儀式の際の能）のなかではもっとも重要な催しであるから、幕府における各座の序列を知るには恰好の資料なのである。このときの番組はつぎのとおりだった。

〔初日〕
《翁》観世大夫、《高砂》観世大夫、《田村》金春大夫、《芭蕉》宝生大夫、《山姥《やまんば》》金剛大夫、《船弁慶》観世初千代、《三輪》金春七郎氏勝、《藤栄《とうえい》》宝生大夫子、《大会《だいえ》》金剛大夫子、祝言《呉服《くれは》》観世大夫

〔二日目〕
《翁》金春大夫、《賀茂》金春大夫、《植田《うえだ》》観世大夫、《熊野《ゆや》》金春大夫、《鍾馗《しょうき》》金春大夫、《源氏供養》観世大夫、《輪蔵《りんぞう》》観世大夫、《善知鳥《うとう》》金春大夫、《春栄《しゅんねい》》観世大夫、祝言《金札《きんさつ》》金春大夫

〔三日目〕
《翁》観世大夫、《養老》観世大夫、《実盛》金春大夫、《千手《せんじゅ》》金春大夫、《紅葉狩》観世大夫、《天鼓《てんこ》》観世大夫、《橋弁慶》金春七郎氏勝、《岡崎》観世大夫、《葵上》金春大夫、《唐船《とうせん》》金春七郎氏勝、《女郎花《おみなめし》》金春大夫、祝言《老松》観世大夫

このような催しの場合、冒頭の《翁》やそれに続く脇能、そしてキリの祝言能（半能）を主だった役者が演じるのが慣例だが、その点に注目すると、四座のなかでも観世座と金春座の扱いが重く、そのうちでも観世座が上位に位置づけられていることが明らかである。

観世大夫は三日のうち、初日と三日目の《翁》と脇能および祝言能を勤めているし、演じた番数ももっとも多い。また、金春大夫は二日目の《翁》と脇能・祝言能を勤めており、番数は観世大夫に次いで多い。これにたいして、宝生大夫と金剛大夫は極端に出番が少なく、初日に親子で二番ずつ演じているだけである。一口に幕府のお抱えといっても、四座の地位は決して均等ではなかったのである。

以後、徳川幕府のお抱え猿楽は元和年間（一六一五～二三）に喜多座が加わって五座となる。秀忠・家光時代の喜多座や綱吉・家宣《いえのぶ》時代の宝生座のように、その時どきの将軍によって愛顧の座が変わることはあったが、形式上は江戸時代を通じて観世が筆頭で、以下、金春・宝生・金剛・喜多という序列だった。幕府に抱えられていた五座の役者は三百人～三百四十人ほどだったが、かれらは将軍宣下をはじめとする将軍家の祝儀、年に一度の勅使接待といった儀式のさいに、この序列にしたがって式楽（儀式楽）としての能を演じたのである。

もっとも、幕府における座の序列では観世座が筆頭だったが、個々の役者という点でみると、秀吉没後の慶長～元和期に家康や秀忠がもっともひいきにしていた役者は金春大夫安照であった。家康や秀忠が安照を高く評価していたことは、家康・秀忠関係の能に安照が数多く出演していることに明らかである。家康・秀忠の安照びいきは、幕府筆頭の観世座の大夫である身愛《ただちか》（黒雪）が慶長十五年（一六一〇）に演能の前日に出奔して家康の怒りを買い、以後第一線を退いたこと（↓二二三頁）などもすこしは関係しているのだろうが、基本的には天正・文禄・慶長という時代を通じて、安照が衆目の一致する実力の持ち主であったためと考えてさしつかえあるまい。

新星喜多七大夫の登場

このように、金春安照は秀吉の没後も能界の第一人者であり続けたわけだが、その安照が元和七年（一六二一）に七十三歳で没すると、それに入れ替わるように能界には新星が登場してくる。喜多七大夫《きたしちだゆう》である。喜多七大夫は堺の目医者の子で、七歳で能を演じはじめた神童。九歳だった文禄三年（一五九四）に弱体だった金剛座に加入してやがて金剛大夫となったが、元和年間（一六一五～二三）に金剛座から独立して喜多座を樹立した。以後、承応二年（一六五三）に六十八歳で没するまでの間、能界の第一人者として活動して、近世初期の能楽史に大きな足跡を残した役者である。(2) 金春安照の娘婿でもあったが、安照は七大夫の才能を警戒して八番の能しか教えなかったという（『四座役者目録』）。

この喜多七大夫は慶長二十年（一六一五）の大坂の陣で豊臣方に加わったためか、しばらく逼塞《ひっそく》していたが、元和五年（一六一九）から将軍秀忠の後援を受けてはなばなしく能界に復帰した。その二年後、新星喜多七大夫のめざましい活躍を目のあたりにしつつ、安土桃山時代の能界を背負ってきた金春安照はその七十三年の生涯を閉じたのである。これによって、能楽史における安土桃山時代は完全に終わったことになる。

その後の暮松新九郎

秀吉の能楽熱中の火付け役で、秀吉の側近として「能奉行」的な職掌をになっていた暮松新九郎の秀吉没後の消息が、享保十三年（一七二八）刊の『落穂集《おちぼしゅう》』（大道寺友山著）に比較的詳細に記されているので、最後にその記事を紹介しておこう。

『落穂集』の記事というのは、神田明神の由来についてのなかのもので、そこに暮松新九郎のことが記されているのである。記事は問答形式になっていて、まず、「問曰」として、「右神田明神の祭礼の節、神事能興行と申は古来よりの事の様に承るか、但近来より始まりたる事か」と、神田明神の神事能の由来についての問いかけがある。それにたいして、「答曰」として以下に長文の返答が記されている。要約すると、つぎのような内容になる。

神田明神の神事能は古来のものではない。聞いたところでは、秀吉公の時代に京都に暮松大夫という者がいた。この者はことのほか秀吉公のお気に入りで、四座の役者の「触頭《ふれがしら》」のような役をしていたが、子細があって当地に下向してきた。そのころは著名な役者が江戸に下ることはまれだったが、暮松大夫の下向ということで、能好きの武士や町人は暮松大夫をもてなした。とりわけ、大伝馬町の五霊香という能好きの町人は、暮松大夫のために自宅に舞台を建て、町年寄の子まで弟子にさせて、稽古能をはじめた。その後、暮松大夫を後援するために神田明神において神事能をはじめたとき、江戸中からの募金を暮松大夫に与えたので、暮松大夫は、裕福に暮らすことができた。その後、暮松大夫は亡くなり、子供も幼少だったので、神事能も中絶したが、関ヶ原以後になって四座の役者が江戸に移ってきたので、神事能の再興の話が持ち上がった。最初は観世大夫に依頼する予定だったが、神事能には以前から小田原の北条氏に抱えられていた宝生流の役者が参加していたため、神事能は宝生大夫に依頼することになった。暮松大夫の子孫は、いまは太々神楽《だいだいかぐら》の頭《かしら》となっているということである。(3)

聞き書きにもとづいた近世中期の随筆であるから、当然、その信憑性が問題となるが、これはそう荒唐無稽な記事でもないようである。

これによれば、暮松新九郎は事情あって上方から江戸に下向したが、上方役者ということで江戸の町人がこれをもてなし、その「渡世」のために神田明神の神事能がはじめられたという。また、暮松の没後は後嗣が幼少のため神事能は中絶したが、やがて暮松の存命中に多く出演していた宝生流の役者によって宝生大夫が勤めることになり、暮松新九郎の後嗣は太々神楽の頭となった、という。暮松新九郎と神田明神の祭礼能との関係については『北条五代記』にもみえるが、暮松が秀吉の近習として「触頭」（役者との連絡役）の地位にあったという記事は、さきにふれた暮松の職掌についての補強材料となろう。また、近世後期の神田明神の神事能は、たしかに宝生大夫とのかかわりが深かったようで、伝存する番組でも宝生大夫の出演が確認できる。子孫が太々神楽の頭になったというのも、そもそも暮松新九郎の出自が神職だったことを考えると、事実である可能性が高そうである。

ともあれ、これによって、暮松新九郎が江戸に下って神田明神の神事能にかかわったことは認めてよいだろう。ただし、この記事によると、暮松新九郎が江戸に下向した時期はどうも秀吉の生前だったような印象が強い。「子細」があってというから、なにか秀吉の機嫌をそこねるようなことがあったものだろうか。もしそうだとすれば[4]、慶長元年末までは暮松新九郎は秀吉に近侍していたことが浅野弾正あての暮松の手紙や宝生家旧蔵文書（↓二九六頁）などから知られるから、江戸下向の時期はそれ以後ということになる。

暮松新九郎が上方から新興都市江戸に下向して神田明神の神事能にかかわったことは、能の歴史の縮図のように思われて興味ぶかいが、その神田明神の神事能のようすが、近世初期の『江戸名所図屛風』に活写されている（写真）。芝居には見物人が立錐の余地なく詰めかけている。舞台で演じられているのは《賀茂《かも》》である。《賀茂》は賀茂社の別雷《わけいかずち》神《のかみ》（シテ）と賀茂の御祖《みおや》の神（ツレ天女）が登場して国土守護の神としての神徳を説く祝言能だが、描かれている場面はその終曲部である。天女姿の御祖の神はすでに橋掛りを退場しかけていて、水神《すいじん》としての神威を示した別雷神は幣を投げ捨てて留め拍子を踏もうとしている。舞台も躍動的だが、それを三方から見物する人々も新興都市の住民らしい生気に満ちている。もはや時代は安土桃山時代ではないのである。

『江戸名所図屛風』（部分・出光美術館蔵）

注

序章

（1）「能」という言葉は本来は「才能」「能力」を表す言葉であり、現在でも、「能ある鷹は爪をかくす」のように用いられている。この「能」は、貞和五年（一三四九）の『春日若宮臨時祭記』などでは、広く田楽や猿楽の芸などの「芸能」を意味する語として用いられているが、そうした「芸能」の意味から「『能』という劇」の意味が派生したらしい。「能」という言葉が「『能』という劇」の意味で用いられているのは世阿弥の『風姿花伝』あたりが最初のようだが、『風姿花伝』の「能」のなかにはなお「芸能」の意味で用いられている例も少なくない。また、「猿楽」はもとは平安鎌倉期に流行した滑稽解頤《かいい》を主体とした雑芸（およびその芸人）の名称だが、能と狂言はこの猿楽を母体にして生まれたらしい。能や狂言（およびその役者）が明治維新ころまで「猿楽」と呼ばれていたことが端的にその関係を物語っている。その「猿楽」と交替するかたちで明治以降に使われるようになったのが「能楽」である。「猿楽」がそうであったように、「能楽」もやはり能と狂言の総称である。なお、「能」「能楽」と深くかかわる言葉に「謡曲」「謡」があるが、これは劇である能の詞章を意味する言葉である。『日本古典文学大系』（岩波書店）、『日本古典文学全集』（小学館）、『新潮日本古典集成』などの古典文学の注釈書の書名がもっぱら「謡曲集」であるのも、それが詞章を主体としていることによる。

（2）佐々木道誉らの新熊野六月会での猿楽見物は『賢俊僧正日記』文和四年（一三五五）六月十七日条に「猿楽有レ之。……佐々木両判官入道霜台各来二臨之一」とある。また、応安元年（一三六八）に佐々木道誉父子が義満の能に招かれたことが『京極家譜』に「猿楽御能興行有レ之。道誉竝子息高秀、為二見物一被レ召レ之訖」とみえる。なお、『中楽談儀』によれば、義満が能を見た最初は応安七年か翌永和元年であるが、右の『京極家譜』の記事はそれより六、七年以前のことである。

（3）『申楽談儀』第十七段に、「翁をば、昔は宿老次第に舞けるを、今熊野の申楽の時、将軍家〈鹿苑院〉、初めて御成なれば、一番に出づべき者を御尋ね有べきに、大夫にてなくてはとて、南阿弥陀仏一言によりて、清次出仕し、せられしより、是を初めとす」とある（日本思想大系『世阿弥・禅竹』による）。

（4）『後愚昧記』永和四年（一三七八）六月七日条に、「雨下及レ晩聊晴。今日祇園御霊会也。……大樹構二桟敷一四条東洞院見二物之一。件桟敷賀州守護富樫介経営。依二大樹命一也云々。大和猿楽児童称二観世之猿楽一法師子也被レ召二加大樹桟敷一見物也。件児童自二去比一大樹寵二愛之一、同レ席伝レ器。如レ此散楽者乞食所行也。而賞翫近仕之儀、世以傾二奇之一。連々賜二財産一。与二物於此児一之人、叶二大樹所存一。仍大名等競而賞二翫之一、費及二巨万一云々。比興事也。依レ為レ次記レ之」とある。「大樹」が義満、「大和猿楽児童」が世阿弥、「称二観世之猿楽一法師」が観阿弥である。

（5）義満をめぐる世阿弥と犬王との関係については、昭和三十年代までは、義満がもっとも強力に後援した役者は世阿弥で、義満の世阿弥にたいする愛顧は今熊野で観世父子の能を見て以来、終生続いたと考えられていたが、表章氏「世阿弥の生涯をめぐる諸問題」(『文学』昭和三十八年一月)において、義満はその晩年には世阿弥ではなく犬王を能界の第一人者として遇していたろうと指摘されて、以後はそれが通説となった。さらに、近年、義満三十二歳の康応元年(一三八九)における義満の犬王後援を示す『鹿苑院西国下向記』が紹介されて(落合博志氏「犬王の時代―『鹿苑院西国下向記』の記事を紹介しつつ―」『能楽研究』十八号)、義満による犬王愛顧はかなり早い時期からのものであることが明らかになった。落合氏は右の論考で、世阿弥の若年期~壮年期も能界の第一人者は犬王であったろうと指摘されている。

(6) 『嘉吉記』には、つぎのようにある。

義教少モ覚リ玉ハズ。常ヨリモ人少ナニテ赤松ガ亭へ入セ玉フ。饗応以外ニ美麗ヲ尽シ、御供ノ衆マデイツキカシヅキ、義教一入興ニ乗ジ御一献ヲアガリ玉フ。サラバ御能ヲ可レ初ムトテ、鷗ノ羽ヲワキ能サセ、中入時ニ至テ、時分ヨシト思ヒ、兼テ工ミシ如ク馬屋ノ絆馬ヲキッテ放ツ。庭中ヒシメキケレバ、此馬ソトへ出スベカラズ。門ヲサセト呼リ、惣門ヲサシ、三百人ノ者共、御所様ヲ始メ座中ノ人々一人モノガスマジトキッテ廻ル。思ヒヨラザル事ナレバ、抜合テ戦ハントモセズ、御所様ハヤ絶入セ玉ヘバ、我先ニト築地ヲノリコヘ、遁出ントスル計ニテ、赤松ヲ討タント志アルモノナカリケリ(『群書類従』による)。

(7) 『信長公記』「観世大夫御能仕るの事」には、

三番　定家。四番　道成寺。

　信長の御鼓御所望候。然りと雖も、辞止申さる。

とある（新人物往来社版による）。

（8）信長の鼓については、『老人雑話』に元亀元年（一五七〇）四月の義昭の二条邸竣工祝能のときのこととして、「信長、城を武衛陣に築き、公方をすへて慶賀の能あり。老人も四歳ばかりにて乳母に抱れて見物す。其日、信長ハ小鼓を撃れしなり」とある。

（9）織田信忠や信孝の能楽愛好については、『当代記』天正九年（一五八一）三月の項に、「此比城介信忠、能を被レ好、自身行レ之給。手前見事之由、上下云々。信長聞レ之給、武将たる者強不レ可レ好之由曰、甚無興。則城介能道具悉召寄、之を丹波猿楽梅若大夫に被レ下。舎弟伊勢国主信雄・同北伊勢かんへの三七主も此道雖レ被レ好レ之、信長不二知レ之給一」とある。また、城介信忠が岐阜城に大蔵二介や大蔵虎政などを呼んで能を催していたことは宮城県図書館蔵の『神道秘密翁大事』に記事がある（拙著『翁猿楽研究』参照）。

（10）『観世流仕舞付』は関三与らの京都の数寄者が所持していた能の仕舞付（演出資料）。高安流ワキ方の岡家や宮内庁書陵部に写本が伝わる（五冊が伝存）。そこには喜多七大夫・観世大夫重成・金春大夫安照・同氏勝といった近世初期の主要役者や細川忠興（三斎）などの能の数寄者の演技や逸話がおびただしく記されているが、そのうち織田常真の演技については十三曲のなかで紹介されている。現在は『岡家本江戸初期能型付』の名で翻字されている（藤岡道子氏編、和泉書院）。

(11)『武辺雑談』にみえる家康の《船弁慶》所演の話はつぎのとおり。

聚楽にて御能之時、秀吉御能被レ成。常真・有楽抔役者也。常真ハ《龍田》舞。能ハ名人也。中々見事なる事言語道断也。家康公ハ《舟弁慶》の時、義経に御成。ふとりたる老人なれハ、中々見とむなき御形、義経らしき処ハ少しもなしと皆々笑とよむ。切合大体無調法なる事、腹筋よりおかしき事也。清正・長政・幸長・三成・義広等、「扨々常真ハうつけを。見事に舞て何の益そ。たはけ也」と嘲。家康公を八「あの古狸か作り馬鹿をして太閤をなふるを見よ。扨もく\兵哉。とかくすかぬはろうがおそろしき」と皆々内々舌をふるふ也。

(12)『戴恩記』にみえる細川幽斎の《遊行柳》の太鼓をめぐる逸話はつぎのとおり（表記は読みやすくした）。

また、太鼓をば似我が大事をのこさず伝へ置きたりと内々聞き及び侍りしかども、その道知らぬ者の取り沙汰はさらにまこと、思はれざりしに、秀次関白殿聚楽にて御能ありしに、《朝長》の〔懺法〕太鼓、その頃の上手金春又右衛門と申す者つかまつりしの日暮れはて、幽法公へ参り、「今日は御見物ゆゑ胸をどり手ふるひ、前後を忘じ候。なにとか候ひし」と恐れ敬ひて申しき。幽法公御休息ありしかども、御対面ありて今日の所作ご褒美なされ御酒下され、「くたびれなるべけれど、一番打たれよかし」と仰せられて、すなはち御小鼓をあそばされし。大鼓は平野忠五郎、笛は小笛亦三郎、謳は勘七など、みな普段の御近習にて、《杜若》を囃しき。この者の太鼓、知らぬ者の耳にも自由自在、ここもとの撥音は変りたるやうに聞きしに、又右衛門両の手をつき、忠五郎にむかひ、「一番、今生の思ひ出に聴聞仕りたし」と申せしかば、久しく遊ばされず、御忘れなされ候へども、夜ふけ聞き手もなし。また興に乗じたる折がらなればとて《遊行柳》を曲舞より謡はせ、太鼓にさし向はせたまひたるよそほひよりはじめ、御掛け声、御撥音、凡夫の所為とはさらに存ぜられざりき。御屋形中神妙になりて皆人息をもつがぬやうにありし。されば、「我らがむざと信じて殊勝に思はるるにや」と存じ、かの又右衛門が顔をつくづくと見はべりしに、いつともなく額を畳に近くして声たててはえほめ申さず。のんどにてすきもなく感じ、打ち終わらせたまひて、つきたる手を膝に上げ、かたぶけたる頭をふりあふのきたる顔を見れば、両眼より感涙雨のごとくこぼしはべりき。物の上手と名人と替わり目はあるものなりと心に思ひ知りはべりき。

(13)『戴恩記』には、注12の記事に続けて、聚楽第における下間少進の《船弁慶》の静(前ジテ)の曲舞を幽斎ひとりがほめなかったわけを関白秀次に問われて、幽斎が《船弁慶》の曲舞はうきうきと舞うものでないことを故実をあげて答えたこと、および、永禄七年(一五六四)の相国寺での観世大夫宗節の勧進能のおり、舞台に水引(舞台上方の幕)が引かれていたのを見た幽斎が、観世大夫の勧進能では水引は引かないのが慣例だとしてそれを取らせたこと(観世座の古老もその故実を知らなかったという)、が記されている。また、『能口伝之聞書』(能楽資料集成『細川五部伝書』所収)は細川幽斎の家臣の一両斎妙佐がまとめた能芸についての聞書だが、そこには古津宗印（観世小次郎元頼の子）などとともに幽斎の芸話が記されている。

（14）幽斎が金春惣右衛門に〔懺法〕を伝授したことは、『四座役者目録』の「金春彦九郎（物右衛門）」の項に、「センボウ太コハ今春方ニナキニヨリ、細川幽斎似我ニ相伝アリ、態ト丹後ヘツレテ下リ、幽斎ヨリ宗右衛門相伝スルナリ」とある。なお、『四座役者目録』は観世座の小鼓観世勝右衛門元信が承応二年（一六五三）にまとめた詳細な能役者の伝記。前編と後編の二冊からなり、後編は『近代四座役者目録』と題されているが、本書では前編・後編とも『四座役者目録』と呼んでいる。

（15）『丹後細川能番組』は『能楽研究』八号に詳細な解題を付して全体が翻刻されている。

（16）細川忠隆（休無）や細川立孝と能とのかかわりについては、拙稿「近世初期京都能楽界の動向―岡家等蔵『観世流仕舞付』に所見の役者と数寄者をめぐって―」（『野村美術館紀要』五号）参照。また、細川忠利と能とのかかわりについては、竹本幹夫氏「細川藩関係資料に見る江戸時代初期の能楽」（『能研究と評論』十七号、十八号）参照。竹本氏の論考では忠興（三斎）と能のかかわりについても数多くの事例が紹介されている。

第一章

（1）法政大学能楽研究所蔵の観世小次郎宛の秀吉の書状はつぎのとおり。この文書は「観世新九郎家文庫目録」（『能楽研究』二号）に翻印されている。なお、この書状は『甲子夜話』に観世新九郎家に伝来のものとして全文が掲載されている。著者の松浦静山は、「右、予が家には秀吉公の書は多く蔵め、又他の遺筆と比思するに、紛ふべきにも非ず。正しき真蹟なり」として、これを永禄四、五年（一五六一、六二）のものかとしている。

　　猶以彼両人事一円
　不㆑存候間、頼候旨意得
　申候。何篇追而可㆓申入㆒候。
　又相紛之事候て使者御帰候。
　　無㆓御心元㆒候。

御床敷折節、御状
本望候。如㆑仰今度者御
下、殊永々御逗留候間ニ
何事之遊山も御入候ハす候。
然共、上候ての御仕合共
能候て、於㆓我等㆒満足候。御
帰路ニハ何と哉らん
あやまちさせられ候よし
申候。無㆓御心元㆒候処、くるし
からす御渡候由、これ又尤候。

就中勧修寺郷両人
事頼候。神藤右衛門折
紙うつし給、令二披見一候。
無二是非一儀候。爰本ニて
一円無二其沙汰一候間、様
躰あひきわめ、追而可レ申候。
次すき袋如二書状一送給、
祝着申候。猶期二来信之時一、
恐々謹言。
七月十三日　秀吉〔花押〕

〔以下端書〕　木藤
秀吉

観小次さま　御返報

（2）　秀吉が茶の湯にしたしむようになった時期は天正六年ころからとされていたが、奥野高広氏「秀吉の茶会」（『日本歴史』第一五六号）では、秀吉が近江の観音寺惣坊にたいして茶屋の建設を命じた天正四年（一五七六）二月十八日付の文書を紹介して、少し繰り上げられた。

（3）　『鷹筑波集』に入集した観世彦右衛門宗拶の句はつぎのとおり（『日本俳書大系』による）。

火の上でとけぬはかまのあられ哉
をこらねばいろりのふちや鞍馬炭

（4）『四座役者目録』（「観世新九郎豊次」）の原文はつぎのとおりである。

大閤秀吉公、或時宗拶ニ詫意ニ、「鼓名人也。茶湯モ利休弟子ニテスク。何ニテモ道具遣ルベシ。壺ハ」ト被レ仰ル。「内々望ニハ存候ヘ共、私式ノ及申サヌ事」ト被二申上一ル。「利休ニ申、可レ然ヲ求候ヘ」ト被レ仰。利休折節尾藤壺ハナサルベシ。「上様ヘ申上、其方壺ニナルヤウニイタシ候ハン」ト被二申上一ル。「カイ遣リ候ヘ」トテ高直ニ召シ拝領イタス也。口蓋并緒ノムスビヤウ指南。此壺ノ添状、利休ノ宗拶ヘ有。此壺今ニ豊重所ニアリ。又、大閤様忝モ宗拶所ヘ御成被レ成ル。今ノ少二郎家也。コノ時キコシメシ候家具、マキヱ、キクキリシタル于レ今有。イツレモツヽミ名人故、如レ此也。

（5）秀吉が小田原攻めに樋口石見を伴っていたことは、森末義彰氏「能の保護者」（『能楽全書』第二巻）に、「彼が秀吉の気に入ってつねに秀吉に従つたことは、天正十八年の小田原征伐の時にも、わざわざ召下されたことが、小早川家文書に見られるところに依つても知られる」という指摘があるが、文書全体は紹介されていないので、ここに掲げておく。森末氏が依拠された資料は東京大学史料編纂所の『小早川家文書』（影写本）である。この文書は日付が七月十五日とあるだけで年次が不明だが、この前後が小田原攻めに関する文書であることや、北条氏の滅亡が天正十八年七月十三日であることをふまえて、これを天正十八年の小田原攻めの際の文書と認定されたものであろう（その通りであろう）。

碁打庄林入道、
同麻塩并樋口石見守、
帰京候。路次中伝馬
三疋留候。賄等可レ被二
申付一候也。
七月十五日
羽柴筑前侍従殿
羽柴新庄侍従殿

また、『関八州古戦録』（享保十一年成立）には、秀吉が小田原に向けて京都を出発したおりのこととして、千利休が金の茶筌を指物につけ、樋口石見が鼓の筒を指物につけ、伴内なる狂言師が三番叟の出立ちで下向したと記されている（宮本圭造氏の示教）。

（6）『久保田文書』は昭和八年に作成された影写本が東京大学史料編纂所に蔵されている。冒頭に「毛利家大閤様江始テ御出会之次第」の端書があり、末日に「十月三日」の年記がある。全七丁で、観世宗節などの能芸について記されている箇所はつぎのとおりである。なお、この会見の日時は『史料綜覧』では十一月一日とするが、ここでは本文書の記述に従って十月一日としておいた。

一、御湯《?》付の上にて、てんしんなし。御酒半へ食籠参候。観世宗節・金剛又兵衛・一曾三人被レ出候。少間候て廿八人各被レ出、ゑんニ祗候候。宗節うたい申候。一人して二度めのうたひ、「君きくすいをきこしめして」とうたひ申候。さて、うねめうたひ申候。ひのくちや、大つゝミ。くわ垣、小つゝミ。笛、一曾。かきつはた、太こ、各不(名カ)レ知。追松、大こ、いたミ。かきつはた過候て、小袖ひろふた二ツニ入、被レ出、各へ被レ遣候。なしちのひろふた、銀のかなかひ。

一、従二御両人一御太刀・馬代、公界衆へ被レ遣候。追松のきり、宗節舞申候。秀吉被レ遣候小袖を着候て、此時御立候也。

（7）『四座役者目録』の「幸五郎次郎」の項に「太閤様へ行幸被レ成候刻、樋口石州と才覚、調子御免。紫ニテウツ」とあり、「樋口石見」の項にも「シラベ御免、紫ニテ打。幸五郎次郎と同時也」とある。この「行幸」は聚楽第への行幸のおりのことのように思われるが、樋口の調子緒御免は天正十三年の関白叙任のおりのことらしい。なお、この『観能図屛風』に描かれた場面については、拙稿「神戸市立博物館所蔵『観能図屛風』の時と場―安土桃山時代能楽史研究のために―」（『島津忠夫先生古稀記念論文集・日本文学史論』世界思想社）で詳しく論述した。

（8）家康はつぎのような書状を浅野弾正に送って、観世大夫身愛の取り立てに感謝している（『享保六年書上』所掲の書状による）。

去年内々申候つる観世大夫事、此度罷出候間、関白様江御礼申上候様、御取入者可レ為二喜悦一候。恐々謹言。

正月十七日　家康御判

浅野弾正少弼殿

年次が不明だが、秀吉の関白時代であることと秀吉と家康の関係や、秀吉周辺の観世身愛の活動などを勘案すると、天正十五、六年の書状かと考えられる。家康は以前から身愛の引き立てを浅野弾正を通じて秀吉に頼んでいたらしい。

(9) 表章氏『喜多流の成立と展開』一一八頁〜一三一頁参照。そこでは番組資料などによって秀次と金剛大夫の強い結びつきが指摘されている。

(10) 秀次が後援した役者としては、このほか宝生大夫や鷺がいた。『駒井日記』文禄三年四月十六日条に、「金剛、宝生、鷺、又次郎」が「御扶持人」であるとの記事がある。

(11) 秀次が演じた能を『能之留帳』『駒井日記』『小鼓大倉家古能組』をもとに集計しておく(数字は回数)。

葵上2　海士3　井筒4　鵜飼2　鵜羽3　江口7　女郎花1　柏崎2　兼平1　賀茂1　通小町1　邯鄲1　清経2　鞍馬天狗1　呉服4　黒塚4　源氏供養3　実盛1　自然居士1　猩々1　隅田川1　関寺小町1　卒都婆小町1　高砂3　当麻4　忠度2　田村1　定家3　東岸居士1　朝長2　鵺1　野宮2　芭蕉2　百万1　富士太鼓5　藤戸2　三輪3　八島4　山姥1　熊野1　楊貴妃1

(12) 『駒井日記』文禄四年四月十三日条によると、秀次は大鼓の大蔵道知に百番の能の囃子事について三項目ずつの質問をして、報告を命じているが、これなども秀次の故実にたいする関心を示す事例だろう。この「百番」は編纂中の『謡之抄』の注釈対象曲ともかかわるかもしれない。

（13）『謡之抄』編纂の経緯やその結末については、伊藤正義氏「謡抄考」（『文学』昭和五十二年十一月、十二月、昭和五十三年一月）を参照されたい。本書のこの箇所の記述も同稿に多くを負っている。

（14）新井白石の『紳書』の記事はつぎのとおり。
秀次関白の謡の鈔作らしめられしに、世雄坊と云法華の僧の、盛久の謡の抄に、「主馬判官盛国と云者平家に見へたり。盛久と云ものは見へざるよしをば、山中検校申す」と記しけり。関白、世雄坊をめして、「いかにかく記せし。一定、盛久と云もの無きとの所見有や」と有しに、「されば此事いかにも心得がたく候故にこそ、山中検校の申すとは記し候」と申す。関白の仰に、「清水寺に有代々の願書の中に、盛久が願書有。何条此者のなかるべき」と有しかば、「世雄坊が力にていかでかゝる宝蔵を見る事の叶ひ申べき。是殿下の御光にてこそ、かく明証も委しく知れ侍りぬ。されば、かの書を改め申すべき」と申せしに、関白、「いや〳〵、我云し事を承りて、後の世まで伝るべき物ゑらばんとて、其証明かならぬ事をしるし、且は又、其罪を山中検校に嫁せんとせし条、不審也。只々、汝がもと記せし如くにして置て、末代に汝が誤りを伝んもの也」とて、終に改め給はざりしと也。

（15）春日社所属の禰宜役者の活動状況については、従来は安土桃山時代を中心に断片的にしか知られていなかったが、宮本圭造氏「南都禰宜衆の演能活動」（『芸能史研究』一三八号～一四〇号）では中世から近代におよぶその活動が詳細にたどられている。同稿によると、南都禰宜衆の活動は大和猿楽四座とも緊密にかかわっており、その点においても能楽史の重要な一角をになっていることが知られる。

（16）『武辺拾遺集』は披見しえていないが、浅野栄足の『観氏家譜』の「九世身愛」の項に、『武辺拾遺集』に拠った、つぎのような記事がある。

天正十九年（月日未詳）関白秀次公、聚楽第太閤の御所へ生御霊の御膳を捧たまふ。太閤并北政所・京極松之助殿・淀殿御同座にて御祝あり。御祝賀の御能行はせ給ふ。大夫は観世左近身愛、今春八郎安照、呉松新九郎（『落穂集』による注があるが、省略）なり。太閤、能組の次第御尋あるに、呉松御答申て、「脇能白髭、第二忠則」と次第を申上しに、太閤聞召て、「脇能には誓願寺を仕るべし」と仰出さる。呉松はしめ観世今春ともに申上るやうは、「昔よりか丶る御祝儀の折などの脇能には、神祇の能を仕る事にて誓願寺などやうの能を頭取脇に仕る例かつて御座なき」由を申上クる。「さて、誓願寺は如何なる能ぞ」と仰られしかば、呉松承りて、「一遍と申聖人如来の夢相に因て六字の名号を額に記して堂面に掛しかば、阿弥陀如来の来迎ある所を舞申す義にて侍」よし申上グる。太閤、「さて〳〵目出度能にてこそあれ。其謂は、阿弥陀は九品浄土の主として正直の仏なるが、能に出て舞る丶ばかりの折なれば、よく〳〵目出度事にぞあらむ。今日の脇能は誓願寺に及はあらじ」と仰られて、「それ疾く仕れ」と急がせ給ふに、止事を得で俄に御脇能は誓願寺を務しとなむ。（是事武辺拾遺集と云物に見えたり。）

第二章

（1）『甫庵太閤記』巻十四「将軍於㆓名護屋㆒癸巳御越年之事」の該当記事をかかげておく。
思はざらめや光陰箭のごとし。文禄元年も漸事しげき中にまぎれくれ、都にての歳暮には事替り、目なれぬさま多かりけり。とかうのゝしる内に、鶏正旦の祝音を唱ふ。鶯も谷の戸出て、うゐ声めづらかなり。御前はいよ〳〵目出たさの春にて、ことぶきのかず〳〵に将閑かならず。折ふし城州八幡山の暮松新九郎、年頭之御祝儀申上候はんとて、名護屋に至て下向せしかば、御気色にて殿下自御能をも御稽古有て、御心をものどめさせ給ひ、又は在陣之衆士をも慰めんとなり。思ふどちへだてなく云ひかはしけるは、「御年も漸耳順にちかゝらん。願は止給ひなば、目出事になん侍らん」と云もあり。又笑を含でさみし侍るも過半せり。初の程は山里にして、御伽衆計被㆓召連㆒御稽古有しが、「御仕廻のよしあしをつゝまず有やうに申せ」と御諚なり。新九郎をしへ申やうのつき〳〵しさ、いみじさ、不㆓一方㆒。もはや表向にて物し給ふとも苦しく侍るまじきよし、暮松申上しかば、「其さま宜しからん事を強て思けるにこそ」と宣ひつゝ、弓八幡は天下を治め民を安んずる能なれば、御稽古有しが、事外宜しく侍よしのみにて有しなり。五十日計の内に十五六番覚え給ひしが、「やがて舞台にて被㆑遊候やうに」と新九郎申けり。日数やう〳〵積り、御稽古の程も累り、仕廻すくなに扇などものびやかなれば、見る人、「とかう申に及ばれぬ事にて有けるよ」とて、かんじあへりぬ。暮松、金銀御服などおびたゝしく拝領有。（新日本古典文学大系『太閤記』による）

（2）この「八幡山」を石清水八幡ではなく山崎離宮八幡とするのは、森末義彰氏「能の保護者」（『能楽全書』第二巻）や片桐登氏「江戸時代初期素人能役者考――『役者目録』を中心に――」（『能楽研究』三号）などの研究が一致して説くところである。暮松新九郎の出身が神職であることは、『古之御能組』所収の文禄二年の禁中能の番組中、初日に《翁》を勤めた暮松に「山城国八幡ノ神ショク」の注記がある。また、山崎の者であったことについては、『老人雑話』に「其比山崎に居りし太夫呉松」とある。

（3）以下に暮松新九郎の事績を年譜化してかかげておく。秀吉の近習としての側面も、ここに明らかであろう。

天正11年2月以前（一五八三） 金剛座の座衆に加わって薪能に出演する。〔蓮成院記録〕

天正15年10月29日（一五八七） 禁中の能に手猿楽の渋谷と出演する。〔時慶卿記〕

天正19年（一五九一） 聚楽第での秀吉の生御霊の御膳の祝いで金春大夫・観世大夫と能を演じるか。〔武辺拾遺集〕

文禄2年1月（一五九三） 名護屋に下向して秀吉に能の手ほどきをする。〔甫庵太閤記〕

文禄2年7月2日 名護屋の佐竹義宣の家臣の屋形で能を演じる。〔大和田近江重清日記〕

文禄2年9月17日　大坂城西の丸において《翁》を演じる。〔小鼓大倉家古能組〕

文禄2年閏9月ころ　秀吉の所演曲を選ぶために、金春安照とともに能を演じて秀吉に見せる。〔駒井日記〕

文禄2年10月5日　秀吉主催の禁中能初日に《翁》を演じる。〔駒井日記など〕

文禄2年10月6日　観世・宝生・金剛の大夫に二日目の禁中能の秀吉の能の地謡を勤めるよう通達する。〔宝生家旧蔵文書〕

文禄2年10月7日　禁中能二日目に《翁》を演じる。〔禁中猿楽御覧記、小鼓大倉家古能組など〕

文禄3年（一五九四）2月1日　大坂城西の丸にて《翁》を演じる。〔小鼓大倉家古能組、駒井日記〕

文禄3年2月2日　大坂城にて《氷室》を演じる。〔小鼓大倉家古能組、能之留帳〕

文禄3年2月10日　大坂城訪問中の秀次が角坊作の面を秀吉に進呈する際の取り次ぎをする。〔駒井日記〕

文禄3年4月12日　禁中能（二日目）で《明智討》など三番の能を演じる。〔能之留帳〕

文禄3年4月20日　秀吉の備前宰相邸への御成能で《鉢木》を演じる。〔駒井日記など〕

文禄3年5月10日　大坂城本丸で《弓八幡》など三番を演じる。〔般若窟文庫蔵番組〕

慶長元年（一五九六）6月28日　伏見城での明使饗応能で《船弁慶》を演じる。〔小鼓大倉家古能組〕

慶長元年11月15日　秀吉の近況を浅野弾正に報告する。〔長井文書〕
慶長2年12月25日　猿楽配当米支給の取り次ぎをする。〔宝生家旧蔵文書〕
（一五九七）
慶長3年ころ　秀吉の機嫌を損ねたか江戸に下り、以後、神田明神の神事能の大夫
（一五九八）　を勧める。〔落穂集〕

（4）　これも『甫庵太閤記』巻十四の該当記事をかかげておく。

今春大夫八郎・観世大夫左近被二召寄一御能御覧あるべきとて、飛力指し上されければ、二月下旬両人至二名護屋一下着せり。其旨披露有しかば、頓て登城いたすべきにて、翌朝御目見え申せしに、下向の程油断なかりしよとて、御機嫌いみじく、万御懇に物し給ふ。今春家之名物こおもて・はんにや・小尉・三光之尉、観世家之名物ふかひおもて・しは尉・あふみの女・こべしみなどうつさせられ度旨、内々にて御所望有しかば、辞し申に及ばれぬ事にや有けん、即面を上奉る。其比山城宇治郡醍醐に角坊とて面などをうつし侍りて、類ひなき名人あり。即めし下しうつし奉るべき旨、木下半介を以被二仰出一しかば、十日計のうちに五出来し上奉る。御一覧あるに、何れが本、何れが写し共見え不レ分により、御感不レ斜、種々引出物拝領してけり。残りの面共も出来し奉れば、おもての天下一になさるべき旨おぼされ、家康・利家などに、「いかゞあるべき」と問まいらせられしかば、「尤宜しくおはしますべし」と申上られけり。其夜めし出され、銀子五十枚并天下一号之御朱印給りぬ。角坊の仕合、とかう申に及ばれず。斯能にすき給しに

因て、名物のおもて共多く聚り来る事、大かたならぬ事どもなり。（新日本古典文学大系『太閤記』による）

（5）このときの番組は般若窟文庫蔵の番組中にもある。その書式は諸役を横に列記する特異なもので、『甫庵太閤記』所収番組の書式と酷似している。掲出番組の狂言の項はこの番組によって校討した。

（6）文禄二年正月十八日付秀吉朱印状（福岡市博物館所蔵）の全文はつぎのとおり。

追而申候。下村入道并大坂ニ居候金春彦三郎入道、早々可レ被二差下一候。又笛吹竹友も可レ被二差越一候。大鼓・小鼓・太鼓も可レ給候。

態申候。名護屋ニ御在陣之中、御鷹をも不レ被レ遣、御徒然ニ候間、御慰ニ皆々はなしの衆狂言同前之狂をさせられ候。然者高麗へ御渡海候て都にて狂能させ御見せ可レ被レ成候。就レ其能之道具書立相越候。下間少進・虎屋立巴ニ為レ入レ念被レ拵候て早々可レ給候。此外にも可レ入物候者、両人次第ニ申付可レ給候。右書立外ニ大閤御用ニ候。ふるき金襴ニてそはつき弐ツ拵可レ給候。ふるき金襴無レ之候者、新敷金襴にても不レ苦候。次名物之面、是も被二相尋一可レ給候。是ハ注文之外にて候。猶浅野弾正少弼・山中扶助可レ申候。恐々謹言。

正月十八日　秀吉（朱印）

（7）北政所が名護屋の秀吉に身の回りの品を送ったことを伝えるのは、東京大学史料編纂所の影写本の『長井文書』と『萩藩閥閲録遺漏』所収の文書である。『長井文書』は明治三十四年に周防国吉敷郡小郡村の長井千代輔氏所蔵の十六点の文書を影写したもので、そのうちの十四点（文禄二年正月十九日付～六月二十二日付）が北政所からの物資送付についての文書である。また、『萩藩閥閲録遺漏』所収文書とは、同書に「周防国吉敷郡小郡勘場医師平田道伯伝来」として一括された二十六点の文書（文禄元年十二月十二日付～文禄二年十月三日付）で、そのうちの二十点が北政所からの送付文書である。『長井文書』の十四点はすべて『萩藩閥閲録遺漏』所収文書の二十点中に含まれるが、このうちに能道具の搬送のことや、能役者の名護屋下向のことがみえるのである。以下には、本文にかかげた文書以外の能にかかわる文書をすべて紹介しておく（翻印は史料編纂所の影写本に依拠した）。⑥は『萩藩閥閲録遺漏』所収文書にのみみえる文書である。なお、『長井文書』全体を紹介したものに拙稿「長井文書にみる肥前名護屋の能」（『銕仙』三八六号）があるが、そこでは『萩藩閥閲録遺漏』所収文書の存在に気づいていない。

①名こやへ御めしのゑ川酒弐荷并をんな大夫・津たうひやうへ・いやし与次郎・やはた笛すけ左衛門・もりき太郎つかわされ候。つき舟四たんほ壱そう申つけ、さう〳〵をくりと〻け申へく候。ゆたん候ましく候。くハしくそつほういんより申へく候也。

しものせき舟奉行

文禄二

二月十二日（黒印）

②名こやへ女のふつかまつり候ちほ大夫めしくたされ候。伝馬壱疋申つけ、其所々へたし

かにをくりと、け申へく候。ゆたん候ましく候。くハしくそつほういんより可レ申候也。

文禄二年

二月十二日〔黒印〕

あかまかせきぶぎやう

③大閤様御召之江川酒弐荷并女大夫・津田右兵衛尉・弥石与次郎・八幡之笛助左衛門・森喜太郎、至二名護屋一被二召下一候。継舟之事四反帆壱艘早々被二申付一、其所々へ慥可レ被二送届一候。御急之御用候条、無二御油断一可レ被二申付一候。即御墨印被レ遣候。尚以自二拙（難読）者一然に右之通堅可二申渡一候旨、御諚候也。恐々謹言。

文禄弐

二月十二日

帥法印

歓仲〔花押〕

尼崎　辻甚左衛門尉殿

（以下、兵庫・室・下関の舟奉行連記あり）

④名こ屋へ御のふだうく入候御つゝら□□つかわされ候。つき夫之事壱人申付、さう〳〵其さき〳〵へおくりつかわすへく候。大事之御物ニ候。念を入可二申付一候。少もゆたん候ましく候。くわしくそつほうゐん可レ申候也。

文禄二年三月六日〔黒印〕

あ〔　　〕

⑤なこやへ御急之御能之御道具こもつゝミ弐ツつか□□《わさ》れ候。つき夫事壱人申つけ、さう

〱其□（さき〱）へたしかに送りつかハすへく候。大事之御物候間、念を入可二申付一候。
少もゆたん候ましく候。くハしくそつほういんより〔　　〕。

文禄弐年〔　　　〕（黒印）（以下欠損）

⑥なこやへ御いそきの御のふの御道具つかわされ候。つき夫の事壱人申付、其さき〱へ
たしかにおくりつかわすへく候。大事之御物に候間、念を入申付へく候。くわしくハそ
つほうゐんゟ申へく候也。

文禄弐年三月廿日（黒印）

あかまがせきぶぎやう

（8）この秀吉朱印状は本願寺の坊官だった下間少進家に伝来したもので、平成六年に大阪城天守閣の所蔵となったもの。大阪城天守閣で平成七年三月二十一日～五月七日に催された「石山合戦と下間仲之」に展示され、同展の図録にも掲載されている。

（9）『角坊文書』については、拙稿「「角坊」劄記―宮内庁書陵部蔵「角坊文書」をめぐって―」（『学海』〔上田女子短期大学国語国文学会編〕十号）を参照されたい。なお、拙稿発表後に、藪田嘉一郎氏『能楽風土記』に田中敬忠氏『日野誌』（明治二十二年）によって七点の角坊文書が紹介されていることを知った。『日野誌』は原文書に拠ったものかと思われるが、書陵部蔵『角坊文書』の八点とはすこし出入りがある。

（10）「天下一」についての論考としては、米原正義氏「天下一の意識と天下一の号」（『国学院大学紀要』九号）、同「天下一号の再検討」（『国学院雑誌』昭和六十三年十一月）がある。

(11) 能一番の所演時間の変遷については、はやくに野々村戒三氏「室町時代の演能時間」(昭和十三年刊『能苑日渉』所収)があるが、岩波講座「能・狂言」I『能楽の歴史』の「能時間の変遷」(表章氏の執筆分)ではじめて通時的な変遷が説かれた。その後、この点につき、さらに詳細な分析を加えたものに、表章氏「演能所要時間の推移」(『日本文学誌要』三十六号)がある。これらによると、能一番の所演時間は、室町中期までは現在の半分以下、室町末期には現在の60パーセントほどの時間で演じられ、江戸初期には約70パーセント、江戸中期には約80パーセント、江戸末期には約90パーセントの時間で演じられており、所要時間の延伸傾向は近代に入ってもつづいている、とされている。

(12) この文書は川瀬一馬氏『続日本書誌学之研究』に紹介されているもの。解読は同書にかかげられている写真によった(解読には表章氏の多大な教示を得た)。

(13) 三月五日付の秀吉書状の曲名不明の部分をよくみると、ここは平仮名で「えくち」と書かれていたようで、「ち」の一部が残されている。

(14) 『大和田近江重清日記』は文禄二年(一五九三)四月十八日から同年十二月二十九日までの日記。『日本史研究』四十四号〜五十二号に六回にわたって小葉田淳氏によって全体が紹介されている(この翻刻の存在は落合博志氏の教示によって知った)。

(15) 《唐船》の親子対面の〔物着〕の場面が、古くは法被に着替えることなく、水衣のままだったろうことは、室町末期ころの『宗節仕舞付』に「いでたち。びやくゑのぜう。水衣をき……」とだけあって法被にふれていない例などをはじめ、それをうかがわせる資料は少なくない。『観世流仕舞付』でも、掲出した記事のあとに、喜多七大夫が藤堂家の能で《唐船》を法被に着替える演出で演じたことを特記しているが、それは法被の着用がそのころの新しい演出だったことをよく示している。

(16) この資料は無題で、般若窟文庫の仮目録では「百番謡本に関する書付」と仮称されている。百番の曲名のあとの文章は以下のとおりである。

此百番者、先年、大閤御所 秀―公 九州御下向之時、金春太夫安照可二謡合一之由、被二仰下一之所、先祖相伝之本以二数多一、謹校合仕上レ之。然者、此百番之御本愚筆可レ致二書写一之旨、被二仰付一之由、従二大和黄門一 秀―公 愚老御下知之処、心尽之経二海山一、凌二松浦之波濤一、触二箱崎之松嵐一、不レ遑二昼夜一染筆、献レ之、則安照節句奉レ付レ之。禿筆有二御覧一御感不レ少。依レ之、禄物下給御朱印致二頂戴一。誠恩恵甚深厚、難レ及二彼海山一者也。其後、御息男 秀―公 右如二御本一可レ有二御幼覧一之趣、拙筆又被二仰出一之処、応二厳命一書写、頓終レ功捧レ之。重畳禄令二拝領一、恐悦余レ身、賢威仰レ之弥高者也。愚家及二子孫一可レ謂二面目一者歟。加レ之、両度之御本遂二校合一、私又百番書レ之、勤以為二六冊一、踈屋之傍馳二、置之一所也。

慶長丁酉東井上澣

第三章

(1)『駒井日記』の同日条に、「禁中ゟ惣之大夫に三百貫被レ下。始にくれ松、一番金春罷出、右之三百貫いた、き申候。御配分は大閤様可レ在ニ御沙汰一由」とある。禁裡から下され物を頂戴して、まるで役者きどりである。『老人雑話』にも、いつの禁中能かは明記されていないが、「太閤禁中にて能ある時、猿楽に被物下さるれハ、同様に出て拝領し、肩にかけて入給ふとぞ」とある。また、『駒井日記』の同日条には、秀吉が北野で勧進能を催して秀吉自身も出演する意向であることが記されている。勧進能は有料の能興行であり、北野は古来観世大夫などの勧進能が行われてきた場所である。このころの秀吉は役者にあこがれ、役者と同じように振る舞おうとしていたようである。

(2) このことを伝える文書は宝生家の所蔵だったが、関東大震災で焼失。以下には、『能楽』(明治四十一年一月)にかかげられた写真によって紹介する。

為ニ御意一申候。
明日御能ニ御
舞台へ罷出、
御地謡可レ仕
旨、被ニ仰出一候。
然者昨日、従ニ
禁中一被レ為ニ
拝領一候鳥目
参百疋宛

被レ下候間、早々
御礼ニ人々被レ
出候。羽筑州ニ
御座候。恐々
謹言。

十月六日

山中山城守
長俊（花押）
松浦伊予守
□頼（花押）
暮松新九郎
□□（花押）

観世大夫
宝生大夫
金剛大夫
［　　］

（3）「紳士能」というのは社会的名士が演じる能のことで、昭和前期（終戦以前）まで盛んだったらしい。もちろん玄人役者の助演をえて演じられたものだが、そのレベルはかなり高かったようで、能評として新聞に取り上げられたりしている。たんなる素人能ではなく、玄人役者が演じる舞台に準じて扱われていたようである。

（4）世阿弥は『習道書』で、シテが音量不足をカバーするために登場人物ではない役者（いはれなき人）を伴って登場したり、シテの謡に「下座」から助音したりすることを戒めているから、世阿弥時代には「添え声」にあたるものはあったらしい。そうした演じ方が安土桃山時代にもつづいていたかどうかが問題になるが、少なくとも、一般的なものではなかったであろう。

（5）破格といえば、いつの禁中能か明確ではないが、『老人雑話』にはつぎのように型破りな秀吉の見物ぶりがみえる。暮松の能を橋掛りで見物したというのである。

太閤禁中にをいて、能をなされし時、呉松は立合に能をせり。呉松能をする時ハ、太閤長柄の刀を帯し、虎の皮の大巾着を下げて、橋かゝりの中程に立なから見物す。能はてけるにも其儘立玉ふにより、太夫装束を着なから、腰をかゝめて通りけるとかや。

（6）『諷家極秘伝』は薄茶色表紙、横本一冊で、福王茂十郎氏蔵。奥書はつぎのとおり。

山口半右衛門貞恒〔花押〕

寛保弐戌十一月

川上勘右衛門殿

（7）『諷家極秘伝』の家康の《野宮》の前の記事はつぎのとおり。文中の「弥右衛門」は室町後期の小鼓の名手宮増弥左衛門と思われる。

一、観世道見、はせをの次第に地をとりて、其後下テ呂にうたはれしと也。弥右衛門、小鼓打候が、後ロノ哥の時、音曲をすでに打そこなはんと仕たるよし、弥右衛門申候よし。

（8）『駒井日記』文禄三年三月十三日条の木下大膳からの報告はつぎのとおり。

一、態言上候。今度大閤様被レ成二御上洛一、可レ有二御参内一候。左兵其後御能可レ被レ成由候。御人数之書立写進上申候。未無二披露一候間、拙身より進上候、御洩聞候得者、如何御座候間、大閤様者、吉野詣・源氏供養なと可レ被レ成由。従二禁中一於二御所望一者、関寺させらるへきに而御座候。十七日時分、伏見江可レ有二御登一之由候。初日、今春八高野参詣仕候。暮松者明智討に而候。随而十五日、於二御本丸一、御能御座候。女房衆迄見物と聞申候。此由可レ預二御披露一候。恐々謹言。

三月十三日　　木下大膳

駒井中務少輔殿

第四章

（1）ここに禁中能以前の能楽三昧の事例を一つ紹介しておく。秀吉は金春安照と暮松新九郎に十三番の能を演じさせて、面白い曲を稽古しようとしている。『駒井日記』文禄二年閏九月十三日条に黒田官兵衛からの書状につぎのようにある。

一、難波　くれ松　　一、たゝのり　今春　　一、夕貌　くれ松　　一、殺生石　今春

一、そとは小町　くれ松　　一、采女　今春　　一、船弁慶　くれ松　　一、女郎花

今春　一、ひむろ　くれ松　一、「源氏供養　一、「高砂　一、山うは

一、「鞍馬天狗

以上十三番。是を両人御させ候て御覧、面白を御稽古可ㇾ有に而候。点かけたるハはや

御らんし候。

（2）文禄二年の禁中能では、三日目は禁裡の女房衆を対象としていたが、秀吉の北政所への手紙には「二日いたし……九日のひいたし候て、きやう中のにうほうともにみせ可ㇾ申候」とあるから、これが二度目の禁中能のことであれば、二度目の禁中能も三日目は女房衆を対象にしていたことになる。秀吉はこの点でも、二度目の禁中能を、最初の禁中能と同じ形で行うつもりだったのだろう。

（3）片桐登氏「文禄年間役者衆交名をめぐって—森末氏紹介『富岡文書』の年次など—」（『能楽研究』二十号）。

（4）『甫庵太閤記』巻十六「高野詣之事」の記事はつぎのとおり。

四日の夜宣ふは、今度出来侍る新謡五番御能遊し、一山の衆徒に見せ、学問之労を慰めむと也。其旨役者之者共に触候へと仰出されしに、木下半介奉り、金春大夫其外役人共に申渡ししかば、五日之未明より青巌寺門前に参りにけり。今日は一天に雲もなく、四方に風もなふしていとをだやかなれば、何も役人共舞台に着座、色はへて見えにけり。一山の上下能めづらしさに老若押合、門の外より内に入むとせきあふ事見るめさへ痛みぬ。笛のねとりなどほのめきければ、大かたしづまりかへり御能初りけるに、事外に出

来つゝ袖ふり大やうにおさ〳〵しければ、見る人皆興さめてけり。抑高野山は昔より笛太鼓つゞみ、大師の制禁にして、一向左様之沙汰なかりしなり。高野詣と云新謡の舞のうちより、空のけしき聊かはり侍るよと云もし見えもし侍るうちに、乾の方より黒雲一村おほひ出たり。見るがうちに天地頓に震動し、雷電夥しく鳴出、疾風甚雨しまき横ぎり、肝魂も消はて、是は〳〵と互に目を見合、息はづみ身の毛もよだつて恐れざるはすくなし。秀吉公も壮年の昔より高野山之事かく聞及ばせ給ひじか共、かやうの事は何之地にても其あらましをこと〴〵しく伝へのゝしれ共、実はなき事とおぼされしに依て御仕舞なされ候へ共、如レ此之霊験に驚いそぎ下山し給ふて、兵庫之寺に御泊候ひしが、さても弘法は人間に在し時、心剛に徳厚かりし人なむめり。今度は高野山に対し如レ形善尽し侍りしかば、うれしくおはしまさん事にて侍るに、けふの雷電などは以外のたゝりなり。さすがなりける権者にて有つるよと、感じ給へり。（新日本古典文学大系『太閤記』による）

（5）表章・牛尾美江氏「〈関寺小町〉演能史」（『観世』昭和六十一年六月～九月）。

（6）秀吉の書状における自在な表記は定説といってよいが、たとえば、本書二〇二頁にかかげた文禄三年初頭の秀吉の北政所宛の自筆書状でも、「きふ（今日）は」「ひちうふくろ（燧袋）」「きやう中のにうほう（女房）ともに」「十四、五日ころにわ」「ふしんをいそかわし」といった表記が認められる。

（7）『豊公能舞一点書』に収められていた曲目はつぎのとおりである。※を付したものが、秀吉が自身で演じたことのある曲。

藍染川。敦盛。海士。※井筒。柏崎。※邯鄲。清経。国栖。鞍馬天狗。※源氏供養。紘上。実盛。自然居士。石橋。隅田川。是界。※大会。谷行。土車。※定家。道成寺。※唐船。※融。野宮。※芭蕉。鉢木。班女。檜垣。二人祇王。富士太鼓。船弁慶。※松風。松山鏡。三井寺。※三輪。熊野。※頼政。

なお、この書には、最後の《鉢木》の項目に「一、『あしよわ車ののり力なければ』の所に、七大夫したる事有」とあって、喜多七大夫（古七大夫）かと思われる役者がみえる（これは川瀬氏が祐筆の筆とされた部分）。秀吉が没した慶長三年には古七大夫は十三歳で、いまだ「七大夫」と名乗ってはいない時期であるから、これはこの書が秀吉時代のものであることを疑わせる現象のようにみえるが、これは「七ツ大夫」のつもりで書かれている可能性も十分にあろう。もし、この「七大夫」が「七ツ大夫」だとすると、古七大夫は「七ツ大夫」時代に秀吉の周辺でも活動していたことになるが、それはありえないことではなかろう。表章氏『喜多流の成立と展開』が指摘するように、秀吉が格別に古七大夫をひいきにしたということはないと考えられるが、秀吉は文禄三年十月二十五日に蒲生氏郷邸に御成りあって古七大夫の能を見ているようだから（『小鼓大倉家古能組』）、そういう機会は何度かあったのではなかろうか。

（8）伏見城と大坂城の能舞台については、それを移築したものだという伝承をもつ舞台がある。伏見城の能舞台を移したとするのは二ヵ所あって、一つは周防鞆ノ浦の沼名前《ぬなくま》神社の能舞台

(『福山市史』)、もう一つは京都南禅寺近くにあった喜多流役者竹内《たけのうち》の能舞台(『甲子夜話』三編)がそれである。また、大坂城の舞台については、彦根侯上邸の玄関が大坂城の淀殿の能舞台を移したものだという伝承が未刊『甲子夜話』第一巻之十五にあるよしである(桜井成広氏『豊臣秀吉の居城』による)。

(9) フロイス『日本史』と『大友家文書録』には、天正十四年にイエズス会の副管区長や大友宗麟が大坂城で秀吉に謁見したときの城内の詳細なようすが記録されているが、そこでは能舞台には言及がない。また、大阪城天守閣には幕府大工頭だった中井家伝来の『豊臣時代大坂城本丸図』が蔵されるが、そこにも能舞台は見えない。

第五章

(1) 引用した『甫庵太閤記』の「五番のゝち金春二番舞へども」は戦前刊行の国民文庫や岩波文庫によったが、岩波新日本古典文学大系『太閤記』では、ここは「五番のうち……」となっている。このほうが意味をとりやすいが、ここでは旧来の「五番のゝち」の本文で解しておいた。なお、国民文庫と岩波文庫はいわゆる寛永無刊記本を底本としているが、岩波新日本古典文学大系の底本もやはり寛永無刊記本である。

(2) 管見では、荒木良雄氏『安土桃山時代文学史』に十三頁にわたって五曲の分析があるのが、もっともまとまったものである。

(3) おもに依拠したテキスト(謡本)はつぎのとおり(すべて下掛り)である。

《吉野詣》＝吉川家旧蔵車屋本（永禄ころ）
《高野参詣》＝尊経閣文庫蔵道澄筆巻子本（文禄三年三月五日奥書）
《明智討》《柴田》《北条》＝能楽研究所蔵上杉家旧蔵本（近世中期ころ）

第六章

（1）毛利輝元は「七ツ大夫」と呼ばれていた時代の喜多七大夫（古七大夫）を、文禄二年十月十四日（『時慶卿記』）と文禄五年三月二十六日（『能之留帳』）の二度自邸に招いている。七大夫は文禄三年の末頃には金剛座に加入しているが、毛利輝元が金剛座への配当米の八割近くを負担しているのは、そうした七大夫との関係によるのかもしれない。

（2）家康の「能奉行」永井右近と能とのかかわりについては、表章氏「永井右近大夫直勝のこと」（『能楽史新考』（二）所収）に詳しい。

（3）群小猿楽座の座衆が大和猿楽四座に加入していることは能勢朝次氏『能楽源流考』にも指摘されているが、それを秀吉による配当米制度と一体の現象としてとらえたのは表章氏「能の歩み」（『能楽全書』第二巻所収）が最初である。同氏は「岩波講座能・狂言Ⅰ」『能楽の歴史』でも、そのことをやや詳しく説いている。

終章

（1）豊国神社祭礼能については、表きよし氏「豊国神社祭礼猿楽について」（『銕仙』三四一号）に要約されている。

（2）喜多七大夫（古七大夫）の生涯については、表章氏『喜多流の成立と展開』に詳細である。

（3）『落穂集』の記事はつぎのとおりである（表記を読みやすくあらためた）。

神田祭礼と申すは、右申す通りの趣に候へば、古来より神事能などのあるべく様はなく候。我ら承り候ふは、京都において関白秀吉公の時代に暮松大夫と申たる者有ㇾ之。このほか秀吉公の気に入りにて、四座の者どもの触頭のやうに有ㇾ之候ふところに、子細有ㇾ之、上方の徘徊を相止て当地へ罷り下るとなり。その節には名有る猿楽どもの江戸下りを仕る義いさゝかなる折節、暮松大夫不慮に罷り下り候ふにつき、武家町家によらす乱舞に数寄たる輩はいづれも暮松大夫を馳走仕り候ふ。なかにも大伝馬町に罷り有り候ふ五霊香と申す町人、乱舞を好むをもつて、別して暮松を取り持ち、町年寄佐久間などの子供までをも暮松が弟子に引き付けて、我が居宅の内に舞台をしつらひ、稽古能の興行を始む。その後相談をいたし、暮松が助成のため、神田の社の中において神事能を始め候ふ節、町年寄どものはたらきをもつて、江戸中より出金を出させ、それを取り集め暮松方へ遣し候ふをもつて、心安く渡世仕るとなり。その後、右の暮松相果て、子供幼少ゆえ、能興行も相止るところに、関ヶ原御一戦以後の義は四座の者どもも御当地へ罷り下り候につき、神田神事能の義を再興いたし、観世大夫方へ相頼み申すべしと有ㇾ之候ふところに、北条家繁昌の節、北条氏直能の師匠として保生四郎右衛門と申す者を招き申さるゝにつき、保生大夫上方をば病気ゆえ隠居いたす旨申し立て、小田原へ下り氏直の舞を指南仕り候ふより事起こり、小田原中ことごとく保生流と罷りなり候ふところ、天正十八年に至り北条家断絶ゆえ氏直扶持人の役者をはじめ町方の乱舞を数寄候ふ者までことごとく御当地へ罷り出で渡世仕り居り申す内に、右の通り暮松大夫罷り下り、神事能始むるにつき、小田原崩れの役人ども、右の能に出で相勤るをもつて、保生大夫義をひいきいたし、暮松大夫跡代りに取り持ちとなり。実不実の段は不レ存候へども、我ら若年の節、さる老人の物語にて承りたる趣に候ふなり。右暮松大夫の子孫は今ほどは太々神楽を打ち候ふ頭となりて居り申し候ふとなり。

（4） 暮松新九郎が秀吉の近習として仕えていたことは、つぎの暮松新九郎が浅野弾正にあてた書状によっても知られる。この書状は京都大学文学部古文書室蔵の『長井文書』の影写本（長井家は浅野長政の家臣）に収められている。拙稿「桃山時代の能役者の手紙」（『銕仙』三九一号）はこれを『長井文書』中の観世了叱の書状とともに紹介したもの。拙稿ではこれを未紹介の文書として紹介したが、その後、拙稿以前に、福井県郷土資料叢書第六集『小浜・敦賀・三国湊史料』（昭和三十四年）、『小浜市史』（昭和五十四年）に「曽新九郎書状」の名称で紹介されていることを知った。該二書での読みと拙稿での読みは異なる場合が少なくないが、ここにはあらためて影写本にあたって解読しなおしたものを掲げ、『小浜・敦賀・三国湊史料』の読みを傍記した。なお、前掲二書では「暮松」の「暮」を「曾」と読んでいるが、これは確実に「暮」である（花押も暮松のものである）。

〔前欠〕御座候へ共、如レ此候。已上。其元為二御見廻一申上候。御前相替儀も無レ之候。御きけんよく毎日御本丸へ被レ成二出御一、夜々ニ西丸ニて御遊覧共被レ成候。秀頼様御大人《(出門)》被レ成候者《(由)》、定而頓而可レ為二御上洛一と存事ニて候。珎敷事候て不レ寄二夜中一、可二申上一候。恐惶謹言。

暮《(曽)》新九郎〔花押〕

十一月十五日

進上《(え)》
弾正様参

人々御中

〔補記〕右には初出のままの読みとしたが、平成十二年の『日本史研究』四五八の藤井讓治氏「暮松新九郎書状をめぐって」には、次のような読みが示されている（『近世小論集―古文書と共に―』平成二十四年、思文閣出版に収載）。いずれも藤井氏の読みのとおりと思われるので、この文書を慶長元年としている点も含め同氏の考証にしたがいたい。

・御大人→御下向　・存事ニて→存事ハ　・候て→候ハ

秀吉能楽愛好関連年表

この年表は秀吉と能楽とのかかわりを中心に作成した。無印の項が能楽関係の事項で、▼を付してあるのは能楽関係以外の主要事項である。

年号	西暦	年齢	能楽関連事項
天文6年	一五三七	1歳	〔2月6日〕▼秀吉、尾張国中村で誕生。
天文23年	一五五四	18歳	〔この年〕▼秀吉、織田信長に仕える。
永禄4年	一五六一	25歳	〔この年〕▼秀吉、織田家の足軽組頭浅野長勝の養女「ねい」を娶り、木下藤吉郎と名乗る。
元亀2年	一五七一	35歳	〔7月13日〕秀吉、ワキの名手観世小次郎元頼に所領の件で手紙を出す。〔観世新九郎家文庫文書〕
天正元年	一五七三	37歳	〔この頃〕▼秀吉、羽柴を名乗る。
天正2年	一五七四	38歳	〔この年〕▼秀吉、長浜城主となる。
天正4年	一五七六	40歳	〔この頃〕▼秀吉、茶の湯をたしなみはじめる。
天正8年	一五八〇	44歳	〔1月〕▼大村由己作『播磨別所記』成る。大村由己はこれ以前から秀吉に近侍。
天正9年	一五八一	45歳	〔3月29日〕秀吉、松井友閑らと清水寺で酒宴を催し、手猿楽の舞を見物し小袖を与える。〔兼見卿記〕
天正10年	一五八二	46歳	〔3月9日〕秀吉、観世座小鼓の観世宗拶に播磨に百石の知行を与える。〔観世新九郎家文庫文書〕 〔6月2日〕▼本能寺の変起こる。
天正11年	一五八三	47歳	〔4月〕▼秀吉、柴田勝家を北の庄に破る。 〔9月〕▼秀吉、大坂城の築城を開始。

年号	西暦	年齢	能楽関連事項
天正12年	一五八四	48歳	〔10月1日〕秀吉、大坂城で毛利輝元から人質として遣わされた吉川経言と小早川元総を饗応、観世宗節らの囃子がある。金剛大夫・金剛又兵衛・一噌らも同座。〔久保田文書〕 〔3月～4月〕▼秀吉、小牧・長久手で徳川家康・織田信雄と戦う。 〔10月15日〕秀吉、大坂城にて茶会を催し、細川幽斎や千利休らとともに観世宗拶と樋口石見をも招く。〔天王寺屋会記〕
天正13年	一五八五	49歳	〔2月24日〕秀吉、松井友閑邸で織田信雄（常真）を饗応、金剛大夫の《難波》など三番の能を見る。〔宇野主水日記〕 〔7月11日〕▼秀吉、関白に叙任さる。 〔7月13日〕秀吉、関白叙任を謝し、禁中に能を催す。手猿楽の堀池が《弓八幡》など五番の能を演じる。〔宇野主水記、兼見卿記、関白任官記〕 〔10月7日〕▼秀吉、参内して菊亭晴季や近衛龍山らとともに御前で茶を立てる。 〔12月6日〕秀長、前月の若宮祭に続き郡山で金春大夫安照の能を見る。〔多聞院日記〕 〔この年以前〕秀吉、千利休から買い上げた壺を観世宗拶に与える。〔四座役者目録〕
天正14年	一五八六	50歳	〔1月15日〕▼秀吉、禁裡に黄金の茶室を献上して茶を立てる。 〔1月18日〕秀吉、参内して堀池や虎屋の能を見、役者に折を出す。〔御湯殿上日記、兼見卿記〕 〔2月〕▼秀吉、聚楽第の築城を開始。 〔9月3日〕秀次、観世又次郎に五十石の扶持を与える。秀次はこれ以前から金剛大夫も後援。〔観世新九郎家文庫文書〕 〔12月19日〕▼秀吉、太政大臣となり、姓を豊臣と改める。
天正15年	一五八七	51歳	〔1月2日〕秀吉、大坂城で四座の大夫による謡初を催す。〔甫庵太閤記〕

			〔5月〕▼秀吉、島津義久を降し九州を平定。 〔10月1日〕▼秀吉、京都北野で大茶会を催す。
天正16年	一五八八	52歳	〔4月14日〕▼後陽成天皇、秀吉の聚楽第に行幸。 〔7月24日〕秀吉、聚楽第に毛利輝元を迎え、観世大夫身愛の謡などでもてなす。〔輝元公上洛日記〕 〔7月30日〕秀吉、秀長邸に臨み、毛利輝元饗応のための金春大夫安照の《東方朔》など五番の能を見る。〔輝元公上洛日記〕 〔8月2日〕秀吉、秀次邸に臨み、毛利輝元饗応のための金剛大夫弥一と春日大夫の能五番を見る。〔輝元公上洛日記〕 〔8月22日〕秀吉、聚楽第に毛利輝元を招き、謡などでもてなす。謡手がだれか不明。〔輝元公上洛日記〕 〔9月10日〕秀吉、宇喜多秀家邸に臨み、毛利輝元饗応のための春日大夫の《難波梅》など五番の能を見る。〔輝元公上洛日記〕
天正18年	一五九〇	54歳	〔1月21日〕秀吉、浅野長政邸に御成り、観世大夫身愛の《難波》《田村》《呉服》《老松キリ》を見る。また、日吉大夫の《山姥》《高砂》《猩々》を乞能として所望する。〔伊達家文書〕 〔2月5日〕秀吉の小姓衆、下間少進邸で少進の能を所望して見物。〔能之留帳〕 〔2月13日〕金春大夫安照ら、秀長の病気平癒を祈願して春日社頭で九番の能を演じる。〔多聞院日記〕 〔7月〕▼秀吉、小田原の北条氏政を滅ぼし、全国を統一する。 〔7月15日〕秀吉、小田原に同道していた樋口石見や碁打の帰京に際し、伝馬の用意を命じる。〔小早川家文書〕 〔9月18日〕秀吉、毛利邸に御成り、金春大夫安照の能三番を見る。秀吉はこのころから安照を後援か。〔毛利亭御成記〕

年号	西暦	年齢	能楽関連事項
天正18年	一五九〇	54歳	〔9月19日〕秀吉、毛利邸御成りの後朝《きぬぎぬ》に聚楽第で虎菊大夫らの能を催す。急遽、下間少進も呼ばれて演能。〔毛利亭御成記、能之留帳〕 〔10月14日〕秀吉の小姓衆、下間少進邸で少進の能を所望して見物。〔能之留帳〕
天正19年	一五九一	55歳	〔1月22日〕▼大和大納言秀長没す。 〔2月28日〕▼千利休、切腹。 〔9月13日〕秀吉、観世又次郎に山城賀茂の所領を安堵。〔観世新九郎家文庫文書〕 〔9月〕▼秀吉、諸大名に名護屋への出陣を号令。名護屋城の築城もはじまる。 〔12月27日〕▼秀次、関白に任ぜられ、秀吉は太閤と号す。 〔この年以前〕秀吉、浅野長政を通じて家康より観世大夫身愛の引き立てを頼まれる。〔享保六年書上所掲家康書状〕 〔この年〕秀吉、聚楽第で金春大夫安照・観世大夫身愛・暮松新九郎の能を見るか。〔武辺拾遺集〕
文禄元年	一五九二	56歳	〔1月26日〕▼後陽成天皇、秀次の聚楽第に行幸。 〔3月16日〕秀吉の小姓衆、下間少進の能を所望して見物。〔能之留帳〕 〔3月26日〕▼秀吉、名護屋に向け京都を出発。 〔4月15日〕秀次、下間少進に《関寺小町》の上演を命じる。〔四座役者目録、能之留帳〕 〔7月22日〕▼秀吉の生母大政所没す。秀吉は名護屋から一時帰坂。 〔8月〕▼秀吉、伏見城の築城を開始。 〔この年〕秀吉、室町幕府の先例にならって小鼓の観世又次郎（この時三十五歳）に浅葱の調子緒を免す。〔四座役者目録〕
文禄2年	一五九三	57歳	〔1月〕秀吉、肥前名護屋で暮松新九郎について、能の稽古をはじめる。〔甫庵太閤記〕

〔1月18日〕秀吉、名護屋から能道具の送付や役者の下向を命じる。〔秀吉朱印状〕

〔2月9日〕金春大夫安照、名護屋に向け出発。〔多聞院日記〕

〔2月11日〕北政所、名護屋の秀吉に能の小袖などを送りはじめる。〔長井文書、萩藩閥閲録遺漏〕

〔2月12日〕女能の「ちほ大夫」、名護屋に向かう。〔長井文書、萩藩閥閲録遺漏〕

〔2月下旬〕金春大夫安照と観世大夫身愛、名護屋に下着。〔甫庵太閤記〕

〔3月3日〕秀吉、名護屋から下間少進に能面送付の礼状を出す。〔秀吉朱印状〕

〔3月5日〕秀吉、名護屋から北政所に十番の能をおぼえたことを知らせる。〔秀吉自筆書状〕

〔3月17日〕安威摂津守、名古屋から賀茂社の社人あての手紙で秀吉の能への熱中ぶりを伝える。〔安威摂津守書状〕

〔3月下旬〕秀吉、名護屋から北政所にあてた手紙で、小袖の送付を感謝。〔秀吉自筆書状〕

〔4月9日〕秀吉、名護屋城本丸で能を催し、金春大夫安照の能七番を見る。〔甫庵太閤記、般若窟文庫蔵番組〕

〔4月17日〕秀次、聚楽第山里で《井筒》など三番の能を演じる。秀次の能の初見。〔能之留帳、小鼓大倉家古能組〕

〔4月下旬〕面打の角坊、名護屋に下着。〔角坊文書、甫庵太閤記〕

〔4月〕春日社の禰宜役者、大挙して名護屋に下向し、奈良水屋神楽催されず。〔多聞院日記〕

〔5月19日〕秀吉、名護屋城二の丸で能を催し、七番が演じられる。〔大和田近江重清日記〕

〔6月1日〕秀吉、名護屋で能面模作の功により角坊に「天下一」号を与える。〔角坊文書、甫庵太閤記〕

〔7月2日〕暮松新九郎・観世又次郎ら、名護屋の佐竹義宣の家臣の屋形で演能。〔大和田近江重清日記〕

年号	西暦	年齢	能楽関連事項
文禄2年	一五九三	57歳	〔8月3日〕▼秀頼生まれる。 〔8月9日〕秀吉、名護屋城で能を催す。〔大和田近江重清日記〕 〔8月13日〕秀吉、名護屋城二の丸で四座の大夫の能を催す。〔文禄慶長年間御能組など〕 〔8月13日以前〕秀吉、名護屋での能で、金春大夫安照と相談して《唐船》の〔楽〕を法被で演じる。〔観世流仕舞付〕 秀吉、名護屋で金春大夫安照に百番の謡本の校合を命じる。〔般若窟文庫蔵書付〕 〔8月25日〕▼明との講和なり、秀吉帰坂。 〔9月17日〕秀吉、大坂城西の丸において秀次や家康らと能を催す。秀吉は《皇帝》を演じる。禁中能の予行らしい。〔小鼓大倉家古能組〕 〔9月18日〕秀吉、前日にひき続き大坂城西の丸において家康や金春大夫安照らと能を催す。秀吉は《老松》など五番を演じる。やはり禁中能の予行らしい。〔小鼓大倉家古能組〕 〔9月19日〕秀吉、17日、18日にひき続いて大坂城で女房衆を対象にした能を催す。これも禁中能の予行らしい。〔小鼓大倉家古能組〕 〔閏9月13日〕秀吉、暮松新九郎と金春大夫に能を演じさせて、面白い能を稽古しようとする。〔駒井日記〕 〔閏9月16日〕秀吉、大和猿楽四座に配当米や知行を与え、四座保護を制度化する。〔駒井日記〕 〔閏9月30日〕秀吉、禁中能のため上京し、宿所の前田利家邸で家康・織田常真らとともに能を催す。秀吉は禁中で演じる予定の《定家》と《田村》を演じる。〔駒井日記〕 〔10月2日〕秀吉、浅野弾正邸に御成り、家康や細川忠興らと能を催す。秀吉は《井筒》《大会》を演じる。目前にせまった禁中能の予行。〔駒井日記〕

文禄3年 一五九四 58歳	〔10月3日〕秀吉、参内して、紫宸殿前の能舞台を検分し、ついでに五段の舞を舞う。〔駒井日記〕 〔10月5日〕秀吉、禁中で諸大名とともに能を催す（初日）。秀吉は九番中四番の能を演じる。〔駒井日記、禁中猿楽御覧記、文禄三年禁中能番組〕 禁裡からは出演の武将たちに三百貫が下される。〔駒井日記、鹿苑日録〕 近衛信尹、この日の能を記録し、寸評を加える。〔禁中猿楽御覧記〕 〔10月6日〕秀吉、暮松新九郎らを通じて、観世・宝生・金剛三座の大夫に翌七日の禁中での秀吉の能の地謡を勤めるよう命じる。〔宝生家旧蔵文書〕 〔10月7日〕秀吉、禁中で諸大名と能を催す（二日目）。秀吉は能三番と狂言一番を演じる。〔駒井日記、禁中猿楽御覧記、文禄三年禁中能番組〕 近衛信尹、この日の能も記録し、寸評を加える。〔禁中猿楽御覧記〕 〔10月11日〕秀吉、禁中で諸大名と能を催す（三日目）。この日は女房衆を対象にした催しで、秀吉は九番中五番を演じる。〔駒井日記、文禄三年禁中能番組〕 〔10月17日〕秀吉、前田玄以邸に御成り、観世大夫身愛の《氷室》など六番の能を見る。金剛大夫・宝生大夫・下間少進・虎屋・春日大夫も出演。〔能之留帳、小鼓大倉家古能組〕 〔11月28日〕春日若宮祭の後日能、秀吉の後援で約四十年ぶりに四座がそろう。〔多聞院日記〕 〔12月3日〕秀次、前田玄以邸で《関寺小町》を演じる。〔能之留帳、駒井日記〕 〔12月5日〕秀吉、聚楽第に御成り、金春大夫安照の《松風》など五番の能を見る。春日大夫・虎屋隆巴も出演。〔小鼓大倉家古能組、駒井日記〕 〔1月23日〕秀吉、愛顧の二十四人の役者に輪番で大坂城に詰めることを命じる。〔富岡文書〕

年号	西暦	年齢	能楽関連事項
文禄3年	一五九四	58歳	〔2月1日〕秀吉、大坂城西の丸で能を催し、下間少進の《関寺小町》など七番の能を見る。金春大夫安照・暮松新九郎・関白秀次・小早川秀秋らも出演。〔能之留帳、駒井日記、小鼓大倉家古能組〕 〔2月2日〕秀吉、大坂城西の丸で能を催し、金春大夫安照・暮松新九郎・下間少進・虎屋隆巴らの能を見る。〔能之留帳、駒井日記、小鼓大倉家古能組〕 〔2月6日〕興福寺薪能、秀吉の後援で四座がそろって参勤。秀吉は金堂前に舞台を作らせ、そこで能を演じるつもりだったらしいが、実現せず。〔多聞院日記〕 〔2月7日〕秀吉、石川法賀邸で《吉野詣》《関寺小町》など四番の能を演じる。三月一日の吉野での能の予行らしい。〔駒井重勝日次記抜書〕 〔2月9日〕秀吉、大坂城本丸で新作能《吉野詣》や秘曲《関寺小町》など五番の能を演じて滞在中の秀次にみせる。これも三月一日の予行らしい。〔駒井日記〕 〔2月10日〕秀次、大坂に滞在中、暮松新九郎を通じて角坊作の面を秀吉に進上。〔駒井日記〕 〔3月1日〕秀吉、吉野蔵王堂宝前で能を催し、《吉野詣》《源氏供養》《関寺小町》を演じる。関白秀次・宇喜多秀家・小早川秀秋・金春七郎氏勝なども能を演じる。〔駒井日記、大鼓大倉家古能組、甫庵太閤記〕 〔3月5日〕秀吉、母堂追善のため高野山に参詣し、青巌寺門前で《老松》《井筒》《皇帝》《松風》を演じる。このほか新作能《高野参詣》も演じるか。〔駒井日記、甫庵太閤記〕 秀吉、大村由己作《高野参詣》を金剛峰寺に奉納する。同曲はこれ以前に禁裡に献上される。〔尊経閣文庫蔵《高野参詣》奥書〕 〔3月13日〕秀吉、二度目の禁中能を計画。秀吉は《吉野詣》を演じる予定で、場合によっ

ては《関寺小町》を演じるつもりだった。〔駒井日記〕
〔3月15日〕秀吉、大坂城本丸で、新作能《吉野詣》《高野参詣》《明智討》《柴田》《北条》を演じて簾中方に見せる。〔甫庵太閤記〕
〔3月〕秀吉、京都から大坂の北政所に連日能の稽古に熱中している旨の手紙を書く。〔秀吉自筆書状〕
〔4月8日〕秀吉、前田利家邸に臨み、四座の大夫らの能五番を見る。〔前田亭御成記、駒井日記、小鼓大倉家古能組〕
〔4月11日〕秀吉、二度目の禁中能を催す（初日）。この日は四座の大夫と春日大夫の能七番が演じられた。金春安照は新作能の《高野参詣》を演じる。〔駒井日記、小鼓大倉家古能組、言経卿記〕
〔4月12日〕秀吉、禁中能を催す（二日目）。この日は暮松新九郎・下間少進・虎屋隆巴の能七番が演じられた。暮松は新作能《明智討》を演じる。〔能之留帳、駒井日記、言経卿記〕
〔4月20日〕秀吉、宇喜多秀家邸に御成り、《源氏供養》を演じる。観世大夫・宝生大夫・暮松新九郎も能を演じる。観世大夫身愛は秀吉の能のとき居眠りをして折檻される。〔小鼓大倉家古能組、駒井日記〕
〔5月10日〕秀吉、大坂城本丸で能を催し、《源氏供養》《吉野》（《吉野詣》か）を演じる。〔般若窟文庫蔵番組〕
〔9月18日〕秀吉、大坂城西の丸で能を催し、金春大夫安照の能八番を見、みずからも《田村》を演じる。〔甫庵太閤記、般若窟文庫蔵番組、大鼓大倉家古能組〕
〔10月21日〕秀吉、秀次の聚楽第に御成り、四座の大夫の能を見る。〔小鼓大倉家古能組〕
〔10月25日〕秀吉、蒲生氏郷邸に御成り、金春大夫安照の《翁》や金剛三郎（喜多七大夫）の《老松キリ》を見る。〔小鼓大倉家古能組〕

年号	西暦	年齢	能楽関連事項
文禄3年	一五九四	58歳	〔10月26日〕秀吉、蒲生邸御成り二日目。《賀茂》《実盛》など金春大夫安照の能七番を見る。〔小鼓大倉家古能組〕 〔10月28日〕秀吉、上杉景勝邸に御成り、四座の大夫の能を見る。〔小鼓大倉家古能組〕 〔11月2日〕秀吉、上杉邸御成り二日目。金春大夫安照の能七番を見る。〔小鼓大倉家古能組、上杉家御年譜〕 〔この年〕秀吉、伏見の御香宮を伏見西北の狼谷山に移して、神前に能舞台を建てる。〔文化八年能舞台奉納一件〕
文禄4年	一五九五	59歳	〔2月25日〕秀吉、出目是閑に「天下一」号を与える。〔秀吉朱印状〕 〔3月24日〕秀次、五山の僧らに『謡之抄』の編纂を命じる。〔言経卿記〕 〔3月28日〕秀吉、徳川家康邸に御成り、能を見る。〔文禄四年御成記〕 〔4月6日〕秀吉、大坂城で、この日と翌七日に能を催す。〔駒井日記〕 〔4月10日〕秀吉、関白秀次とともに伏見城と聚楽第で、それぞれ二日ずつ、合計三十七番という大がかりな武将能を計画。秀吉は十七番、秀次は七番を演じる予定。ほかの出演者は徳川家康・前田利家・織田常真。〔駒井日記〕 〔4月13日〕秀次、大蔵道知に百番の能の囃子事について三項目の質問をし、報告を命じる。〔駒井日記〕 〔5月21日〕秀吉、伏見城で関白秀次・前田利家とともに能を演じて、下間少進に批評を求める。みずからは《金札》《唐船》《井筒》《皇帝》を演じる。〔能之留帳〕 〔5月24日〕秀吉、伏見城で能を演じて、下間少進に批評を求める。五番の能を演じた秀吉は《邯鄲》をほめられ、《邯鄲》に用いた小袖を少進に与える。〔能之留帳〕 〔7月15日〕▼関白秀次、高野山にて切腹。

			〔8月〕▼秀吉、聚楽第を破却する。 〔9月21日〕秀吉、金春大夫安照にたいして大和に三百石の知行を与える。〔秀吉朱印状〕 〔11月晦日〕秀吉、病臥し、その平癒を祈願して金春安照・喜多七大夫らが春日社神前で法楽能を演じる。〔春日旧記抜書〕
慶長元年	一五九六	60歳	〔5月13日〕秀吉、秀頼の叙爵のため参内して、家康とともに舞を舞う。〔言経卿記〕 〔5月15日〕秀吉、三度目の禁中能を催し、みずから脇能を演じる。〔義演准后日記、言経卿記〕 〔5月17日〕秀吉、禁中能二日目に四番の能を演じる。〔義演准后日記、言経卿記〕 〔6月8日〕秀吉、伏見城で能（七番）を催す。〔言経卿記、義演准后日記〕 〔6月9日〕秀吉、伏見城で能（七番）を催す。〔言経卿記〕 〔6月10日〕秀吉、伏見城で能（九番）を催す。〔言経卿記、義演准后日記〕 〔6月28日〕秀吉、伏見城での明使饗応に金春安照や暮松の能をみせる。〔小鼓大倉家古能組〕 〔7月28日〕秀吉、金春大夫安照にたいして大和に二百石の知行を与える。〔秀吉朱印状〕 〔12月17日〕秀吉、大坂城に参上した公家衆や諸大名を前に家康と「静之舞」を舞う。〔左大史孝亮記〕
慶長2年	一五九七	61歳	〔1月〕▼秀吉、朝鮮に再出兵。 〔春〕秀吉、秀頼のために金春安照が名護屋で校合した百番の謡本を清書させる。〔般若窟文庫蔵書付〕 〔5月20日〕秀吉、伏見城で能を催し、城の普請衆を休ませて見物させる。〔義演准后日記〕 〔7月27日〕秀吉、伏見城でルソン国使饗応に金春安照の能をみせる。〔鹿苑日録〕 〔11月15日〕暮松新九郎、伏見城における秀吉のようすを浅野弾正に報告する。〔長井文書〕 〔12月1日〕秀吉、大和猿楽四座への配当米制度を整備。〔秀吉朱印状〕

年号	西暦	年齢	能楽関連事項
慶長2年	一五九七	61歳	〔12月25日〕暮松新九郎、四座への配当米支給の世話役を担当する。〔宝生家旧蔵文書〕 〔この年ころ〕暮松新九郎、秀吉の機嫌を損ねて江戸に下るか。〔落穂集、北条五代記〕
慶長3年	一五九八	62歳	〔3月15日〕▼秀吉、秀頼らと醍醐の花見を楽しむ。 〔3月28日〕秀吉、興福寺金堂前に建てた能舞台と楽屋を醍醐寺の五重塔の前に移す。また、興福寺の楽屋の一部を醍醐寺三宝院に移す。〔義演准后日記〕 〔4月12日〕秀吉、醍醐寺の桜馬場で鼓などで囃して「シカタ」をみせる。〔義演准后日記〕 〔4月18日〕秀吉、興福寺から醍醐寺三宝院に移築した舞台で能を催すことを計画。〔義演准后日記〕 〔7月15日〕▼秀吉、諸大名に秀頼への忠誠を誓わせる。 〔8月18日〕▼秀吉、伏見城にて没す。
慶長4年	一五九九		〔4月24日〕豊国神社、創建され、遷宮の能が催される。以降、春秋の祭礼に、秀吉への報恩のために四座の能が慶長十九年まで催される。〔舜旧記など〕
慶長5年	一六〇〇		〔9月15日〕▼関ヶ原合戦起こる。
慶長8年	一六〇三		〔4月4日〕徳川幕府が開かれ、家康の将軍宣下能がこの日から三日間催されたが、四座筆頭は観世座だった。〔将軍宣下能番組〕
慶長9年	一六〇四		〔8月19日〕豊国神社の秋の祭礼が秀吉の七回忌として盛大に催され、四座の新作能が競演される。〔豊国祭礼図屏風〕
慶長14年	一六〇九		〔3月26日〕家康、四座の役者にたいして、これまでの大坂詰めを廃止し、駿府に詰めるべきことを命じる。〔当代記〕 〔10月27日〕秀吉以来、豊臣家が四座の役者に与えていた扶持が廃止される。〔当代記〕
元和元年	一六一五		〔5月7日〕▼大坂夏の陣おこり、豊臣家亡ぶ。豊国神社も破却される。

図版出典一覧

はじめに

14頁　豊臣秀吉画像（佐賀県立名護屋城博物館蔵）

序章

49頁　『丹後細川能番組』（永青文庫蔵）

第一章

53頁　観世小次郎元頼宛て木下藤吉郎書状（法政大学能楽研究所観世新九郎家文庫蔵）
61頁　『久保田文書』（邸内図の部分、東京大学史料編纂所蔵影写本）
69頁　『観能図屛風』（部分・神戸市立博物館蔵）、Photo：Kobe City Museum / DNPartcom
87頁　（上）豊臣秀次画像（京都瑞泉寺蔵）
（下）豊臣秀長画像（禅林寺蔵）

第二章

108頁　秀吉朱印状（〔文禄2年〕正月18日付、福岡市博物館蔵）、Image：Fukuoka City Museum / DNPartcom

114頁　下間少進宛秀吉書状（〔文禄2年〕3月3日付、大阪城天守閣蔵）
125頁　北政所宛て秀吉自筆書状（〔文禄2年〕3月5日付、大阪城天守閣蔵）
135頁　《唐船》・シテ片山九郎右衛門幽雪、撮影：金の星渡辺写真場
140・141頁　（上・下）『肥前名護屋城図屏風』（佐賀県重要文化財、佐賀県立名護屋城博物館蔵）
141頁　名護屋城配置図（内藤昌氏「肥前名護屋城図屏風の建築的考察」『国華』915号より）

第三章

151頁　文禄2年禁中能番組（法政大学能楽研究所般若窟文庫蔵）
155頁　禁中能の舞台（法政大学能楽研究所般若窟文庫蔵の番組から）
181頁　《口真似》太郎冠者・善竹隆司、客・善竹忠一郎
183頁　《野宮》合掌留・シテ上田拓司　©公益社団法人能楽協会
202・203頁　北政所宛て秀吉自筆書状（文禄3年初頭、大東急記念文庫蔵）

第四章

207頁　富岡文書（東京大学史料編纂所蔵影写本）
212頁　『吉野蔵王堂前能番組』（文禄3年3月1日、大倉三忠氏蔵）
213頁　『豊公吉野花見図屛風』（部分・細見美術館蔵）
232頁　秀吉自筆の能番組（野村美術館蔵）

第五章

273頁　（上）《明智討》（橋の会復曲）・シテ浅見真州
（下）《柴田》（『風俗画報』による）

第六章

285頁　『興福寺薪能図』（春日大社蔵）
297頁　慶長2年『観世座支配之事』（観世宗家蔵）

終章

308頁　舟木家本『洛中洛外図屏風』（東京国立博物館蔵）、国立文化財機構所蔵品統合検索システム（https://colbase.nich.go.jp/collection_items/tnm/A-11168?locale=ja）を加工して作成。
321頁　『江戸名所図屏風』（部分・出光美術館蔵）

あとがき

本書をまとめているあいだ、終始、私はひとつの課題に直面していた。それはほかでもない、秀吉の能楽愛好を伝える諸事象と能楽史におけるその意味を、いかにしたら現代の能楽研究の水準をもって読者に提供できるか、ということだった。秀吉の能楽愛好にかぎったことではないが、物事はたいがい複雑な関係性のうちにあるものである。物事の背後にあるそうした複雑な事情を、なるべく複雑なままに解明しようとするのが「研究」というものであるが、もちろんそうした複雑さは多くの読者にはかならずしも必要なものではない。しかし、そうかといって、その点を簡略にすれば、論としての醍醐味がなくなる。そうした複雑な事情をどこまで提示したらよいか、そのかねあいが私が直面し続けた課題であった。

一方、能楽関係の一般読者向けの本といえば、いわゆる入門書的なものが圧倒的に多いのだが、そこに近年の能楽研究の成果が盛り込まれることはきわめてまれである。また、そうした入門書的な本は、進展著しい能楽研究の現状にうといがゆえに、旧来の伝統的な能楽観に依拠している場合が多く、その分、現代の日本人の能にたいする理解は、ますます表面的で部分的で保守的な方向に向かっているように思われる。そのような能楽研究と一般読書界の乖離に常々はがゆい思いを抱いていたこともあって、本書の執筆にあたっては、ことさら両者の関係を意識せざるをえなかったのである。

私が背負ったこのような課題は、学術局の横山建城氏との本作りの過程でもくっきりと現われた。この注文の多い編集者は、私の草稿に目をとおすたびに、「読者サービス」と称してしばしば「わかりやすさ」を要求してきたからである。たしかに、最初に書き上げた草稿などは、最新の能楽研究の成果を盛り込むことを意識しすぎた、まことに生硬なものだった。しかも、一方に一般読者向けという意識があるものだから、それにも影響されて、たんに生硬なだけでなく論としても中途半端なものになっていたのである。いまから思うと、横山氏の注文は、ほとんどがそうした論として中途半端な部分にたいしてのものだったのだが、その結果、氏の注文に応じて稿をあらためてゆくと、それが思いがけず論としての深まりにつながることが少なくなかった。もっとも、論としては深まっても、横山氏の希望どおりに、本書がはたして「わかりやすい」ものになったかどうかは自分ではよくわからない。しかし、「論の深さ」と「わかりやすさ」がけっして対立するものではないことを知ることができたのは、私にはまことに新鮮で貴重な体験だった。そして、本書において、もしこの二つがある程度融合しているとすれば、その功の過半は編集者である横山建城氏に帰せられるべきものと思う。

本書執筆の話が横山氏からあったのは、たしか、「講談社選書」の創刊準備中のことだから、もう五年ほど前のことになるだろうか。そのときには、「メチエ」という選書名もまだ決まっていなかったと思う。書き下ろしということだったので、それに備えて勤務先の大阪大学文学部の平成五年度の講義のひとつを「秀吉と能」としたのだが、この講義は毎回のように私に発見の喜びを与えてくれた点でいまもって忘れがたい。受講していた日本美術史専攻の院生から『肥前名護屋城図屛風』や『吉野花見図屛風』などの能舞台についての美術史における研究状況を教えられたことも、いまなお鮮明である。その講義をもとに、執筆にとりかかったのが平成六年の夏であった。当初は一気にまとめるつもりでいたのだが、さきに記したような課題もあって、執筆期間は延びに延びて、結局、最終稿ができあがったのは平成九年の五月下旬だった。このように執筆が延びているあいだに、資料の追加があったり、草稿の不備が訂正されたりしたのだから、それは本書にとっては願ってもない恵みの時間だったわけである。その過程で、畏友の早稲田大学の竹本幹夫氏に草稿のチェックをしてもらうこともできたが、これで安土桃山時代能楽史研究としてのレベルはなんとか保持していると思えるようになった。また、校正には能を専攻する研究室の宮本圭造君（博士後期課程）と家ノ上さくらさん（博士前期課程）の助力を得た。そのほか、法政大学能楽研究所をはじめとする多くの機関や知友には、資料調査や資料写真の掲載などで多大のお世話になった。それらの機関名や研究者名は本文中や注に記したとおりであるが、ここに深甚の謝意を申し述べるものである。

なお、最後になってしまったが、秀吉の能楽愛好を論じたすぐれた研究に森末義彰氏の「能と保護者」（昭和十七年刊『能楽全書』第二巻所収。昭和五十六年刊の綜合新訂版に「能の保護者」として収録）があることは、ぜひともつけ加えておきたい。関連資料を博捜した半世紀以上も前のこの論考がなかったら、おそらく本書は生まれなかったと思うからである。

平成九年七月

北摂の寓居にて　天野文雄

文庫版あとがき

『能に憑かれた権力者――秀吉能楽愛好記』が講談社選書メチエから出たのは平成九年だから、もう二十八年前になる。きのうのことのように思っていたが、ずいぶん時間が経っている。平成九年といえば、あの阪神淡路大震災から二年後である。震災直後に『翁猿楽研究』を和泉書院から上梓したり、旧著が刊行される少し前には故メイ・スメサースト先生に呼ばれてアメリカに半月ほど行ったり、はじめてのことが多かった。なによりもまったく知らなかった大阪という都市や大阪大学文学部という勤務先にも慣れてきた頃である。

その『能に憑かれた権力者』を文庫として再版したいという話が、法藏館編集長の戸城三千代さんからあった。戸城さんは、旧著刊行頃は立命館大学の院生であり、大阪大学の研究室で行っていた演習に参加していたのである。すぐに旧著を繙いてみたが、若書きではあるものの、そうオカシナところもなかったので、すぐに応諾の返事を編集担当の山下愛歩さんにした記憶がある。講談社のほうはまだメチエという選書名も決まっていない平成四年頃から準備をはじめ、刊行までに五年ほどをついやしたが、このたびの文庫版のほうは写真が多少減るだけで、そのほかはまったく変わらないという。おかげで文庫の刊行まではあまり労力と時間はかからなかったが、故表章先生から、猿楽配当米について観世文庫にある結城少将あての割付状が抜けていることを指摘されたのはよく覚えている。旧著は故橋本朝生氏から、何度も版を重ねる本と思うからと、ハガキでていねいに誤字・誤植を教えてもらっただけあって、その類のことはたしかに少なかった。

その後は、必要から旧著を繙くことはあったが、関心はほかに移って、秀吉の能楽愛好のことはほとんど忘れていた。しかし、せっかくの文庫版なので、遺漏もあるとは思うが、最低限のことはやはり述べておかなければなるまい。

まず、改訂という点では、注の末尾に「補記」を加え、それに伴って、本文や注の慶長二年を慶長元年にしたことがある。その他、拙著の刊行後には関連テーマについて、つぎのような著述がある。すなわち、下間家伝来資料によって、秀吉と下間少進とのかかわりを伝える朱印状三通、秀吉没後の少進と家康の催能についての拙論「下間家伝来資料にみる下間少進の事績」(『能苑逍遥(下)能の歴史を歩く』平成二十二年、初出は『藝能史研究』平成十年)、藤井讓治『近世史小論集―古文書と共に―』(平成二十四年、思文閣出版所収の「暮松新九郎書状をめぐって」、初出は『日本史研究』平成十二年)、宮本圭造「その後の暮松新九郎」(『銕仙』平成二十九年十一月)、同「笛役者伊藤安中伝」(『国立能楽堂調査研究』平成二十六年)などである。また、豊公能『吉野詣』にはアイ(間狂言)があったという指摘を紹介した論もある(富山隆広「豊公能〈吉野詣〉の間狂言」『藝能史研究』二三九)。

豊公能といえば、曲名のみが知られていた『此花』の安照筆の謡本が金春家から発見され、観世流と金春流で上演されたことも大きなできごとだったが、令和三年に高野七口再生保存会主催として大阪難波で催された「豊公能《高野参詣》復曲フォーラム」も忘れがたい。フォーラムは登壇順に、筆者、高井知弘、浜畑圭吾、坂本亮太、小林健二、金春穂高の諸氏、企画は事務局長の入谷和也氏だった。併行して、穂高氏を介して金春安明氏の復曲作業も進んでいたが、直後に入谷氏が急逝されたこともあってそれも宙に浮いたままになっている。

その他、単純な誤りや誤字の類はもちろん訂正したが、能の曲名カッコは旧著のままとした。意外だったのは、旧著には能の歩みというか、能を歴史的にみるという、わたしの姿勢がすでによく現われていることであった。直接的にはめまぐるしいほどに進展していた当時の能楽研究を、若さゆえに忠実に受け入れた結果だったと思うが、そこにはその後の視点がすでにみえていたのである。つまりは、若き日の情熱に接して、すこしばかり自分の研究者としての Sturm und Drang を思いおこしたということなのだが、いまはただ声をかけてくれた旧知の戸城三千代編集長と、編集にあたられた山下愛歩さんに感謝の意を伝えたいと思うばかりである。

令和七年一月

北摂の寓居にて　天野文雄

人名索引

カ

サ

タ

ナ

ハ

マ

曲名索引

サ

タ

ナ

天野文雄（あまの　ふみお）

昭和21年、東京都生れ。大阪大学名誉教授。博士（文学）。早稲田大学第一法学部卒業、国学院大学大学院博士課程後期修了。著書に、『岩波講座能・狂言（Ｉ）能楽の歴史』（表章氏と）、『翁猿楽研究』（和泉書院）、『能に憑かれた権力者』（講談社選書メチエ）、『現代能楽講義』（大阪大学出版会）、『能苑逍遥』上中下（同）、『世阿弥がいた場所』（ぺりかん社）、『能楽手帖』（角川ソフィア文庫）等があり、編著・共編等に、『禅からみた日本中世の文化と社会』（ぺりかん社）、『能を読む』全４巻（角川学芸出版）、『東アジア古典演劇の伝統と近代』（勉誠出版）、『伊藤正義中世文華論集』全７巻（和泉書院）等がある。観世寿夫記念法政大学能楽賞、日本演劇学会河竹賞、木村重信民族藝術学会賞、大阪市民表彰（文化功労）。

能《のう》に憑《つ》かれた権力者《けんりょくしゃ》
秀吉能楽愛好記《ひでよしのうがくあいこうき》

二〇二五年四月一五日　初版第一刷発行

著　者　天野文雄
発行者　西村明高
発行所　株式会社 法藏館
京都市下京区正面通烏丸東入
郵便番号　六〇〇-八一五三
電話　〇七五-三四三-〇〇三〇（編集）
〇七五-三四三-五六五六（営業）

装幀者　熊谷博人

印刷・製本　中村印刷株式会社

ISBN 978-4-8318-2694-7　C1121

法蔵館文庫既刊より

価格税別

さ-1-2
陰陽道の神々 決定版　斎藤英喜著
泰山府君、牛頭天王、金神、八王子、大将軍、盤古大王、土公神など、冥界や疫病、暦や方位などに関わる陰陽道の神々。忘れられてきたもう一つの「日本」の神々を論じる書。
1500円

お-5-1
涅槃経入門　横超慧日著
釈尊最期の教えを伝える『涅槃経』の成立過程や思想内容をわかりやすく解説した好著。日本の仏教にも多大なる影響を与えた『涅槃経』の真髄とは何か。解説＝下田正弘
1200円

に-2-1
仏教について　西谷啓治著
宗教哲学的思索の土台の上、広く深い視界から現代世界において仏教が抱える問題をやさしい言葉で丁寧にわかりやすく語る。七〇歳代の西谷が語った講演の記録。解説＝氣多雅子
1200円

ま-2-1
法城を護る人々（上）　松岡譲著
雪国の寺院生まれの主人公・宮城は僧侶になることに抗い父と対立する――。痛烈な教団批判と煩悶青年の葛藤を息づまる迫力で描く自伝的小説、待望の復刊。解説＝野尻はるひ
2000円

ま-2-2
法城を護る人々（中）　松岡譲著
東京の帝大に進学した主人公・宮城の心は様々な宗教者が戦わす法論に接しながら揺れ動くも、心を満足させてくれる宗教者には出会えず――。解説＝真継伸彦・大澤絢子
2000円

ま-2-3

法城を護る人々（下）

松岡譲著

大御遠忌のために京都に行った主人公・宮城は、「封建時代の遺物たるお祭騒ぎ」を前に、真宗寺院とそれに付随する一切を徹底的に批判するが、やがて――。解説＝半藤末利子

2000円

あ-3-1

仏教と陽明学

荒木見悟著

諸思想が交錯する明代の思潮を解きほぐし、陽明学とは何かを闡明するとともに、高僧たちの個性的な思想を活写して明末仏教思潮を浮き彫りにする。解説＝三浦秀一

1100円

い-1-2

浄土教の展開

石田瑞磨著

インド・中国の浄土教を概観した上で、日本における浄土教の展開を、教理的観点から分析するとともに、社会一般の情勢とも関連づけて評価した恰好の概説書。解説＝梯　信暁

1500円

か-8-1

法華とは何か

『法華遊意』を読む

菅野博史著

吉蔵の『法華遊意』は、自身の法華経研究の精髄を簡潔に整理した綱要書。本書はその全文講読。現代語訳を段落ごとに掲げ、訓読文と注を付すとともに、明解な本文解説を施す。

1800円

た-9-1

近世日本の国家権力と宗教

高埜利彦著

圧倒的な国家権力はいかに形成されたのか。近世の歴史を描くうえで、今や欠かすことのできない、天皇・朝廷、神道・修験道・陰陽道などの研究に先鞭を付けた画期的論考。

1600円

た-10-1

教行信証の哲学

武内義範著

親鸞の主著『教行信証』をヘーゲルなど西洋哲学の知識を駆使して初めて哲学的に読み解き、親鸞思想を「哲学」として知らしめた宗教哲学の名著。解説＝石田慶和・岩田文昭

1100円

み-4-1

実学思想の系譜

源　了圓　著

幕末志士らの行動の源泉ともなった実学思想の江戸中期から明治中期に及ぶ展開を辿り、維新遂行や迅速な近代化の遠因を鮮やかに解き明かした思想史学の名著。解説＝大川　真

1400円

わ-2-1

マヌ法典

ヒンドゥー教世界の原型

渡瀬信之　著

信仰と生活実践が不可分であるヒンドゥー教。今日も社会体制や人々の価値観と生活の深層部に影響を与えるヒンドゥー教世界の原型たる『マヌ法典』を、わかりやすく紹介。

1100円

お-6-1

谷口雅春とその時代

小野泰博　著

新宗教「生長の家」創始者・谷口雅春に関する稀少な評伝。誕生から教団萌芽期までの思想遍歴を同時代の人々や諸思想との関わりから鮮やかに描き出した傑作。解説＝島薗　進

1500円

よ-1-2

魏晋清談集

『世説新語』を中心として

吉川忠夫　著

三国志の英雄や竹林の七賢をはじめ、三～五世紀の人々の言葉と行動、そして時代のエートスを警抜で機知に富んだ表現で活写する短篇三四二条を『世説新語』等より抄訳。

1500円

あ-4-1

「修証義」入門

道元禅師のことば

有福孝岳　著

道元の主著『正法眼蔵』の真髄をまとめた『修証義』の文章を一文ずつ取り上げ、原典との関係を明らかにしつつ、丁寧な解説を加えた入門書。原文、現代語訳、出典一覧付。

1100円

あ-5-1

能に憑かれた権力者

秀吉能楽愛好記

天野文雄　著

朝鮮出兵のさなか能の自演に目覚めた秀吉は以後没年まで次々と前代未聞の試みをなしていく。多彩で精力的な愛好をとおして、能楽史を変えた権力者のすさまじい熱狂に迫る。

1500円